潘彩霞——著

爱　像水墨青花

现代名人婚恋传奇

山西出版传媒集团

北岳文艺出版社

图书在版编目（CIP）数据

爱像水墨青花：现代名人婚恋传奇 / 潘彩霞著. 一太原：北岳文艺出版社, 2017.9
ISBN 978-7-5378-5323-1

Ⅰ.①爱… Ⅱ.①潘… Ⅲ.①名人－生平事迹－世界－现代 Ⅳ.①K812.5

中国版本图书馆 CIP 数据核字（2017）第 212939 号

书名：爱像水墨青花:现代名人婚恋传奇

著者：潘彩霞

出 版 人：续小强　　　书籍设计：张永文
责任编辑：张 丽　　　印装监制：巩 璠

出版发行：山西出版传媒集团·北岳文艺出版社
地址：山西省太原市并州南路 57 号　邮编：030012
电话：0351－5628696（发行部）　0351－5628688（总编办）
传真：0351－5628680
网址：http.//www.bywy.com　E-mail：bywycbs@163.com
经销商：新华书店
印刷装订：天津兴湘印务有限公司

开本：890mm×1092mm　1/16
字数：240 千字　印张：16.25
版次：2017 年 9 月第 1 版
印次：2020 年 10 月天津第 2 次印刷
书号：ISBN 978-7-5378-5323-1
定价：39.80 元

序

　　《爱像水墨青花:现代名人光环背后的婚恋传奇》是一本讲述爱情的书,一本讲述"现代名人光环背后的婚恋传奇",无论悲欢离合,篇篇皆是经典爱情。

　　近20年前,我所在的江苏《莫愁》杂志社曾发起过一个"还有没有经典爱情"的讨论。那时正值世纪交替,社会急剧变化,作为一本女性杂志,首先敏感的是人们婚恋观的深刻转变。现在回头去看,当时的讨论,无非是针对爱情的功利主义、实用主义正在抬头的趋势。事实证明,我们的担心不是多余的,这些年来,随着相亲类的综艺节目热播,爱情成为消费,成为围观,成为娱乐。

　　什么是经典爱情? 经典,首要的条件是经得起时间的检验。其次,有种超越时间之上的审美意义与普适价值。于是,我们逐渐将目光聚焦到20世纪二三十年代。那个时代,整个世界都处在战争与变革中;那时的爱情,既有救国救亡的共同信仰与追求做基础,又有各种思潮、运动的冲击,历经战火、离乱、死亡,是理想与信念、坚贞与忠诚、爱与死交织而成的生命火焰,更加隽永、珍贵。

　　必须重新讲述爱情,因为我们一生都渴望得到爱,渴望去爱。问题不在于当下的爱情好不好、值不值得书写,问题在于,爱情始终是一股蓬勃的生命力量,深奥而复杂,微妙而幽暗,沉静而柔韧,纯真而绚烂,不管哪个时代,真爱都是一种信念,一种勇气,一种尊重,让人沉醉,让人欢愉、喜悦,让人付出所有,甚至生命。

　　潘彩霞等作者适时出现,这本书里的大多数文章都曾在《莫愁》杂志上发表。

潘彩霞对叙述有着极强的把控能力，她以爱情故事串起人物生平及重大历史事件，精巧克制的叙述中不时跳出深沉之语："然而，没有勇气，不去犯傻，不敢冒天下之大不韪，又怎么配称爱情？""遇到心仪的人，任谁都会心怀感恩，哪怕为此改变国籍、信仰，哪怕生命受到威胁，也从不抱怨命运的安排。""所有的偶遇，如果不是上天的安排，那一定是有心人的等待。""爱像水墨青花，何惧刹那芳华。""只要有人记得你，你就是不朽的。"……这些何尝不是作者的爱情观与精神格局呢？

她笔下的爱情传奇，清新而厚重，那是时间之流、生命之痛结出的一颗颗珍珠，是历尽沧桑、淬炼后开出的一朵朵生命之花。她笔下的爱情，皆是经典，同时具有一种向上之力，一种凝视之美。

看似不合时宜的爱情范本，反而切中时弊，成为一面面镜子，照见当代的苍白与缺失。

潘彩霞书写的爱情，让被时代洪流裹挟向前的读者获得存在感，让被生活磨砺得麻木坚硬的心灵复苏，让被欲流层层包裹的人性得以回归。

爱是我们最基本的需求，爱情让我们理解他人，认识世界，爱情让我们更有想象力，心灵更加丰富，得到瞬间即永恒的抚慰。爱情让我们成为彼此，但更重要的是，爱情让我们成为自己。在困境中不退缩，在逆境中不屈服，在绝境中心存信念与美好，在卑微中心存优越与骄傲，不被生活碾碎，始终保持尊严与赤诚。

因为潘彩霞笔下的经典与传奇，爱情重新回到爱情本身，读者从中获得力量，并在阅读之后，深切感受到，因为爱情，个人得以成长，生活变得与众不同，生命绽放出最美的光华，熠熠生辉。

陆艾涢

2017 年 4 月 26 日

第一章　爱在爱中已满足

一生真爱一个人，一生只爱一个人，这高贵的爱，令人敬仰，永世流芳。

第二章 爱只有一个准星

轻拂的风、流浪的云作证：他们彼此，就是对方的爱情宣言。

第三章　昨夜明灯昨夜梦

　　毁灭爱的，是时间；证明爱的，也是时间。最美丽的情感往往如"羚羊挂角，无迹可寻"。

第四章　春蚕不肯无情死

也许没有轰轰烈烈，只不过是白色宣纸上的梅香竹韵，只不过是淡雅自在地在岁月中浸润出最怡人的清香罢了。

第五章　愿作屏山将尔护

　　人生路上，风雨雷电、寒霜冰雪也许会同时向你的头上倾倒下来。然而，只要爱人之间的感情在，坎坷和艰辛都会化作一种温暖的慰藉。

一生真爱一个人，
一生只爱一个人，
这高贵的爱，
令人敬仰，
永世流芳。

第一章　爱在爱中已满足

艾森豪威尔与凯瑟琳·萨默斯比
——战地上的血色浪漫

据说，天秤座的男人有着"唯美主义"的浪漫本性，这样看来，德怀特·艾森豪威尔爱上美丽的凯瑟琳·萨默斯比一点也不意外。

1942 年，希特勒妄图一举征服欧洲，战火燃上了英伦三岛，伦敦上空硝烟弥漫。在疯狂爆炸的燃烧弹中，一名身着英军志愿兵军服的年轻女司机勇敢地开着一辆救护车在满目疮痍的伦敦市区穿行，这个容貌漂亮、身材完美的英国姑娘就是凯瑟琳。

战争让一个美丽的时装模特变成了勇敢的战士，她不再是人们口中那个"把战争当儿戏的娇小姐"，炮火连天中，她和同事们冲进废墟救死扶伤。

一个新的任务在等待着她。英国首相丘吉尔向美国总统罗斯福求救，请求美国出兵英国，与英军组成美英联军联手御敌。罗斯福将派出一个观察团前往伦敦考察战备情况，美国陆军总参谋部的作战处长艾森豪威尔就是成员之一，熟悉道路、驾驶技术过硬的凯瑟琳奉命做他的司机。那时，她与一位年轻的军官正在热恋中。

美好的事物总是让人喜爱，初见凯瑟琳，艾森豪威尔顿觉赏心悦目，可惜，旅馆只隔着两条马路，很快就到了，这让他颇感遗憾。尽管他给凯瑟琳的印象也不错，温和、坦率、不拘小节，但凯瑟琳的感觉是："他只不过是个小角色而已，对于这场战争无足轻重，——一个两星少将是指挥不了重大战役的！"

仅仅十天，艾森豪威尔就让她看到了一个不一样的将军。

艾森豪威尔烟瘾很大，面对英军将领蒙哥马利"我不允许在我的办公室里抽烟"的指责，他隐忍大度，默默掐灭；面对不愿为他们指路的英国群众，他只微笑着说："不要责备他们！"他还邀请凯瑟琳一起共进午餐，一个是将军，一个则是司机，这简直是不可能的，难怪连饭店的门役都向他们投去惊讶的目光。而"温和得像只绵羊"的艾森豪威尔，同样也对每天工作16小时以上、"车开得棒极了"的凯瑟琳由衷钦佩。

十天的时光，短暂而美好。

离开的时候，艾森豪威尔送给凯瑟琳一盒奶油巧克力，在物资奇缺的战时英国，这是相当高贵的奢侈品。

"如果我还回到这里来，你是否愿意再来为我开车？"

"我愿意，将军！"

一个月后，凯瑟琳在机场再次迎接艾森豪威尔。作为驻英美军司令部司令官，这时，他肩上的将星已增至三颗。

为了解决工作和生活的问题，根据马歇尔的建议，艾森豪威尔组建了"战时之家"，年轻漂亮、有着甜美笑容的凯瑟琳充当了司机兼私人秘书，她帮他接电话、处理信件、安排活动日程，当然还陪他打桥牌——这是艾森豪威尔非常喜欢的娱乐活动。让人不可思议的是，凯瑟琳与艾森豪威尔打联手，他们配合的默契程度，简直达到了心领神会的地步。

战争是种特殊的催化剂，它让一切都走向快节奏，爱情，也不例外。

阳光明媚的一天，凯瑟琳载着将军穿行在科茨沃尔的青山翠谷间，村庄和农舍在金黄色的田野上星罗棋布，沉湎在如诗如画的田园风光中，艾森豪威尔突然有一种度假的感觉，他被精灵一样的凯瑟琳迷住了。

在"战时之家"泰利别墅，艾森豪威尔迎来他的52岁生日，他对属下唯一的要求是：要一条纯种的苏格兰小狗。因为凯瑟琳向他说起过她曾经养过一只可爱的苏格兰狗，"你明白，我是为你要的小狗，如果传出去，说我为我的司机要了一只小狗，人们会怎么想？你要为我保密哟！"听着将军俏皮的话语，凯瑟琳非常感动，但对比自己大20岁的、从来没有过绯闻的将军，她有的，只是爱戴和敬重。

因为艾森豪威尔与女司机总是同进同出，流言蜚语渐渐流传开来，德军情报员也掌握了这个情况。为了指挥"火炬"行动，盟军总部将迁往北非，临行前，艾森豪威尔对凯瑟琳说："这次要到战争最前线去，那里很危险，我想你应该留下……"

战争的洗礼已经让凯瑟琳成为一名真正的战士，不等他说完，她就嚷起来："将军，我不怕危险，我是你的司机，你不可以把我丢下！"

然而，前往北非要穿越直布罗陀海峡，而德军的飞机随时在大海上空等着他们，穿越无异于飞蛾扑火。

经过慎重考虑，聪明机智的凯瑟琳建议，利用媒体报道他俩的关系，用她自己做诱饵引开敌人。对于艾森豪威尔的担心，她说："作为一名战士，如果能够在这么重大的战略转移中发挥作用，就死得其所。"

由于"火炬"行动事关重大，思量再三，艾森豪威尔同意了这一方案。

凯瑟琳登上"施特拉赛勒"号，艾森豪威尔的心也提了起来，此刻，这个勇敢的姑娘已经完全占据了他的心。预料之中，船只遭到德军的袭击，危急之中，凯瑟琳逃到救生艇上，身边是不断炸响的炮弹。

海上漂泊一整夜后，凯瑟琳终于获救。见到凯瑟琳的那一刻，艾森豪威尔毫不掩饰自己的激动，他抓起她的手放到自己的心脏上："听到'施特拉赛勒'被袭击，它快从胸膛里跳出来了！"

到达北非后，连日的阴雨天气让艾森豪威尔患上了重感冒，凯瑟琳整日守在他的身边悉心照料。去前线视察时，凯瑟琳载着他冒着德军的炮火，在泥泞不堪的道路上连续行进26个小时，战争拉近了他们的距离。

作为盟军统帅，高处不胜寒，艾森豪威尔经常面临重大决定，在职责和压力面前，他的内心常常是孤独的，只有看到凯瑟琳这个美丽的姑娘，他才能得到暂时的轻松。而凯瑟琳也有着同样的感受，"和艾克（艾森豪威尔的昵称）在一起，正如一个人在寒冷阴湿的冬夜，孤寂地爬上床去，却突然发现有人已经在被子里放了两个暖水袋一样，给人以出其不意的温暖，使人立刻感到轻松愉快。"

冥冥之中，上帝似乎安排好了一切，就在凯瑟琳的婚期即将到来的时候，传来了男友迪克触雷身亡的消息。

伤心之余，凯瑟琳细细回味着她与迪克相识的一幕幕，战争使他们迅速进入热恋，渴望有一个温馨浪漫的小家庭，然而聚少离多，对于彼此的家庭和生活习惯知之甚少，到最后，凯瑟琳惊讶地发现：这个让她哀悼的人，她其实并不真正了解，也许，和迪克结婚并不是最好的选择。

凯瑟琳失去了未婚夫，艾森豪威尔小小心翼翼地和她相处，他对她的关照和体贴远远超出了上下级的关系，他带她骑马、吃饭、玩桥牌、打靶，朝夕相处中，凯瑟琳体验到一种特别的温情。

爱情是无法阻挡的，尤其是战争时期的爱情。凯瑟琳知道，他们之间，有些事情要发生了。

那天，艾森豪威尔对凯瑟琳说要给她做两套新军服，这在战时的条件，完全是特殊的。面对她吃惊的表情，他忍不住吼起来："该死，你不知道我多么愿意为你做点事！凯，你对我很重要！"

爱情的火花终于不可遏制地迸发出来。凯瑟琳的脸颊，流下了幸福的泪水，这不是逢场作戏，他们真诚相爱了。

为了不侵害艾森豪威尔的荣誉，凯瑟琳默默地压抑着自己的感情，艾森豪威尔也一样，悄悄地用特殊的方式表达着自己的爱意。他送她象征好运的三叶草，想尽办法弄到她喜欢听的唱片，还带她参观金字塔，"我要让你记住我们在一起的时刻，让我们的感情像金字塔一样牢不可破！"

爱情，原本是不需要承诺的，这誓言，如同璀璨光芒的金子，熠熠生辉。凯瑟琳感谢将军给予她的爱，她也以数倍的爱回赠于他。当他的夫人来营地团聚时，为了不让他为难，她热情地做夫人的导游。他们合影的时候，她露出坦然而甜美的笑容。在艾森豪威尔担负着重大使命的三年里，凯瑟琳的陪伴给了他无与伦比的勇气和力量。

1944 年，诺曼底登陆成功，艾森豪威尔被美国总统授予五星上将，与此同时，凯瑟琳被提升为中尉，并被正式任命为艾森豪威尔将军的副官，从此，凯瑟琳的蓝盾鹰徽上醒目地镶上五颗银星。

1945 年 5 月，纳粹德国无条件投降，战争过后，两人重返泰利别墅，三年精彩而美好的时光宛如昨日。

"凯，我热爱着你，我已经陷进感情的旋涡不能自拔了，没有你，我真不知道还能做些什么！我一定要和你结婚。"真爱依旧，但凯瑟琳知道，这是不可能的，"将军，你不属于某个女人，你甚至不属于你自己，即使你仍然爱我，也不得不离开我。"

凯瑟琳是对的，当艾森豪威尔写信给杜鲁门总统时，得到的回复是："如果你真要这样干，你将身败名裂，前途不堪设想。"

在江山与美人的选择上，艾森豪威尔选择了前者。"我们会在华盛顿再次相会的！"誓言终成肥皂泡，随风散去。

"我并不在乎名分，并不要你承诺什么，知道你爱我，我很知足！如果能在你身边工作一辈子，我就感到十分幸福了。"温柔善良的凯瑟琳，却再也回不到爱人的身边了，一封电报让他们从此天各一方：盟军总部艾森豪威尔将军的随从人员，应于十日内前往华盛顿报到，凯瑟琳·萨默斯比中尉可以取消此行回国。

硝烟散尽，往事也随风飘逝，尽管，在那场战争中，凯瑟琳曾起到"积极地、谁也无法替代"的作用。

战后的艾森豪威尔，一度光芒四射，从陆军总参谋长到哥伦比亚大学校长，直至 1952 年成为美国第 34 任总统，在这光芒之下，凯瑟琳悄然隐退，她把那段往事藏在谁也无法触及的角落。时光永不回转，结局早已写好，曾经那样相爱过，曾经那样美好过，已经足够了。

"我爱我的妻子，我爱我的孩子，我爱我的祖国，永远永远……"这是艾森豪威尔的临终遗言，对于夫人玛米，他用最后的力量表达了自己全部的爱，而对于凯瑟琳，他却三缄其口，即使在回忆录《闲话平生》里，也只字未提，读者只有在《艾森豪威尔传》里重温他们的相识，只有从那句语焉不详的

"凯与这位美国将军结下了不解之缘，在第二次世界大战期间，始终与她工作、战斗在一起"去想象他们的故事。

"我曾经喜欢过一些人——并对一些人进行渲染——但是我没有和其他任何人谈恋爱，我只爱我的妻子。"不爱了，就彻底遗忘，这也是天秤座男人的决绝。

艾森豪威尔去世后三年，罹患癌症的凯瑟琳抱病写下《往事难忘——我同艾森豪威尔将军的一段恋情》，书中写道："漫漫长夜，追忆往事，犹历历在目，宛若昨天，令人殊难忘怀。我心里充满感激，仅以此书向艾克将军，我一生所钟爱的人，致以忠诚的告别！"

一生真爱一个人，一生只爱一个人。这高贵的爱，令人敬仰，永世流芳。

德怀特·艾森豪威尔：1890年—1969年，"二战"期间美国著名将领，美军历史上唯一一位当上总统的五星上将。

纪伯伦与玛丽·哈斯凯勒
——爱在爱中已满足

　　"爱不占有，也不被占有，因为爱在爱中一切都已经满足。"关于爱，纪伯伦·哈利勒曾在《先知》中这样说，正是经历了纯洁、高尚、超乎寻常的爱，从另一颗心灵中获得了宁静与慰藉、幸福与平安，才使他成为阿拉伯文学的"旗手和灵魂"，留给世界无尽的鲜花与馨香。

　　这爱中的女主角，就是玛丽·哈斯凯勒。

　　1904 年，21 岁的纪伯伦在美国波士顿举行第一次个人画展，尽管过早展现的绘画天赋已让他冠有"小画家"的称号，但是这个背井离乡的青年移民还是被困窘的生活缚住了手脚。

　　12 岁时，父亲入狱，家产悉数被没收，母亲带着他和哥哥、两个妹妹从黎巴嫩远走美国，生活异常艰苦。为了减轻母亲的负担，三年后，纪伯伦只身返回黎巴嫩，那期间，他苦读阿拉伯古典文学作品，打下了坚实的文学基础。重返美国不久，随着母亲、哥哥和小妹相继因病去世，他不得不靠写文章、卖画、做零工来偿还欠下的大批债务。

　　画展吸引了 31 岁的马尔莱布鲁街女校校长玛丽·哈斯凯勒的目光，凝视着《痛苦的喷泉》，她若有所思。"只有痛苦才是喷泉"，她欣赏他的艺术天赋，怜惜他在社会底层挣扎的无奈。画展结束后，她买下了两幅画。

友情之树迅速成长，因了文学和艺术，相差 10 岁的两个人结下了深厚的友谊。看着勤奋努力却又饱受贫困之苦的纪伯伦，玛丽决定帮助他，"如果你愿意去巴黎学习，钱的事不用担心，我来资助你。"

突如其来的惊喜让纪伯伦兴奋又惆怅，他渴望在艺术的殿堂深造，渴望对他的才华、价值的认可，可是，这是一笔不小的开支，他将如何报答她？天生丽质又慧眼识才的玛丽鼓励他："相信你自己，你一定会成功的！"

玛丽真诚的眼神让纪伯伦相信，她所做的绝非出自怜悯，而是对他才华的欣赏和肯定，这安抚了他强烈的自尊心。1908 年，纪伯伦前往巴黎，在著名美术大师罗丹门下学习绘画和雕塑。罗丹预言："这个阿拉伯青年将成为伟大的艺术家。"

分隔两地，纪伯伦与玛丽开始频繁通信，在信中，他称她为"最亲爱的人""我美丽的所爱"。

求学生涯是寂寞的，纪伯伦也没有什么朋友，当现实世界的苦闷来袭时，玛丽的信总是及时给他鼓舞，"每当心儿感到失望时，我就读你的信，每当浓雾包围着我时，我就捧起它们，贪婪地读呀读。你的信使我想起真实的我，让我审视我自己，让我远离丑恶和污浊，避开生命的堕落。"

玛丽带给他无可比拟的精神力量，她的理解和鼓励就是他的欢娱和慰藉，他激情满怀地对她说，"你是那样不凡，一定能将上帝寄存我身上的神力通过伟大的言行得以体现，就好似太阳催开百花，使它们争奇斗妍，馨香满园。"

不知不觉中，纪伯伦的情感不断发酵和升华，在一次回信中，他热烈地呼喊："玛丽，我的世界！"

她已住在他的心里，一个人散步时，他仿佛感到她在夜色中与他同行；独处时，他似乎看到她在桌子对面款款落座，听他长谈；当他在绘画中纠结于颜色的选择时，耳边就会响起她甜美的声音在问："哈利勒，关于绘画有什么要说么？"获得宁静的他便从容地"将自己的灵魂注入颜色之中"。

玛丽，就是他的灵魂，是他"最亲近的人"。

心中燃烧着火焰，笔下也倾注着热情，技艺不断精进的纪伯伦开始为包括罗丹在内的知名人士画像。参加巴黎春季传统画展时，含有玛丽名字字母的展画《秋》获得银奖。在信中，他告诉玛丽："我在巴黎这间画室所拥有的全部绘画和肖像都属于你，我很期望自己活得久些，以便为你准备一些成熟的果实，因你给予我的太多太多了。"

在长期的交流中，爱情的杯盏斟满了甜蜜的琼浆，玛丽被纪伯伦深邃的思想深深打动。她吟唱他的诗歌，在他的画作前"顶礼膜拜"，"每一时刻的沉默都会从你那里带给我某种东西，让你接近我，亲近我，就像条条银丝系住我的感官，将我拉向你。"

超然物外的情感通过书信传递，就像微风，把彼此的深情轻柔地写在水面上。

1910 年 12 月，纪伯伦返回波士顿，那天，玛丽在日记里写道："一别两年零四个月之后，他回来了，我因见到他而欣喜不已。"除了少数几个亲友，他们的交往，外人几乎无人知晓，玛丽给了纪伯伦最充分的保护。

生活的艰辛和困苦让纪伯伦懂得什么是真正的爱，玛丽占据了他的心，他开始渴望婚姻。可是，面对他的求婚，她的答复是，"我爱你，但我的纯洁之爱不允许我毁坏你的前程。"

是的，尽管两人也曾"怀着两颗愉快的心灵相互亲吻，相互自由、勇敢、迷恋地抚摩。他贴近了我的心，我贴近了他的心"，但那无数次设想过的婚姻，她还是拒绝了。在 1911 年 3 月 24 日的日记里，玛丽记录了内心的挣扎和困惑，"我爱他，我俩的心是相通的，没有任何间隔，我决计沿着既定的道路走下去。我想到了结婚，不禁泪滴簌簌下落，那本是欢喜与希望之泪，令人苦恼的障碍是我的年龄。"

10 岁的年龄差距，成了她无法逾越的鸿沟。

"哈利勒缺少的是梦想中的爱情，这种爱情的女主角不是我，而是另外一个女人——这是必然之事——无论我的损失有多大，我都不会背叛那个不知名者，因为我深深怜惜纪伯伦的天赋之才和未来荣光。"

在这一场爱中，她心甘情愿为他淌血。

除去了爱的系链，他们的交往非但没有疏远，心灵反而更加自由了。纪伯伦迁居纽约后，两人的通信仍然热烈地维持着，玛丽依旧在生活上对他慷慨相助，并不时寄书寄物，给离群索居、孤独寂寞的纪伯伦带去心灵的慰藉。对于纪伯伦想要偿还她的资助，玛丽"生气地打断他的话"："哈利勒，这些都是废话。一个负有使命的人，绝不能让其濒于穷困潦倒境地，以免埋没了他的才能，葬送了他的天资！"

纪伯伦视玛丽为守护神，她的爱让他"只能沉入欢乐与痛苦的深渊，以便发掘人生意义，并将之注入自己的绘画和文章里"，同样地，玛丽给了他最大的鼓励，"你和你那力量非凡、文如泉涌的才思以及引发它的那种激情，令整个世界一解干渴！"

1911 年底，用阿拉伯文写就的小说《折断的翅膀》出版，由于这部作品歌颂了叛逆和反抗，在阿拉伯世界引起许多批评和质疑，这是纪伯伦预料之中的，然而他说，"我所珍视的只是冠于扉页的那三个字母。""M·E·H"，是玛丽名字的缩写，在书的首页，他写道："谨将此书献给不眨眼睛盯着太阳看，用不颤抖的手捕捉火，从盲者的喧哗和呼喊中倾听'绝对'精神之歌的人。"

《折断的翅膀》与画作《秋》一起，成为玛丽最珍藏的宝贝，"我爱那两件礼品，胜过我珍惜爱情！那两件礼物就像看天的瞳孔。那两件礼物在我的血液里，在我的心底里……"

她是他"浓浓的绿荫和可依靠的灵魂"，她关心他被疾病侵袭的身体，多次迫不及待从波士顿赶到纽约去照顾他；她用自己对尼采的热爱影响了他的"不大满意"，最终受尼采哲学启发开始写《疯人》，并在她的帮助下译成英文；作为他作品的第一个读者，她以良好的文学鉴赏力和英语造诣，使写作局限在阿拉伯语的他"删去了引起你疑虑的那些地方"，作品更加精益求精；她在日记里记录他的一言一行，理解他对于生活、社会、艺术的真知灼见，以致他在信中感慨："只有上帝、玛丽知道我的内心。"

1913 年，纪伯伦挑选了十幅画送给玛丽，他对那些想买他画的人说："这画我绝不卖，是我的心灵创造了它们！"

随着出版作品的反响巨大，不久，纪伯伦收到一封来自阿拉伯世界的信，信中坦言了对他思想、原则的敬重和对婚姻问题的不同见解，信末的署名是：梅娅·齐雅黛。

令纪伯伦欣喜的是，梅娅不仅擅长阿拉伯文写作，同时还是他的黎巴嫩同胞，他们同样客居他乡，爱国情、思乡情和对彼此思想与才华的仰慕让通信越来越勤，纪伯伦对梅娅的称呼也从"杰出的女文学家阁下""亲爱的梅娅小姐"到"梅娅，我的女友"，那些经过深思熟虑、精心构筑的语言，饱含灿烂的文学色彩，充满了热烈的暗示。

梅娅，成了玛丽所说的纪伯伦爱情中的"另外一个女人"。

尽管纪伯伦与梅娅彼此爱慕，但他们的通信是细腻而含蓄的，纪伯伦始终没有直言表白。"你的心里是不是一直住着一个人？她在你最苦难的时候，在物质和精神上都帮助过你，所以你再也容不下第二个人闯进去？"对于梅娅的试探，纪伯伦表示她和玛丽只是"纯洁的感情"。

玛丽，一直是他的"灵魂伴侣"，她放弃世俗的情感，用博大的爱成就他的精神和艺术。1926 年，玛丽答应了一位追求者，成为福鲁伦斯夫人。在此之前，纪伯伦给她的建议是："按照自己的内心本意行事，假若自己的心乐意迈出那一步，那就照办。"

相爱，彼此却并不束缚。

然而，梅娅仍旧没有看到希望，饱受疾病折磨的纪伯伦已预感到自己来日无多，"我的身体状态告诉我，我好像病了，也许很快就不久于人世，你是我的小公主，我的小宝贝，我怎么能给你幸福呢？"

不顾重病缠身，纪伯伦为梅娅寄去最后一封信，那是一幅画，画面是一只摊开的手掌，托着一团燃烧的火焰。这幅"蓝色的火焰"，正如他的爱，炽热而永不熄灭。

十多天后，1931 年 4 月 10 日，纪伯伦停止了呼吸，眼神中的智慧之光渐渐熄灭。那一年，他年仅 48 岁。

接到纪伯伦妹妹发来的电报时，玛丽不顾一切，立刻从居住的萨凡纳赶往波士顿去参加他的葬礼，那颗纯洁的灵魂已经远去，玛丽心碎欲裂。

一周后，律师宣读了纪伯伦的遗嘱："画室中的一切，包括画、书和艺术品，全部赠予玛丽·哈斯凯勒。"

整理纪伯伦的遗物时，玛丽意外发现，正像她保存着他所有的信件一样，纪伯伦也保存着二十多年间她写给他的全部书信，过去的时光缓缓而来，玛丽不禁潸然泪下，那属于他们两人的秘密，她要永远珍藏。

"我的心不服从我的意，我相信纪伯伦，深信他的伟大。我写给他的信及我和他的关系已是历史的一笔财产，它是历史的一部分。"几年后，玛丽说服自己，把纪伯伦写的 325 封信和她写的 290 封信一起交给了北卡罗来纳大学。后来，《纪伯伦书信集》成为不可多得的两性挚爱的文本。

"我遇见你时，这一生已经开始，而我深信它会永垂青史。"是的，时间证明了这一切。

纪伯伦·哈利勒：1883 年—1931 年，黎巴嫩诗人、画家。

茅盾与秦德君
——樱花盛开又落下

有些遇见，没有欢喜，所以分别，也无须恨意。经历了大半个世纪的风风雨雨，秦德君终于释怀。说起茅盾，她坦然地称他是"一位伟大的作家"，至于原先口中的那个"叛徒""骗子"，她早已原谅了他。

只是往事不堪回首，那盈盈的泪光里，是刻骨铭心的痛。缘分，像海上的一阵风，稍纵即逝；短暂的爱，如一道美丽的弧线，横穿过往时空。

1928 年 7 月，一艘从上海开往日本的小商轮上，西装革履、皮鞋锃亮的茅盾像个孩子一样，一边把手里的名片一张张地抛向大海，一边快活地嚷嚷："秦德君跳海了！"名片是秦德君的，100 张，被茅盾毫不客气地丢得一张不剩。

他已经郁闷很久了，终于可以任性一回，先是南昌起义失败后，与党组织失去了联系，接着，以茅盾为笔名的三部曲《幻灭》《动摇》《追求》发表后，作品中的低沉气息、悲剧命运又遭到左翼文人的批判，虽然"躲进小楼成一统"，然而长期不出门，脸色日渐苍白，身体也消瘦起来，他是在中国共产党上海地方委员会书记陈望道的建议下去日本避风的。

也是通过陈望道，秦德君与茅盾同行。大革命失败后，白色恐怖席卷全国，长期从事革命活动的她，突然间失去了组织，她预备取道日本去苏联留学。对同行的这个爱洒香水的男人，秦德君谈不上喜欢。

小商轮上只有她一位女客，茅盾便经常约她去甲板上看海、吹风，他给她讲他的著作，讲时下的文学界，每次到最后，总会说到个人生活的不幸——包办婚姻，与新媳妇相处不好。他的苦闷，让受"五四"自由思想熏陶的秦德君生出了同情。

一路上，有容貌秀丽、思想进步的秦德君随行，茅盾的心情也愉快起来，他在船上给好友郑振铎写信，里面提到秦德君，从穿戴到动作、语言，甚至是一缕被海风吹起的少白头发，都被他描写得生动、细腻。下船时，两人已经很熟识，秦德君称个子不高的茅盾为"小淘气"，他则叫她"阿姐"，虽然，他比她大 10 岁。

到东京后，秦德君住进"中华女生寄宿舍"，进入"东亚预备学校"学习日文，百无聊赖的茅盾便常常往女生宿舍跑，不懂日语，没有职业，没有收入，小说又受到批判，他常常灰心丧气大发牢骚。消沉颓废的时候，秦德君总是耐心细致地规劝他，帮他分析革命形势，鼓励他振作起来向前看，甚至约他"一起到苏联去"。

像有一盏明灯照亮了前行的路，感动之余，茅盾说他"像沉沦在大风大浪里，好不容易抓到了一根救生藤"。他不再失魂落魄了，开始高高兴兴地写作，写完《从牯岭到东京》后，兴奋地拿给秦德君看，秦德君边看边读："我看见北欧命运女神中间的一个，很庄严地站在我面前，督促引导我向前。她的永远奋斗的精神，将我吸引着向前！"

不顾身边还有旁人，茅盾突然紧紧抱住秦德君，激动地说："北欧命运女神中最庄严的那一个，就是你啊！就是我亲爱的阿姐啊……"

浮萍一样飘零海外，寂寞的心需要温暖和依靠。两人开始形影不离，上午她去上课，他帮她提书包，扶她上电车，中午等她吃饭，下午一起看电影、逛公园。即使去理发，他也要求她陪着他。无论什么场合，茅盾都紧紧拉着她的手，他像孩子一样依赖她，她是他的精神支柱。

当茅盾提出一起去苏联时，秦德君同意了，12 月，他们转道去了京都。

在京都，两人的关系更加密切。一次乘坐高空电车时，突发故障，电车悬挂在空中，茅盾没有丝毫慌张，他脸上带着笑，紧握秦德君的手，凑近她的耳朵说："阿姐，就这样掉下深谷里去解决了，够幸福的啊！"感动于他的真诚，秦德君决定一心扶持他，当茅盾做出与妻子离婚的承诺时，她与他同居了。

同是天涯沦落人，茅盾的博学多才和体贴关怀让感情一度受挫的秦德君沉浸在幸福和欢乐中。樱花盛开的时节，她的心也如花般怒放。

掉进爱情旋涡的女人完全是忘我的，秦德君开始把主要精力放到茅盾身上，他身体不好，有沙眼，经常牙痛、心口痛、肚子痛，她充当了护理员，百般照顾；苏联去不成了，他想写新的小说来扭转舆论对他的批判，为没有素材愁苦烦闷，她便搜肠刮肚苦思冥想，终于，想到了友人胡兰畦。

动人的故事、美妙的素材激起了茅盾的创作欲望，由秦德君讲述，他盘着腿坐在草席上就着小炕桌奋笔疾书。每写完一部分，她就负责抄稿润色，把人物的语言改成四川话，使之更加生动、贴切。简陋的小屋里，感情的共鸣让两颗心撞击出了绚烂的火花。

小说终于完成了，在秦德君的提议下，取名为"虹"。随后，她又提出把《幻灭》《动摇》《追求》三部曲合而为《蚀》，"幻灭之感，如日月之蚀，是暂时现象，也是必然现象"。听着秦德君的解释，茅盾激动得语无伦次，他结结巴巴地说："啊，啊，啊，我的好阿姐啊！在这个世界上，唯有我的阿姐好啊！"

上海《小说月报》开始连载《虹》，主人公曲折的经历，加上茅盾精致入微的笔风，一时引起轰动。在人生的低谷，是她给了他力量和指引。受他熏陶，她也开始写作，在上海《东方杂志》《小说月报》上发表文章，她被他视为"文学上的知己"。

然而，异国的浪漫还是被现实泼了冷水，秦德君怀孕了。因为对日本社会不熟悉，茅盾让她回国去做流产，他已联系好一位叫"板板"的日籍医生。一个人搭船回到上海，看着未成形的胎儿被泡在玻璃瓶里做标本，秦德君心如刀绞，含着眼泪，她又只身返回日本。

1929 年冬，日本大检举开始了，流亡在京都的红色青年纷纷回到上海，秦德君提出回国时，茅盾坚决不肯，有时就抱着她痛哭流涕。上海，有妻有儿，还有绝对不会准许他离婚的母亲。樱花树下，"此生不会爱第二个人"的海誓山盟，又该如何兑现？

当日本通货膨胀日趋严重，生计都成问题时，两人不得不计划了归程。

回到上海后，暂住友人杨贤江的家中，他写作，她仍负责抄写。妻子孔德沚常常上门来哭闹，母亲又不断施加压力，茅盾左右为难。他的态度开始有了微妙的变化，当着她的面，他对妻子不理不睬，背过她，又带着妻儿逛商店买东西，而这时，报上也出现了指责她的文章。

"我一个革命女子，何必受这份闲气呢。"秦德君提出了分手，茅盾却是不肯，他恳求她订下"四年之约"：等他写作四年，到时用稿费支付离婚费，再与她修百年之好。看着被家庭关系折磨得憔悴不堪的茅盾，秦德君心软了。

作为暂时分手的纪念，茅盾拉秦德君去照相。照片上，他勉强挤出一丝笑意，她则双唇紧闭，目光倔强而幽怨。还是在那位日籍医生那儿，他们的第二个孩子也被"谋杀"了。把秦德君扶上手术台时，茅盾双手搂着她的肩膀泪流不断，嘴里不住地喊着："妹妹，妹妹！"

秦德君深受感动，不管朋友们如何反对，她决意与他共赴四年之约。可是，不被祝福的感情往往离不开悲剧和荒唐，从医院回到居住的楼上时，四壁萧条，人去楼空。杨贤江沉默很久才叹息着说："北欧命运女神上当啦！"

一瞬间，天旋地转。屋里有两瓶安眠药，那是茅盾忘记带走的，拧开水管，秦德君含泪吞下药片，整整 200 片。

醒来时，她已经身在医院一个星期了，重创之下，身体极度虚弱，哪怕一缕阳光都能把她击倒。经济上没有来源，政治上失去了组织关系，生活惨遭不幸，社会又横加指责，偌大的上海，已无她的立足之地。

在侄儿的护送下，秦德君决定回到离别 12 年的家乡去。临上船时，茅盾来了，一副依依不舍的模样。秦德君看了看他，心中酸楚，无力开口。

由于身心饱受折磨，秦德君一路上屡屡昏迷休克，不得不辗转在医院里。种种磨难后，终于在秋凉时节回到四川忠县，而他们离开上海时，还是 8 月盛夏。之后由于家庭原因，她又被送到重庆，疾病相继侵袭，后事准备了几回，历经九死一生，才终于从死亡线上挣扎回来。而那时，已是1934年10月了，四年，恍若隔世。

初时，茅盾接二连三还有信来，一再重复他的誓言，存着一线希望的秦德君也经常给他回信，但是她发现，她的信，他根本没有收到过，显然，是被他的家人扣下了。最后一封信，他说搬家了，没有写明新地址，从此再无音信。

"四年之约"成为泡影，樱花之恋只是海市蜃楼，秦德君含恨撕毁了两人的合影，来往信件也统统付之一炬，阳关道与独木桥，就此各行其路。

舍弃了爱情，呼吸却是自由了，抗日战争爆发后，她又奔走在抗日前线，此时她的心里，革命前程大于一切。本以为一切都已经放下了，然而再次邂逅时，仍是喉头哽咽，百感交集。

那天，重庆阴雨绵绵，在小胡同里，穿着雨衣的秦德君与一个打一把黑伞的男人撞了个满怀，两人不约而同站住了，彼此的灵魂，冷漠而疏离地观望着。不敢正眼看她，他低下头匆匆离开了。

茅盾在重庆从事文艺活动，秦德君常常与他不期而遇。每一次，她坦然正视，他目光游离，遗憾、愧疚，还是残存着爱恋？不得而知。

携着各自的家庭，经历各种动荡，再回首，已是百年身。1981年，一代文学巨匠去世了，他的追悼会，她没有参加，"我们俩的目光还能相碰吗？我和他是个什么关系呢？站在他的灵前算个什么身份呢？"她想起了灿如云霞的樱花树，和樱花树下的柔情似水……

然而爱情的花瓣早已落下，那段际遇被茅盾有意忽略了，在他的自传《我走过的道路》中，对于和秦德君在日本的那段生活，他只字未提。他用大量笔墨为世人留下一个勤劳、贤惠的妻子形象，他和妻子互敬互爱、相濡以沫的爱情成为一代文人的光辉典范。

至于樱花之恋，作为人生的一大败笔，他宁愿自欺欺人，只当是没有发生吧。

于她，又如何不是呢？1999年，秦德君的自传《火凤凰》出版，当被问道"假如时光倒转，你还愿意和茅盾重过那样的日子吗？"90多岁的老人眼神立刻黯淡了，断然回答："不愿意！"

是啊，有些缘分，只适合擦肩而过。

茅盾：1896 年 1981 年，中国现代著名作家、文学评论家及社会活动家。

勃拉姆斯和克拉拉
——爱是最美好的旋律

罗曼·罗兰说，每个人的心底都有一座埋藏心爱人的坟墓，那是生命的狂流冲不掉的。

1896 年 5 月，63 岁的德国作曲家勃拉姆斯收到一封电报，内容是：我们的妈妈今天安详入睡了。勃拉姆斯的心顿时轰然倒塌，他急匆匆地从瑞士赶往法兰克福，一路上绝望而痛苦。恍惚中，竟然踏上了相反方向的列车，南辕北辙。两天两夜后，当他终于赶到法兰克福的时候，葬礼已经结束了。怀着难以抑制的悲伤，勃拉姆斯孤独地站在墓前，缓缓地把小提琴架在肩膀上。他的口袋里，有 4 首刚刚作好的曲子，那是他准备献给墓中人 77 岁的生日礼物。

琴声如怨如慕，如泣如诉，43 年的情愫在指尖清晰地铺展开来，这是一场从未有机会被铺陈在阳光下的告白。

1853 年 9 月 30 日，声名赫赫的作曲家、音乐评论家舒曼的家里迎来一位金发青年，虽然经过了长途旅行，但疲惫的面容掩不住他清秀的外表。他叫勃拉姆斯，是在小提琴家约阿希姆的推荐下，前来拜访的。

舒曼从书房走出来了，他穿着便服和拖鞋，面色柔和，脸上有着艺术家特有的忧郁，亲切的目光令出身贫寒的勃拉姆斯从紧张中松弛下来。

坐在钢琴前，勃拉姆斯弹奏起自己创作的《C 大调奏鸣曲》，几个小节之后，舒曼的手轻轻落在他的肩头，他眼睛里闪着亮光，声音激动："请停一停，我希望克拉拉也能听到……"

克拉拉，是舒曼的妻子，年少时就表现出非凡的钢琴天赋，第一次演出就让李斯特称赞不已。她的演奏格调高雅，闻名欧洲，彼时，已是非常有名的钢琴家。

裙裾翩翩中，一名少妇款款而至，勃拉姆斯不禁望过去。只一瞬间，时空仿佛定格，他被一个无形的光环罩住了。她是那么美丽、高贵、超凡脱俗，微笑的大眼睛里透着友善，让人有如沐春风般的温暖。

从这一眼开始，20 岁的勃拉姆斯完全遗忘了自己。尽管，克拉拉已经 34 岁，是几个孩子的母亲。

倾听着曼妙的钢琴曲，舒曼夫妇非常激动。那天，克拉拉在日记里写道："今天从汉堡来了一位了不起的人——勃拉姆斯，他只有 20 岁，是由神直接差遣而来的。"而舒曼那天的日记里只有一句话："勃拉姆斯来看我，他是一个天才。"

舒曼欣赏这个才华横溢的年轻人，在搁笔十年之后，以极大的热情为《新音乐》杂志提笔写评论，其中高度评价了勃拉姆斯的才华，他称勃拉姆斯是"善于把时代精神表现得尽善尽美的、杰出的专家"，"这位出类拔萃的人物，一定会展现出精神世界更神奇的奥妙"，他甚至大胆预言勃拉姆斯将是"未来的大师"，如此的器重，让克拉拉开玩笑说："看来勃拉姆斯是你的儿子了。"

勃拉姆斯拜舒曼为师，住进了舒曼的家，对于他的每一部新作，克拉拉都会坦诚地提出自己的看法。演出中，她开始激情洋溢地弹奏勃拉姆斯的作品。在舒曼夫妇的推荐下，勃拉姆斯声名鹊起，从此登上了德国的音乐舞台。

虽然被克拉拉的才华和风度所倾倒，但他敬重舒曼，感谢舒曼夫妇的知遇之恩，努力把一份感情埋在心里，就像炽热的岩浆，隐藏在深深的海洋里。举止高贵的克拉拉也在潜移默化地影响着勃拉姆斯，少年时的贫困让他缺乏受教育的机会，早年为生计混迹酒吧又变得桀骜不驯，是对克拉拉的崇拜和热爱让他变得儒雅文静，情感细腻。

一个初涉爱河的人，内心是异常纯真的，只要看到克拉拉宝石一样的眼睛，勃拉姆斯就会满怀柔情。

可是，变故来了。4个月后，受遗传性精神疾病折磨的舒曼给克拉拉留下一张字条："亲爱的克拉拉，我将要把我的结婚戒指丢进莱茵河，你也把你的丢进去吧，这样两枚戒指就大团圆了。"之后，被头脑中"天使和魔鬼的声音"所驱使，他疯狂地跳入莱茵河，被人救起后，送进了疯人院。此时，克拉拉正怀着他们的第七个孩子。

勃拉姆斯放弃了演出成名的机会，第一时间赶到克拉拉的身边，他照顾她，当她外出演出时，照顾她的孩子们，写信告诉她孩子们的情况，还代她去疯人院看望舒曼。每当舒曼心情激动时，勃拉姆斯就把克拉拉的肖像放到他手中，"他吻着它，然后哆哆嗦嗦地双手捧着它放下来。这真是最动人的一幕。他那优美而沉静的动作，他说到你时所表现的温馨，以及他见到你的肖像时的欣悦，我都无法加以描绘，只能让你自己用最美的想象去摹拟了，我是快活得几乎要醉倒了。"在信中，他这样向克拉拉汇报。没有丝毫嫉妒，只有爱她所爱的真挚与纯洁。

多年后，克拉拉曾这样向孩子们解释和勃拉姆斯之间的关系："在那痛苦的数年中，他以一个忠实的朋友的身份来分担我的不幸。他使我伤痛的心变得坚强，让我振作精神，而且尽他所能来抚慰我的心灵。事实上，他是位不折不扣的朋友，而且是我唯一的支柱。"

勃拉姆斯给了她莫大的慰藉，他陪她散步，在她心情稍好时为她弹奏乐曲，而她对于悲痛的忍耐力和自制力也让他钦佩不已。"当你长期地看到一个美丽的女人，温柔纯洁，宽厚仁慈，你是没有办法不受到启示的。"

朝夕相处中，勃拉姆斯的感情更加热烈了。

然而，克拉拉是自己的师母，勃拉姆斯只能挣扎在感情与道德之间。在给好友约阿希姆的信中，他倾诉了自己的痛苦："我相信我对她的关心和崇拜抵不上对她的爱，我常常不得不极力控制住自己那双悄悄伸出去渴望抱住她的手，甚至——我不知道，这在我是这么自然，她根本就误解不得。"
"我想我不能再爱一个未婚的女孩，至少，我已经完全忘了她们。"

两年后，被精神疾病折磨得痛苦不堪的舒曼以自杀的方式离开了人世，留下悲痛欲绝的克拉拉和七个年幼的孩子。此时，外界已有传言，说克拉拉的第七个孩子是勃拉姆斯的。为了不给克拉拉造成困扰，葬礼第二天，23岁的勃拉姆斯选择了离开。

那天晚上，心情烦闷的克拉拉在日记里写道："这简直是另外一个葬礼。"

他们靠书信联系，信里只提舒曼和音乐，唯独没有感情。而音乐本身，就是一种情感，已得舒曼精髓的勃拉姆斯寄情于创作，每创作一首曲子，他都会寄给克拉拉。创作《第一钢琴协奏曲》的第二乐章时，他写信给她说："我正为你画一幅可爱的肖像。"她是他心中的缪斯女神，热烈的爱，无尽的思念，所有的激情，都倾注在笔下的五线谱里。

1859年，克拉拉40岁生日时，收到勃拉姆斯的《小夜曲》。作为钢琴家的她，听到这首曲子时，当然更明了他的心，但她在回信中只说"美得就像我正在看着一朵美丽的花朵中的根根花蕊"。舒曼，是她永远的情感归属。

这期间，年轻的勃拉姆斯也曾试着接受另一份感情，甚至与一位女歌唱家交换了戒指，但是最终，他还是放弃了，"我渴望将你拥抱，但结婚是不可能的"。就像无人能取代舒曼在克拉拉心中的位置一样，他心中的爱人，也唯有克拉拉。

在这样的矛盾和痛苦中，勃拉姆斯创作了《C小调钢琴四重奏》，作品涵盖了对舒曼的悲剧印象和对克拉拉的思慕，还有那种面对无望的爱的所有消沉。这首曲子，是他"爱的美好纪念和爱的痛苦结晶"。

克拉拉理解勃拉姆斯的感情，但她更爱惜他的才华，她与他互相守望，在爱情的根基上，成长出友谊的绿荫。创作《C小调第一交响曲》时，勃拉姆斯经常被"巨人的脚步"（指贝多芬）搅得心烦意乱，克拉拉就在信中启发他："暴风雨的天空可以孕育一部交响曲。"后来，她收到勃拉姆斯寄来的乐章，当她看到勃拉姆斯以克制、恬淡、超然平衡了内心深处的悲情时，忍不住泪湿衣襟。

《C 小调第一交响曲》一经演出，便轰动整个欧洲，曲中表现的情感给了世人最大的精神安慰，一度被盛赞为贝多芬的"第十交响曲"，勃拉姆斯也因此成为与巴赫、贝多芬齐名的古典音乐家。

他的成功与她有着千丝万缕的关系，而她的后半生中，他也是她重要的精神支柱。一个人带着 7 个孩子，孩子们又接二连三遭遇不幸，是他的音乐抚慰着她。他还悄悄资助她全国巡演舒曼的作品，他的生活和创作，无一不围绕着她。通信 40 年，除了寄给她创作的每一首曲子，那些写着"我不能没有你，我非常希望能够再次牵起你的手，坐在你旁边"，落款是"完全属于你的约翰内斯"的情书，一封也没有寄出。

1895 年 10 月，62 岁的勃拉姆斯在法兰克福见到了 76 岁的克拉拉。此时的她，已经被岁月侵蚀了容颜，他热情地拥抱苍老的她，眼睛里的神采一如当初第一眼看到她的时候。

他终生未娶。他的人生，如同他的座右铭"自由然而孤独。"

克拉拉走了，这个世界已没有什么可让他留恋，他焚烧了那些手稿和信件，仅仅 11 个月之后，便追随她而去，只留下那句动人心魄的话语，见证他从未表白过的爱情：

"我最美好的旋律都来自克拉拉。"

约翰内斯·勃拉姆斯：1833 年—1897 年，德国古典主义作曲家。

希特勒与爱娃·布劳恩
——输了战争，赢了爱情

当爱娃·布劳恩第一次见到阿道夫·希特勒时，她的人生便已注定。

那时，17岁的她在一家照相馆工作，老板正是希特勒的朋友兼专用摄影师霍夫曼，"我正顺着梯子往上爬，去拿放在架子上方的资料。就在这时，老板走了进来，身边还有一名中年男子。他留着可笑的小胡子，穿一件浅色英式大衣，手里还拿着一顶大毡帽。我尽量斜视他们，但发现那个人正在盯着我的腿"。少女的虚荣让她享受被注视的感觉，甚至还悄悄地"将裙子拉得更高"。

金发碧眼、楚楚动人的爱娃吸引了希特勒的注意，他开始逢场作戏，偶尔会请她吃冰激凌，或者看一场电影，她也注意到他的名字不断出现在报纸杂志上。他有高级轿车，有专职司机，从霍夫曼口中，她知道希特勒"是个了不起的人""前途似锦"，从小就希望当个演员的爱娃渴望获得身份地位的改变，她不可救药地迷恋上了这个大自己23岁的男人。

而那时的希特勒，除了忙着宣传"纳粹党"，忙着选举，更忙着应付他的小情人——外甥女格莉。对格莉畸形的爱，如同他的政治野心一样狂热，他带她参加集会，接受纳粹信徒的崇拜，他们一起购物、看戏、参加音乐会，但是同样，他也不允许格莉独自外出靠近任何男人。对此，爱娃并不知情，在一次见面时，她稀里糊涂地把一封情书塞进了希特勒的大衣口袋。

很快传来格莉自杀的消息，她早已受够了希特勒的禁锢，她无望地感到希特勒不会和她结婚，也不会允许她和别人结婚，爱娃的情书成了导火索，绝望之下，格莉把手枪伸进嘴巴，扣响了扳机。

格莉的死让希特勒深受打击，他长久地沉浸在对格莉的回忆中，"她是我生命中唯一爱过的女人，也是唯一我可能娶的女人，她的死对我来说是一次可怕的经历"。他开始改吃素食，并发誓做一个"独身者"。

很长一段时间，希特勒萎靡不振。为了把他从孤独中拯救出来，半年后的一天，霍夫曼把他带进电影院，旁边的座位上，爱娃正笑意盈盈地望着他。

爱娃充当了疗伤者，她温柔顺从，愿意听希特勒倾吐对格莉的思念，内心里，她渴望代替格莉，渴望用自己的美貌征服希特勒。不顾传统、虔诚的天主教家庭的反对，她决定与他在一起，即使父亲愤怒地称她是"堕落的女人"，她也毫不妥协。这个喜爱运动、看上去天真单纯的姑娘，骨子里却不达目的绝不罢休。

然而，希特勒只是把她当作格莉的替身，他常常抚摸着爱娃的脸轻唤"格莉"。他忙着竞选，好几个月不去理会她，甚至连电话都没有。

"我只是你生活里的一个影子，你却在我的生命里占有重要地位。如果我只是个单纯的过客，为何要让我闯进你的生活？"伤心之余，爱娃效仿格莉，拿起手枪对准了自己的喉咙。

朋友的及时发现挽回了爱娃的性命，而格莉自杀的阴影重又笼罩在希特勒的心头，他开始尽可能地关心爱娃，并送给她一只牧羊犬作为陪伴。

然而对于爱娃来说，这些远远不够，她渴望像恋爱中的女孩一样，与心爱的人出双入对，而不是把她藏在一所房子里，止步于任何一个公众场合。他越来越忙，而她只能睹犬思人。她在日记中写道："他经常告诉我他疯狂地爱着我，但他三个月毫无音信意味着什么？"

与此同时，受纳粹思想蛊惑的妇女们狂热追捧希特勒。为了得到更多女性的拥护，希特勒在演讲中不止一次激情昂扬地表示："我不会结婚，因为我已经有了新娘，她的名字叫作'第三帝国'！"

独守空房的爱娃落寞极了，她几乎与世隔绝，靠游泳、滑雪、听悲剧音乐、看无聊电影打发时光。为了掩饰空虚，有时甚至一天换六七套衣服，唯一不变的，是她的发型，因为，希特勒最讨厌发型的改变。为了他，她宁愿弄丢自己，包括，放弃信仰。

爱娃一天天憔悴下去，在给希特勒的信中，她说："我真想大病一场，我为什么要受这样的罪，你为什么要这样折磨我，我们干脆一刀两断。"迟迟等不到希特勒的回复，为了抵抗冷落和漠视，她吞下了大量的安眠药。

然而死神仍未眷顾，再次自杀终于唤起了希特勒的重视，他把她接到了自己位于巴伐利亚的贝格霍夫别墅，以此巩固她的唯一情人地位。

"爱娃非常善良，但在我的一生中，只有格莉才能在我心里激发出一种真正的感情，我永远都不可能有娶爱娃做妻子的念头。"他只把她当作秘密情人，过去、现在，以及将来。他不允许她抛头露面，出现在任何外交或新闻场合，提起她，他总说是一个"朋友"，即使在他的贝格霍夫别墅，也只有几名心腹能见到他俩在一起，而背后，他们则把容貌非凡却头脑简单的爱娃叫作"蠢牛"。

"我只想得到希特勒的爱，没有别的"。在爱的渴望中，爱娃痛苦而压抑，她被排除在公众视线之外，长期居住在慕尼黑自己的小楼以及希特勒的贝格霍夫别墅，很少出现在柏林，盲目的爱，令她迷失了自己。

作为第三帝国元首，希特勒野心勃勃，满脑子都是征服欧洲的"宏伟计划"，战事不断挑起，他的神经经常高度紧张，而爱娃的天真、顺从、忍耐、不过问政治，恰好给他营造了一个宁静、轻松的氛围。虽然爱娃"只不过是个可爱的小玩意儿"，但是她的简单纯粹、忠贞不渝还是能带给他莫大的安慰。不知不觉中，爱娃在希特勒心里占据了一席之地，1938年，她成为希特勒遗嘱的第一继承人。

1939年，在希特勒的命令下，纳粹德国突袭波兰，拉开了第二次世界大战的序幕，对于整个世界来说，"希特勒"无异于恐怖的象征。然而在爱娃眼里，希特勒是"一个惹人疼爱的淘气孩子"，他在前线，她牵挂他，常常焦虑不安，除了想"电话什么时候会响"之外，思维一片空白，以至于希特勒的私人司机说，爱娃是"全欧洲最不快乐的女人"。

可是她心甘情愿，何况她已经感受到了希特勒发自内心的爱。为了让她放心，他每天都会给她打电话，不管在狼穴、鹰巢，还是西线大本营，他给她讲前线的趣闻，也耐心地听她诉说生活中的琐事。当她抱怨搞不到最喜爱的美国电影时，希特勒会利用元首的名义"特别关照"；当德国不许妇女们使用化妆品、要求把原料用于军事产品时，在希特勒的过问下，爱娃的化妆品从来没有间断过。

孤独的爱娃渐渐平静了，她坚定地认为，自己生命的意义只在于希特勒。

1945 年，犯下滔天罪行的希特勒面临覆灭的命运，为了躲避苏军的炮火，他躲进总理府的地堡过着老鼠一样的日子。德国节节败退，亲信一个个离开，曾经不可一世的元首战战兢兢凄凉度日。

就在这时，爱娃来了，她违抗希特勒的命令，不顾危险从德国南部飞到柏林，她不只要为他庆祝 56 岁生日，并且，要永远陪伴他，"我会跟你到任何地方，哪怕是死，我只为你的爱而活"。

"只有爱娃和布隆迪（希特勒养的狗）是我最忠诚的伙伴"。处在崩溃边缘的希特勒被爱娃打动了，他决定违背自己不婚的誓言，给她一个名分：结婚。

4 月 28 日午夜，柏林炮火连天，苏联红军已经打到距离希特勒的总理府不到一千米的地方，整个城市几乎被夷为平地。而在总理府的地堡里，一个特殊的婚礼即将举行。牧师是士兵冒着枪林弹雨从前线找来的，此前，没有人告诉他此行的目的。

须臾，房间的门开了，新郎牵着一位年轻的金发女人走进作战会议室，一瞬间，牧师惊呆了。新郎正是希特勒，然而他与报纸上看到的判若两人，头发灰白、弯腰驼背，看上去苍老颓废。至于那个叫爱娃的年轻女人，更是闻所未闻。

没有玫瑰，但 33 岁的爱娃，神情激动，眼里噙满泪水，与之相反的是，希特勒心不在焉，他的脸上，没有一点喜悦之情。婚礼过后，当爱娃"像个无忧无虑的少女一样",和大家豪饮香槟、喝酒庆祝时,希特勒已经关起房门准备向秘书口授遗嘱了——柏林即将被攻陷,他和爱娃已经做好了自杀的准备。

会议室里,爱娃在夸张地狂笑,那是压抑许久后的歇斯底里。留声机里,迷人的歌声回荡在地堡,"当血红玫瑰温柔爱抚你的时候,她是在告诉你她爱你,并且只爱你一个;当血红玫瑰温存爱抚你的时候,请你也偶尔给她一点点思念……"

这是她最喜爱的歌曲《血红玫瑰》。是的,她爱他,并且只爱他一个,在生命的最后时刻,她赢得了他的爱,虽然那看上去更像是对她的绝对忠诚的一种奖赏,但是有什么关系呢,她是名正言顺的爱娃·希特勒了,她心满意足。

4月30日,结婚一天半后,希特勒关好房门,与爱娃并排坐在沙发上,然后用手枪对准了自己的太阳穴。爱娃的头靠在他的肩膀上,表情安详,她的身上,散发出淡淡的苦杏味道,那是氰化钾的作用。

在遗嘱中,希特勒这样解释了他的婚姻,"虽然在战争年月,我曾认为我不能承担结婚给我带来的责任,但是现在,在我生命旅途行将结束之际,我决定与这个年轻女子结婚。历经多年真诚友谊之后,她出于完全自愿来到这个城市,尽管此时这座城市就要被敌人攻陷,她却毅然前来与我共同分担不幸的命运……"

不管是褒是贬是可怜还是痛恨,一个事实是,因为希特勒,爱娃的名字也将被历史铭记,这正是她从少女时代就一直追求的吧?对于她来说,不再忧伤,不再痛苦,能与希特勒一起赴死,这,就是最好的归宿。

不问值不值得,只问愿不愿意。地堡外,隆隆的炮声仍在为他们做最后的送行……

阿道夫·希特勒:1889年—1945年,二战时德国最高统帅,纳粹党党魁。

博尔赫斯与玛丽亚·儿玉

——深知身在情长在

　　佛罗里达，在西班牙语中意为"鲜花盛开的地方"，正是在浪漫的布宜诺斯艾利斯的佛罗里达街，玛丽亚·儿玉第一次感受到了英文诗中所说的"爱情是心灵的饥饿"，这一切，都源于和豪尔赫·路易斯·博尔赫斯的偶遇。

　　这是她第二次见到他。因为喜欢诗歌和阅读，12岁时，父亲带她去听博尔赫斯的讲座，当从小就特别害羞、一看到客人就往衣柜里钻的玛丽亚看到台上那个声音同样"非常胆怯、微小""像金字塔一样古老"的文学大师时，不禁豁然开朗，"如果这样的人可以演讲，那么我肯定也可以"！从那时起，她决定了此生的志向是文学。

　　时隔四年，遇到自己崇拜的大师，玛丽亚突然有种和他攀谈的冲动，就这样，她鼓起勇气走上前去。于是，有了这段多年后回想"像两个疯子交流"的对话：

　　"你学什么专业？"

　　"我还是中学生。"

　　"你喜欢盎格鲁－撒克逊文学吗？"

　　"我不知道那是什么。"

"是古英语文学。"

"啊，莎士比亚！"

"不是，比莎士比亚古老很多。"

"我不知道了，你知道吗？"

"我也不太了解，我们可以一起学习。"

一缕阳光照在玛丽亚的脸上，她知道，那温暖，来自他的眼睛，虽然那时，受遗传性眼疾困扰，他已几近失明，甚至无法看清她有着东方血统的温柔清澈的眼睛和欧洲混血的端正挺拔的鼻子。

这场对话，改变了玛丽亚一生的命运。她决定追随他，虽然那时，他已经54岁，而她，仅仅16岁。中学毕业后，玛丽亚选择去布宜诺斯艾利斯大学文哲学院学习，她的老师之一，就是博尔赫斯。

那时，按照医生的预言，博尔赫斯距离完全失明只有不到两年的时间了，他的阅读和写作开始越来越多地依靠别人，母亲成了他的双眼和双手，她为他阅读，帮他记录口授的内容，打印书稿，陪他出访、出席演讲活动。然而，随着年事渐高，力不从心的母亲不得不考虑寻找她的接班人。

孤独贯穿着博尔赫斯的人生，童年时，他的摇篮是"铁矛栅栏之后的花园和一间拥有无数英文书籍的藏书室"，镜子和迷宫是他的全部生活。长大后，"谨小慎微到不可理解"的博尔赫斯尽管也曾爱过一位"有着拉丁美洲般宁静的高傲的白人姑娘"，尽管也曾发生过几段感情，但无一例外，无疾而终。不得不说，除了不善交际，"对母亲的完全服从"，是他那些失败爱情的另一个主要原因。

"躲在传统家庭厚厚的窗帘背后"，伤痕累累的博尔赫斯选择自闭孤立，即使在写作中，也几乎看不到爱情题材，尽管他公开说"我在私生活里太注重爱了，因此无法在作品里谈到它"，但他心里很清楚，对于爱情，他是在逃避，他的内心，仍然存着渴望，"我有点伤心地发现，我总在思念这个或那个女人，我原以为我是在浏览不同国家的城市，但总有一个女人像屏风一样挡在我和风景之间"。

有着德英日裔混血的玛丽亚成了博尔赫斯最忠实的学生，博尔赫斯也非常喜欢这个身材娇小、有着一头披肩长发的聪颖好学的姑娘，他们常常一起研究盎格鲁—撒克逊文学，学习冰岛文。一家名叫"三桅船"的咖啡馆是他们聚会的地方，他带着原版书，她则抱着语法书，他引导她从最感兴趣的地方入手，而不必死抠语法。在博尔赫斯的指点下，玛丽亚进步很快，那段时间，博尔赫斯心情特别愉快，他不止一次深情地望着她，认真地说："玛丽亚，我看到你的轮廓了，真的！"

他被她吸引，她温文尔雅，又十分谦让，是他最虔诚的聆听者；而她，亦是惶恐地享受着他"智慧的特权"，在他巨大、宽广到无垠无际的思维世界里心潮澎湃。

玛丽亚开始担任博尔赫斯的业余秘书，接替他母亲的一部分工作，他需要她时，她总在身旁，耐心地等待指示，他们建立起了超越师生关系的友谊和情感。没想到，这招致了博尔赫斯母亲的反对，她担心他过分依赖玛丽亚，进而向玛丽亚求婚，她希望博尔赫斯娶一位年纪相仿、能够同时做护士的成熟女人。在她看来，比博尔赫斯小 38 岁的玛丽亚，是完全靠不住的。

就在这时，博尔赫斯重逢了他年轻时追求过的恋人艾尔莎，其时，艾尔莎的丈夫去世，她正寡居。就这样，在母亲的安排下，已经 68 岁的博尔赫斯迎娶了艾尔莎，第一次走进婚姻殿堂。

糟糕的是，对博尔赫斯来说，这场婚姻无异于地狱，他很快发现，艾尔莎从无梦想，也不讨论书籍，她恶毒地对待他最心爱的大白猫。她关心的只是他的名声带来的服饰，甚至在一次出访美国时，把穿着睡衣和拖鞋的他关在门外不予理睬。

婚姻处于紧张状态中，艾尔莎不在的时候，茫然的博尔赫斯经常找玛丽亚来做伴。她依旧矜持得体，心事重重的他又感到了那种爱情的萌动。

三年后，博尔赫斯终于从同艾尔莎的婚姻中解脱出来，他开始出版新的作品，国际声望达到空前的高度。1971 年 4 月，当他飞往冰岛朝圣时，意外发现，玛丽亚正在那里等着他。他顿时感到"一种狂喜"和"一种梦想成真"，她的出现冲走了所有的不愉快。博尔赫斯徜徉在爱之河里，玛丽亚把他带到了年轻时就一直寻寻觅觅的天堂。

冰岛的短暂会面给了博尔赫斯新的灵感，回到布宜诺斯艾利斯后，他立刻写了《乌尔里卡》和《奇遇之夜》。《乌尔里卡》讲述了一位上了年纪的教授与一个挪威女孩相遇的故事，这是他第一次选择了热烈的爱情作为主题，而且是自传性质的。爱情给了他宁静，让他写出了"地老天荒的爱情在幽暗中荡漾""你是我失明的眼睛前的音乐"这样美丽的诗句。

为了维持在冰岛点燃的爱情之火，博尔赫斯和玛丽亚一起学习古冰岛语，而此时，他探索古老语言的兴趣不为别的，只为"爱情，无知的爱情，还有冰岛"。

1975 年，一直充当博尔赫斯代理人的母亲于 99 岁高龄去世，几天后，博尔赫斯在名为"愧疚"的诗中写道："我犯下了人们所能犯的 / 最深重的罪孽 / 我未曾有过幸福感……"

他所指的，是来自爱情、来自婚姻的幸福感。

玛丽亚正式成为博尔赫斯的秘书，和他的母亲一样，她为他阅读，为他记录口头创作；她带他去饭店，向他描述刀叉的位置；她陪他到世界各地旅行，和他一起闭上眼睛，用手指在地图册上感受山峦、海洋和岛屿；她用母性的仁慈和怜悯抚慰着他人生的孤独。在塞纳河畔，他一手拄着拐杖、一手挽着她的胳膊散步的画面定格成永远的风景。

博尔赫斯渴望和玛丽亚结婚，当她再次陪同他出访美国时，他提出了这个建议，"我是一个维多利亚时期的绅士，和一个自己爱的女人结婚对我来说是件十分重要的事"。出人意料的是，从 12 岁起就崇拜着他的玛丽亚却婉拒了，"我不相信婚姻，多年前就已经决定终身不嫁"。

幼年时，父母的离异给玛丽亚造成了无法弥补的伤害，以致她不愿踏进婚姻半步。

因为和阿根廷政权在政治上的纠缠，博尔赫斯一直受到阿根廷文学界的冷落，媒体也曾一度对他大肆攻击，他的内心世界经常会陷入混乱，是玛丽亚的陪伴缓解了他的焦虑，让他慢慢平和下来。后来，他创作了《夜晚的故事》，象征着她的爱情之光带他穿越黑暗，走向晨曦。"她是你的明镜"，在写给玛丽亚的《月亮》一诗中，他把她比作那个"总能带给我们惊喜"的月亮。

博尔赫斯对中国怀有深厚的感情，他喜欢听玛丽亚用舒缓的声音为他读德文版的《庄子》，她为他挑选的那根来自中国的竹手杖，他也须臾不离身，他甚至创作《漆手杖》表达他对中国的向往："我看着那根手杖／觉得它是那筑起了长城／开创了一片神奇天地的无限古老的帝国的一部分……"

"长城我一定要去，我看不见，但是我感受得到，我要用手抚摸那些宏伟的砖石。"遗憾的是，博尔赫斯的这一夙愿没有实现的机会了。1985 年 11 月，在玛丽亚的陪同下，博尔赫斯离开让他失望的阿根廷，前往他少年时居住过的城市，他的第二故乡——日内瓦，他已预感到死亡即将召唤。在他的请求下，玛丽亚答应了他的求婚。对她来说，这不过是为了完成他的心愿，"结婚不结婚，我都会孤独地一个人活下去。生活本身业已表明，另外一个人已经成为你灵魂的归宿"。

1986 年 4 月 24 日，玛丽亚成为博尔赫斯的第二任妻子。八周后，博尔赫斯与世长辞。抱着他沉重的头颅，看着他紧紧合着的双眼和银色的头发与胡子，玛丽亚的泪无声地滴在他渐渐冰冷的脸上，"你已经和空气与水一样化为永恒了，亲爱的博尔赫斯，愿和平与我的爱与你同在，再见吧"。

他一动不动。在人生旅途的最后十年，她给了他幸福感，帮他从"最深重的罪孽"中解脱出来。她协助他出版了诗集、小说集、演讲集，还合作出版了《盎格鲁—撒克逊作品简编》。在爱情的浇灌滋润下，即使失明、老迈，他的文学创作仍然是一片勃勃生机。

她，就是他的一扇窗。透过她，他的光芒洒向全世界。

博尔赫斯把所有的继承权都留给了玛丽亚。忍着悲痛，她开始投身到弘扬他作品的事业中。2000 年，《博尔赫斯全集》在中国出版，玛丽亚应邀前来参加首发式。带着博尔赫斯的遗愿，她登上长城，深情地替他抚摸着城墙上的砖，那一刻，她感到他就在身旁，"博尔赫斯虽然未能亲临长城，但我能感觉到他奇迹般地悄然出现，化身为《全集》中的仰慕与挚爱"。

他未了的心愿，她一一为他实现，当记者问她"如果你可以穿越，早 40 年出生，和博尔赫斯同一个时代，会怎么样"时，玛丽亚动情地说："我唯一能确定的就是，一切还是和现在一样，我们还是会因为对文学的热情相互吸引。"

"世界，很不幸，是真实的；我，很不幸，是博尔赫斯。"或许，应该加上这样一句：很幸运，我遇到了玛丽亚·儿玉。

豪尔赫·路易斯·博尔赫斯：1899年—1986年，阿根廷作家，文学大师。

萧军与王德芬
——鲜红的胸珠，伴她终生

1938 年春天，仿佛一夜之间，兰州街头便已千树放绿、百花争艳，犹如穿城而过的黄河水，奔腾又热烈。一切都是那么生机勃勃，蓄势待发的，除了草木，还有爱情。

王德芬没有想到，她与萧军竟然会再次邂逅。

抗战全面爆发后，作为大后方的兰州吸引了大批文化名人，曾任榆中县县长的王蓬秋积极主张抗日，一封信便把在外读书的三个儿女召唤回来，那时，王德芬正在苏州美专就读。哥哥王德彰从南京回来了。大姐王德谦也从上海回来了，与她同来的，还有青年作家吴渤。

国难当头，王德芬热血沸腾。19 岁的她和哥哥姐姐一样，去学校担任义务教师，教学生唱抗日救亡歌曲，有美术专长的她还承担了办壁报的任务，她的漫画把日本帝国主义烧杀抢掠、残忍暴戾的野蛮行径揭露得淋漓尽致。

在吴渤帮助下，他们组建了"王氏兄妹剧团"，经常进行抗日救国演出，小话剧《放下你的鞭子》在甘肃民众教育馆礼堂上演后，兰州各界为之震动，王德芬扮演的"香姐"给兰州人民留下了深刻的印象。

一个清晨，炭市街 49 号院里走进两个风尘仆仆的男青年，他们是应吴渤之邀，来兰州参加抗日宣传工作的。"吴先生在这儿住吗？这儿有姓吴的吗？"听到喊声的王德芬打开了门，穿深红色皮衣的那位，她见过，是萧军！

一年前，在上海读书的姐姐带她去拜访许广平，上了电车后，姐姐忽然悄悄对她说："你看那边那个人，就是《八月的乡村》的作者田军（萧军的笔名）。"那时，在鲁迅先生的提携下，被称"二萧"的萧军和萧红风头正劲，不仅作品享誉文坛，这对患难夫妻的经历也备受瞩目。"上身穿白色短袖针织网球衫，下身是白色西式长裤，脚穿一双尖头皮鞋，他一条腿架在另一条腿上，正聚精会神地看着一张报纸。"仅仅一面，"像个游泳健将"的萧军留给她一个态度冷漠、略显高傲的"不好"印象。

面前的萧军，与之前的孤傲不同，经过长途跋涉，看上去疲惫憔悴，他刚刚和共同生活了六年的萧红分手，曾经令人羡慕的革命伴侣已经分道扬镳。王德芬为他惋惜，莫名地，还有点心疼。

与萧军同行的，是戏剧家塞克，他们暂住在王德芬家。第二天，萧军突然送给王德芬一个雅致的花瓶，瓶颈上缠绕着几道鲜艳的朱红色串珠，瓶内插着一长一短两枝刺梅。"四五月份正是刺梅、芍药、丁香、牡丹盛开的季节，兰州街上卖的各种花很多。萧军真是一个有心人啊，他怎么知道我爱花呢？"很多年后，已是耄耋老人的王德芬回忆起这一幕，仍然那么感动。

红宝石一样鲜艳的刺梅像一颗火热的心，又像投进心湖的一粒石子，王德芬不由心生欢喜，矜持的少女之心被搅乱了。

朝夕相处，王德芬的纯洁和烂漫吸引了萧军，与性格忧郁、只想安静写作的萧红相比，她富有朝气，充满活力，对抗日的热情与萧军这个血气方刚的汉子不谋而合。

来到兰州的第五天，性情奔放的萧军便约王德芬出去散步，她欣然应约。走在黄河岸边，他兴致勃勃地讲他的传奇经历和见闻，她饶有兴味地听着，不时偷偷打量他一下。几天的接触，在她的眼中，萧军"是个热诚、真挚、善良、敦厚、开朗、豪爽、朝气蓬勃、幽默风趣的人"，既是进步作家，又是鲁迅先生的学生，有才华有血性，这对一个情窦初开的文艺少女，无疑是具有诱惑力的。

她仅仅是崇拜他，而他已经是恋着她了，孩子般的天真、清澈透明的眼眸令他不能自已，尽管真正认识还不到一星期。他常常约她一起散步，沙滩上捡石子、唱歌，看古老的水车在车水。一次到中山林游玩时，大庭广众之下，无法克制的萧军忍不住热烈地拥抱着王德芬亲吻起来。他郑重地提出，希望她能跟他一起去武汉。

太热烈、太迅速的爱，总是令人却步。这个成熟男人的表白让毫无恋爱经验的王德芬慌乱了，当晚，她把这件事写进了日记，并给他写信："你使我多么受惊了哦！没出息的！你怎么就不能扼制着自己的热情呢？"她冷静地审视自己，"我并不爱你，只是很喜欢你"，她羞怯、不安，甚至有点恐慌地说，"希望你不至于拿我寻开心"。

同一个夜晚，另一个房间的萧军也提笔写下了给王德芬的第一封情书："我们是恋爱着了！至少是我自己，虽然我曾一千遍约束着自己，但今天我终于吻了你，我的孩子！我是那样的踌躇和不安啊！"信末，他也设想了最坏的结果，"也许这又是一个悲剧的收场？我不想想它，反正对我全是一样的——多添一颗胸珠而已"。落款是"你的小傻子"。

萧军像个火球，炽热地燃烧着，在他强烈而热情的追求下，王德芬动心了。爱情如蝴蝶破茧而出，挡都挡不住。父母发现了她的日记，出于对女儿的保护，父亲对萧军下了"逐客令"。他的桀骜不驯、用情不专，他们早有耳闻，何况他还比女儿大12岁！

在姐姐王德谦的帮助下，萧军另找了住处，王德芬也被父母关在家里，"萧军一天不离去，你一天不许出门！"

然而萧军是不达目的不罢休的，他展开了更猛烈的攻势，日日写信给她，有时甚至一日两封、三封，"只要我一接近你，就感到一种眼睛看不见的温柔包围了我，真的会变成一个孩子了，像一只羔羊似的伏贴在你的怀中，任着你抚摸吧，我会在这抚摸中睡得香甜而美丽！爱的！"

信通过同情他们的姐姐传递，滚烫的话语令王德芬无法抵挡，她也每天给他回信，倾诉思念、痛苦和内心的矛盾。

短短一个月，萧军写下了38封情书。随着他狂热的爱在笔端倾泻，王德芬做了最后的决定，"只要和他在一起，我什么也不怕，我相信自己什么样的生活都能过，我一定能够和他同甘苦共患难！伴他以终生！"

得到肯定答复的萧军开始和王德芬的父亲谈判，在信中，他语气强硬、斩钉截铁，"我只屈服于'真理'，却不能对'暴力'低一低头的""德芬已经是我的，我也是德芬的，即使刀放在脖子上也要爱到底"。

经过他们"顽强地、不懈地努力和斗争"，父母终于妥协，在《民国日报》上刊登了一则"订婚启事"："小女德芬于本年 5 月 30 日已与萧军君订婚，因国难时期一切从简，祈诸亲友见谅是幸。"

19 岁的她，就这样赌上了自己的一生。

1938 年 6 月，王德芬跟随萧军离开兰州，前路漫漫，她义无反顾。临行前，他对她母亲发誓："我会对德芬负责到底的！"

然而，来得快的爱，去得也快。仿佛热情已经用尽，仅仅十天，他就骤然降温，说她头脑简单，与他"缺少共鸣共感"，并讨厌她的哀怨流泪，毫不体谅她为他舍弃家庭、随他四处漂泊的痛苦。到成都住下来后，更是扔下她一个人整日外出，即使在家，也对她视而不见。

萧军把嫌弃和厌倦写在脸上，没有对话，没有交流，王德芬只有放下尊严和个性，在同一个屋檐底下，她给他写信："爱的，不要再对我那么陌生冷淡吧，希望你别和我认真吧！那会苦坏了你！家是不可爱的，晚点回来也好，只希望你在外面能快活！你不要多疑我对你有什么不满，那都是多余的想法。"

字里行间，都是容忍、卑微与哀求，从此，不说爱情，只去爱。苦和难，她都不怕，唯一怕的，是他的冷漠。接受刺梅花的美丽时，她同时接受了那会伤人的刺。

忐忐忑忑中，她跟着他在战乱中奔走，于 1940 年到达延安。政治环境使得萧军焦灼易怒，尽管他们已经有了孩子，争吵仍然不断，有人告诫王德芬，"萧军将来一旦遇到好女人，他就会丢开你，一个人不要忘掉历史啊！"

萧军的多情历史，王德芬当然不会忘记，萧红曾受到过的伤害，她也未能幸免，她只是无能为力而已，"他是被许多女人爱过的人，相比之下，我就显得太幼稚太无能了"。萧军也公开说，他们的夫妻关系之所以能够维持，"旧情占四分之二，爱情占四分之一，可怜占四分之一"。

对从未见过面的萧红，王德芬产生了同病相怜的感觉。1942 年 4 月 8 日，萧红在香港含恨离世。当晚，萧军在日记里写道："下午听到萧红死了的消息，芬哭了。"

王德芬哭的，其实是她自己。那时的萧军正忙着他的情感纠葛，并在日记里抱怨，"每一个女人全不是我所需要的，她们全愚蠢，全是患病者，全是不懂得我的心的人！我要哭！为了每次恋爱！每个女人所耗费去的精力！在这社会上，她们总是重重地压在你的肩上，使你精疲力竭，而她们并不企求上进！"

尽管失望，他仍然不放弃追逐，几年后又移情一位女大学生，甚至向已经生育 5 个孩子的王德芬提出离婚。

或许应该感谢历次暴风骤雨般的政治运动，从延安整风、《文化报》事件、胡风事件，到戴了 30 年之久的"反苏反共反人民"帽子，每一次，王德芬都毫不犹豫，"我不怕牵连，我不离婚！"从西北到西南，又从西南到东北，天真烂漫的少女已成白发老妪，无论受到多大的冲击，她始终陪着他，走过漫长的风雨人生路。

50 年动荡，无数次搬家、抄家，很多东西遗失、销毁，唯有当年他写给她的情书，一封也没有弄丢。他的一时真情，于她，却是永恒的爱情。他成了她生命中最坚定不移的信念，所有的暖，她全都给了他。

这一生，算是赌赢了吧，半个世纪，她为他生育了 8 个子女，她的付出终于得到他的认可。"文革"中，身陷囹圄的萧军给孩子们写了一封信："好好关心你们的母亲！她是这世界上唯一能谅解我的人。尽管我们思想常难一致，我们的生活习惯、为人作风各不相同，但我们却是不可分解的一对！"

终是她，陪他走到最后，1988 年 6 月 22 日，萧军因病去世，葬礼上，一声"萧军老伴……"令人肝肠寸断。那一刻，回忆漫过心田，她想起他在第一封情书里赠给她的小诗："我有一串胸珠 / 每一颗全是那样美丽而鲜红 / 这全是用苦痛和艰辛换来的呀 / 它将伴我以终生。"

那"一串胸珠"里，她终于成为最美丽最鲜红的那一颗，当姐姐问她"可有后悔跟萧军走"时，她的回答是："我从未后悔过跟他。"

或许对她来说，比起受伤，苍白的人生才更可怕。

萧军：1907 年—1988 年，著名左翼作家，"东北作家群"领军人物。

戴爱莲与威利·苏考普

——情深缘也深

《圣经》有言，"有时候，人和人的缘分，一面就足够了，因为，他就是你前世的人。"被誉为"中国舞蹈之母"的戴爱莲，漂洋过海来到中国后，尽管也曾结过两次婚，但她的心里，始终思念着一个人，谁也无法替代，"我一直在努力忘记，却总也忘不了"。

他叫威利·苏考普，是她的初恋，短短两周的相处，却刻上了一生的烙印。

那时，父亲破产，出生于南美的戴爱莲只身在英国学习舞蹈，她靠半工半读维持学业。1939 年夏天，23 岁的她考入位于达亭顿庄园的尤斯－雷德学校舞蹈系，假期里，她靠给学校的服装设计师哈科洛斯当模特勉强保证一日三餐，可是有一天，在餐桌上，哈科洛斯对她说："我随时都有可能离开英国，我不能帮助你了，你另找活干吧。"

戴爱莲一听，顿时难过起来，神情沮丧食不知味。"我想请你做模特，但我没有钱。"这时，坐在哈科洛斯身边的那个英俊青年小心翼翼地说话了。他是哈科洛斯的朋友，一位来自奥地利的穷艺术家，受邀到达亭顿访问三个月，从事雕塑创作。身材婀娜、有着一头乌黑直发和一双细长眼睛的戴爱莲让他动心了，他想为她雕塑。

"我不是为了赚钱做事情的，只要有地方住、能自己做饭，就满足了！"戴爱莲立刻振作起来，就这样，她做了威利的模特。餐厅的饭太贵，威利支付不起两个人的饭钱，戴爱莲就每天做饭给他吃，简陋的工作室里打个地铺，就是她的床，共同的生活开始了。

通过交流，戴爱莲渐渐发现，她和威利有着相同的经历，都是很早脱离了家庭自食其力，都对艺术非常执着。尽管条件很艰苦，但威利工作起来非常投入。戴爱莲经常充满惊奇地望着他的手，看着一团团泥巴在他的灵感注入下，变成一件件令人叹为观止的艺术品。由欣赏到敬佩，再加上威利外形俊朗、态度温和，有着浓郁的艺术家气质，这些都触动了她心底最柔软的地方，不知不觉中，青春的第一朵花悄悄地开了。

她开始更多地关心他，他起床时，早饭已经摆好；他的衣服破了，学过绣花的她不仅把破洞补好，还在上面绣上一朵好看的小黄花，一针一线里，都包含着恋爱的羞涩与甜蜜。

戴爱莲这个娇小的东方姑娘也让威利刮目相看，她心灵手巧，舞蹈跳得好，不怕吃苦，又真诚率真，和她在一起，愉快又轻松。好感是掩藏不住的，他喜欢和她说话，哪怕是一点极无聊的小事都会兴致盎然；散步时，遇到水坑，他会细心地停下来，轻轻地把她抱过去；她在草地上为他翩翩起舞时，他双眼放光，由衷地称赞她是个天生的舞者。

彼此欣赏的两个人，相处是舒畅和愉悦的，然而，威利是一个传统而又善良的人，他不忍心伤害任何人，一次在森林散步时，他坦诚地对戴爱莲说："我们相识太晚了。"

威利订婚了，巧的是，那个叫西蒙的未婚妻与戴爱莲的生日一样，都是5月10日。"爱莲，我要遵守承诺，我要和西蒙结婚了。"像浇了一场突如其来的雨，心虽然痛，但是"使君有妇"，自尊心非常强的戴爱莲默默地把失落隐藏起来，装作什么也没有发生。

两周时间过得很快，一尊颇具东方少女神韵的石质头像成为他们相爱的见证。

不久，西蒙来了。远远地望着威利和西蒙有说有笑散步的身影，站在树下的戴爱莲悲伤难抑，"我从来没有这么难过过，我已经爱上这个人了！"爱他，就要祝福他，她在心里，不断地告诉自己，"我要忘掉他！我会忘掉他的！我一定要忘了他！"

战争改变了一切，英国向德国宣战后，学校被迫停课，学生们只能各奔前程。此时，威斯已经远赴加拿大，孤单地徘徊在和威利一起走过的林间小路上，戴爱莲的心空荡荡的。她想离开这个伤心地，寻根的梦再一次唤醒了她，"我打算去中国，那是我的祖先生活过的地方。现在，她也正陷入战争的苦难中，我想回去，为同胞们做一些事情"。

虽然从小生长在海外，一句汉语都不会说，但戴爱莲知道自己的根在中国，她时时关注着祖国。在她的脑海里，"中国"两个字，像彩虹一样缥缈而神奇。把威利留在梦里，她开始如饥似渴地阅读和中国有关的书籍，努力寻找回国的路。

二战打得激烈时，戴爱莲从报纸上知道中国正在遭受日本侵略者的蹂躏，她加入了援华运动委员会，积极参加义演，即兴创作了很多抗敌的舞蹈。"那个跳舞的中国女孩儿"给观众留下了深刻的印象。

"与其死在国外，不如把血洒在祖国的土地上。"在"援华会"的帮助下，戴爱莲终于得到一张回国的船票，于1940年踏上了香港的土地。

"中国舞蹈家从英国学习归来，到了香港"，报纸上的消息得到宋庆龄的关注，戴爱莲受邀加入"保卫中国同盟"。参加募捐演出时，结识了著名画家叶浅予。一个不会汉语，一个只有中学程度的英语，靠打手势、画画来交流，居然相谈甚欢。艺术是相通的，折服于彼此才华的两个人，半个月之后便由"社会人"升华为"生物人"，开始谈情说爱。

"天上掉下个戴爱莲"，叶浅予喜出望外，兴奋不已。一心想要救国的戴爱莲也天真地以为，"他是进步人士，还是《今日中国》杂志的负责人，这个人有这么多的优点，我一定会爱上他！若能真正爱上他，我就能忘记以前的一切了！"

然而，越想忘记就越是逃不出回忆。结婚后，戴爱莲和叶浅予相互扶持，叶浅予创作了很多舞蹈题材的画作，他组织节目，设计海报，她跳舞，他打锣。"边疆舞蹈大会"后,她被称为"中国邓肯",轰动一时。尽管这样,戴爱莲还是感到叶浅予不能完全理解她,为了他的创作,他让生病的她在战乱中独自回到香港;只要她讲起过去,讲起威利,他的态度总是很冷淡。10年过去,她并没有像最初想象的那样深爱他,"我们的心不能贴得很紧,我耐心等了10年,最终还是失望。"

因为相爱在一起,却因为了解而分开,对于戴爱莲突然提出的离婚,叶浅予一生都无法释怀。仅仅10年,这个令人羡慕的艺术家庭就在他的眼泪中画上了句号。

戴爱莲很快再婚。然而,"第二次婚姻就是个错误"。初恋是唯一的恋爱,经过离婚、结婚、再离婚,戴爱莲意识到,威利是她心上的刺青,早已刻骨铭心。她期待一次久别重逢,在"文革"中两度想到自杀时,都是靠与威利相见的信念支撑着才渡过难关。她曾试着写信到英国和自己的出生地特立尼达岛,但是经过战乱,联系早已中断,信如泥牛入海没有回音。

岁月没有辜负有情人,1978年,一位苏格兰朋友在威利的工作室看到了戴爱莲雕像的照片。那时,威利已经是英国著名的雕塑家了。

第二年,"舞蹈大使"戴爱莲去英国参加活动,威利等在会场。分别40年,恍若昨日。在她眼里,身穿白色西装的他还是那样潇洒,那样帅气,坐在花园里,她深情地对他说:"多少年了,我一直都无法忘记你!"从青春到白头,爱的火焰从未熄灭。

与威利一家相处,戴爱莲感到非常愉快,她与西蒙成了好朋友,只要到英国就会去拜访他们,威利的儿子也成了她最亲的干儿子。看到他幸福,她就是满足的。

1987年,叶浅予的第三任妻子王人美去世,一直无法忘记戴爱莲的他希望重结连理,然而戴爱莲说:"我的心里全都是威利,不能再接受任何感情了。"

几年后,西蒙去世,独居的威利轻度中风,家人尝试为他找保姆、管家,却都被他拒绝了。正在伦敦的戴爱莲去看望他时,他眼神里流露出渴望,握着她的手问:"你能留下来陪伴我吗?"

这是她梦寐以求的，这个迟来的缘分，她等了半个多世纪，能够陪伴他、照顾他，是她人生最大的幸福。1995 年，带着安宁与满足，88 岁的威利离开了，对戴爱莲来说，此生再无憾事，正如威利的儿子所说："你们有个开始，也有个结束。"

晚年的戴爱莲是孤独的，她很少出门，常常注视着威利为她雕塑的头像出神。窗外，一缕斜阳穿过高大的法国梧桐照在她瘦削的脸上，逆光望去，宛如一尊雕像。

戴爱莲：1916 年—2006 年，著名舞蹈艺术家、舞蹈教育家，中国舞蹈之母。

轻拂的风、
流浪的云作证：
他们彼此，
就是对方的爱情宣言。

第二章　爱只有一个准星

席琳·迪翁与雷尼·安杰利

——爱还在，心永恒

多年后，席琳·迪翁还清楚地记得与雷尼·安杰利的初见。

那天，母亲带着 12 岁的她应约来见著名音乐人雷尼。办公室的门打开了，成堆的奖杯和明星唱片映入眼帘，一个穿着棕色西装的中年男人站在窗边。他脸上没有笑容，"有点忧郁"，尽管空气里弥漫着清新和好闻的气味，可席琳这个第一次来到蒙特利尔的魁北克姑娘还是感到"一股巨大的担忧涌上了心头"。

她的梦想是成为一名巨星，妈妈寄给雷尼的唱带，他听过了吗？他会喜欢吗？她紧张而又不知所措。

终于，他俯下身来，递给她一支粗大的自来水笔，用非常温和的声音说："权且把它当话筒吧，行吗？"他不相信唱带里的《这是一个梦想》是她唱的，让她现场清唱一段。他仍然严肃，但声音里的温柔和热情安抚了她，"你愿意唱什么就给我们唱什么，就像你在艺术广场剧院演唱那样"。

退到门边，席琳把自来水笔放到了唇边。歌唱完了，雷尼擦着眼睛，用柔和的声音说："你唱得我掉了泪。"

"我从未听过如此美的声音，对我来说，这是世界上最美的声音。"她的音乐天赋打动了雷尼，他决定亲自做她的经纪人。他对她妈妈说："如果你们相信我，我保证不出 5 年，你们的女儿就能成为魁北克乃至法国的一个大明星。"

雷尼开始全身心地打造席琳，为了资助她出版第一张专辑，他不顾自己正遭遇经济困难，不惜把房子抵押了出去。专辑出版后，其中的《我对你充满爱》还代表法国参加日本东京雅马哈国际艺术节，并在这次比赛中获得"乐队特别奖"。

用第一张专辑的利润，雷尼又投资了另一张专辑，他为她物色最好的词曲作家、让她走进真正的录音棚。向别人介绍她的时候，他总是自信地说："你们等会儿听她唱好了，你们将五体投地。"一年之内，两张专辑的推出让席琳在歌坛迈出了成功的一步。

13 岁，她听从雷尼的建议选择辍学，专心做音乐。从此，她的世界只有他。

"这将改变我们的生活，席琳，你等着瞧吧。"雷尼的眼睛炯炯有神，他微笑的面容，平静、低沉的声调不经意间吹开了她少女的心扉。在台上，她用伤感的声音演唱着一场怀春的心事："我像一个小岛，被浩瀚的大海包围，但我的心，却飞向了远方……"

初恋如树叶一般，在人们的忽视里，突然绿了。

然而在雷尼眼里，席琳只是个孩子，他比她大 26 岁，他有一个同时做歌手和主持人的美丽妻子。作为一个睿智而专业的经纪人，他和席琳的谈话仅限于舞台、电视、歌手之类，他满脑子想的都是如何为她开拓更宽广的天地，如何让更多的人听到她的歌声，看到她本人。他深信她的价值，并愿意投入自己的全部。

席琳却越来越意识到，自己恋爱了，尽管那只能算是单相思。演出的时候，只要看到人群中的雷尼，她便感到周身都充满了一种魔力；她把他的照片藏在枕头下，每晚都要亲吻他；虽然道"晚安"的时候，他照例亲亲她的两颊，仍然把她当作那个 13 岁的孩子，但她还是忍不住做着同一个梦，梦里，他是唯一的主角。

正当雷尼把越来越多的时间和精力花在席琳的前程上时，妻子安娜"爱上了另一个人"，她提出分手。席琳看到了希望，她马上就18岁了，渴望和他建立"一种成年人之间的关系"。

令她欣喜的是，雷尼也在逐渐转变。餐馆里吃饭时，他与她亲密交谈、旁若无人；当她把头靠在他肩膀上时，哪怕周围人很多，他也会温柔地望着她的眼睛。席琳开心极了，她真的赢得了他的心。

没有料到的是，这场"荒唐的爱情"引起了人们的关注，报刊上，各种版本的流言蜚语接踵而来，许多人都认为席琳遭遇了经纪人的"潜规则"，雷尼被推到风口浪尖，席琳的母亲甚至给他写了一封措辞严厉的信："我希望自己的女儿找一个白马王子，而不是一个离过两次婚，年龄又比她大两倍半的男人。"

悲伤在心中蔓延，席琳忍不住语气强硬地提醒亲爱的母亲："我是个成年人了，我们是在一个自由的国家里，任何人都没有权力阻止我去爱一个我想爱的人。"

身陷舆论旋涡，雷尼同样心绪难安。吃饭时，他不再坐在她的身边，眼睛也尽量避开她。饭后，他痛苦地告诉她："我们不应该再以这种方式相处了……"哪怕她明确地说"我爱你，一生一世都爱你，只爱你一个人"，他还是决定暂时离开。

从12岁起，这是她第一次长时间地看不到他，尽管已经取得5个"菲利克斯奖"，在歌坛风光无限，但是没有他，就没有光明。想到这黑暗的路程，要一个人孤零零地走过，席琳忍不住泪流不止。

离开前，雷尼给她安排了未来的计划：学习英语，上舞蹈和声乐课，为将来打开美国市场做准备。

席琳销声匿迹了，她在语言学校注册，变成最勤奋的学生，不只整了牙，还每天对着镜子练习微笑，希望再相见时给雷尼展现一个全新的形象，"在我的想象中，爱情从来都是伟大和排他的，我希望自己一生只有一个男人，相信这个人定是雷尼。我已不再彷徨，得到这一爱情成了我的主要计划"。

半年后，雷尼来了，目光触到席琳的刹那，他的脚正迈在门槛上，强烈的视觉冲击使他的身体微微颤动了一下——这个金发披肩、千娇百媚的女人，真的是那个一笑就露出虎牙的小女孩？席琳感到："他在用一种男人渴求女人的目光望着我，而这已不是一个经纪人投向他的演员的那种目光了。"

雷尼的内心发生了真正的改变，尽管他试图掩饰爱慕的眼神，但他在交谈时却总是不知所云，常常问："我说到哪儿了？"毫无疑问，她使他惊奇、慌乱，心猿意马。在爱情面前，身体的表现是最忠实的。

雷尼不再躲避，他决定正视这份感情，席琳也终于让母亲认识到："我在唱歌方面的追求和对他的依恋同样坚定，同样矢志不渝。"1993 年，在她的第三张英语专辑《The Color Of My Love》里的文字感谢部分中，席琳公开了他们的关系。

出乎意料，这一次，公众愉快地接受了这对情侣，1994 年 12 月 17 日，席琳与雷尼在蒙特利尔圣母大教堂举行了婚礼，这个在职业中占据重要位置的男人最终成为她心灵的归属。

婚后，在雷尼的运作下，席琳的演唱事业再上巅峰。1997 年，随着《泰坦尼克号》风靡全球，主题曲《我心永恒》被奉为世界经典，她跨入了全球顶尖歌手行列。

事业如日中天，生活却迎来考验，1999 年，雷尼被确诊为咽喉癌晚期。那年，席琳 31 岁。

"那段时间我在舞台上僵硬地表演，心却在雷尼的病榻边"，不顾他的劝阻，她决定取消他已为她组织好的世界巡演，暂别歌坛。在蒙特利尔的摩尔森冰球场上，她眼含热泪，演唱了 18 年前第一次唱给他的歌《这是一个梦想》，作为对歌迷的告别。

除了陪雷尼一起与病魔战斗，席琳还有一个梦想：拥有一个孩子。"和雷尼能有一个孩子是人生最重要的事，我宁愿放弃一切，哪怕是我的歌唱事业！"在他患病的时候，她想要一个爱情结晶的愿望比任何时候都更加强烈。

虽然化疗对雷尼的身体造成了很大的伤害，但上帝眷顾，通过人工授精，席琳幸运地做了母亲。得知怀的是男孩时，他激动地拥抱她："男孩太好了，如果我不在了，他就可以照顾你。"

看着那个曾经为她披荆斩棘的"爱人大叔"身体一天天孱弱，席琳心如刀绞。有一次，他看着她说："我需要你。"从那一刻起，她突然觉得自己充满了力量，她要做他的保护神，让他余生的日子幸福、快乐。

为了方便照顾雷尼，席琳剪去了一头优雅飘逸的金发，她留着男生式的短发，穿着最简单的 T 恤衫，陪他到花园散步、赏花。没有聚光灯、没有乐队、掌声和鲜花，深居简出的日子，却是她最快乐的时光。爱情成为婚姻的果实，"在事业之外还有另外一种让我更加快乐的生活，那就是家庭"。

"原来爱真的会让上帝慈悲"，38 轮的放化疗之后，雷尼体内的癌细胞奇迹般地被清除了，病情趋于稳定。2001 年，儿子查尔斯出生，更让他们喜极而泣。

2002 年，席琳复出，她和拉斯维加斯的恺撒宫大酒店签下一份长达五年的驻唱合约。这一消息，震惊了无数人。连续 5 年，每周至少有 4 晚要奉上一台个人演唱会，对任何一个歌手来说，这都是极大的挑战，对此，席琳早已深思熟虑："我的儿子还很小，我想和他还有雷尼朝夕相处，驻唱秀使我可以安定，而不是让我的儿子今晚在纽约，明晚又跟着我跑到洛杉矶。"

有爱人，有孩子，童话般的家庭生活令席琳眷恋，她开始再度期待孩子的到来，不顾高龄产妇的危险，42 岁那年，她又为 68 岁的雷尼生下了一对双胞胎。

上帝终于嫉妒了。2014 年，雷尼病情复发。席琳取消了原定的亚洲巡演，全身心地照顾他。"我相信自己是他最好的伴侣，也是最能照顾好他的那个人，我害怕失去他，但是在丈夫和孩子面前，我还是要表现得很坚强，让他们觉得一切都好。"

可是这一次，命运之神再不肯眷顾，雷尼的病情急转直下，"他无法吃东西，我必须用喂食管喂他进食，每天喂他 3 次"。接受采访时，席琳数度哽咽。雷尼已准备好随时离开，他唯一的心愿是："我想在你怀里死去。"

2016 年 1 月 14 日，席琳失去了她的伯乐与挚爱，雷尼如愿在她的怀中走完生命的最后一刻。

遵从雷尼的遗愿，葬礼在蒙特利尔圣母大教堂举办。21 年前，也是在这里，他们成为彼此最爱，订了终身之约。葬礼上，鲜花遍布，当指针指向 3:20 分时，伴随着席琳的歌曲《3 点 20》，穿着黑色大衣和长裙、戴着黑色面纱的她缓缓走近雷尼的遗体。她把手搭在他的肩上，流下难以抑制的泪水。教堂里，连续播放着她的歌曲《一路爱你》《爱还在》《为了让你依然爱我》。回忆滚滚而来，泪水打湿了衣衫，爱在萦绕，爱在回荡，余音绕梁，缕缕不绝。

爱还在，心永恒。即使不能携手到老，我也宁愿此生与你相逢。

席琳·迪翁：1968 年—　　，著名法语、英语流行女歌手，音乐天后。

陈纳德与陈香梅

——相爱一千个春天

"时光一去不复还，命运对每一个人的安排都有说不出的奥妙。"在美国华盛顿"第30街1049号陈纳德楼"，90多岁高龄的陈香梅身穿有蕾丝花边的桃红色便装，眉弯唇红，尽管早已是美国政坛的风云人物，尽管陈纳德已经去世近60年，然而往事无法忘怀，在她心里，她是永远的"陈纳德夫人"。

1943年，昆明的初冬温暖而清朗，随着人力车在古老的石子路上摇晃颠簸，陈香梅既兴奋又有一丝丝的恐慌。她只有19岁，凭借出色的英语才能和良好的素质，大学一毕业就成为"中央通讯社"第一位战地女记者，派驻昆明分社。到昆明仅仅两天，主编便要她参加一个重要的记者招待会，"我希望你将使陈纳德少将和他的部下们，真切地予以人性化的姿态出现。人们都称他'飞虎'。你的英文已够好了，我想你将不致遭受任何困难。"

无心观赏街道上的木轮马车和那些华丽的宫廷式建筑，陈香梅整个的思想都盘桓在新工作上。几年前，陈纳德应中国政府之邀来到中国，组建了"中国空军美国志愿援华航空队"，训练年轻的空军们与日本空军作战，他曾击毁了很多日本轰炸机，拯救了万千中国人的性命，"飞虎队"因此声名远播。

"我是否有能力报道这种重要的军事新闻？我能够写好那位表情严肃的陈纳德少将吗？"

忐忑不安中，航空队总部已近在眼前，按捺着急遽跳动的心，陈香梅推开了会议室的门。顿时，十几位中外记者的眼睛齐刷刷地逼射过来。略带惊愕，清一色的男记者中，有人甚至吹起了口哨。一个乳臭未干的黄毛丫头、女记者，在他们看来，这是不可思议的。正局促间，房间尽头的一扇门被轻轻旋开，"老头子来了！"

"老头子"，是记者和官兵送给陈纳德的雅号。

聒噪的记者们顿时寂静无声。一个瘦削、满头黑发的美国军官昂首阔步走进来，他的面孔遍布皱纹，深沉的棕色眸子流露出坚忍的神色，陈旧的飞行皮夹克肩头，两颗将星闪闪发光。

"这个人具有伟大的意志、力量和勇气，兼有高超的智慧"，这是陈纳德留给陈香梅的第一印象。

"午安，先生们！"用带有美国南方腔的男中音，陈纳德向记者们致意，当视线触到一群西装中的蓝旗袍时，他马上补充道："以及女士！"她微微一笑表示致谢。

整个记者招待会，陈香梅很少做笔录，除了注视和倾听，她被一种无形的力量摄住了。她发现自己竟然做不了什么，陈纳德黝黑、热切的眸子传递出的不屈不挠的信念和那与生俱来的气质磁石一般吸引着她。

意外的是，会议结束后，陈纳德迎面向她走来，他的英俊和帅气令她紧张慌乱，"是陈小姐？你的父亲最近有信给我，问及令姊静宜的近况，并提到我可能不久就会看见他另一位千金。"

在旧金山任领事的父亲与陈纳德是故交，姐姐静宜就在航空队当护士。感受到他的力量、磁性与和善，陈香梅的紧张情绪突然间消失了。他彬彬有礼地低下头来，"假如你不急于回去赶稿，一同吃杯茶好吗？"

首次晤见如晨曦乍现，一缕奇异的情绪油然而生。他像春风一样，吹来了崭新的希望与期待。对于新工作，陈香梅不再畏惧不安，想起"老头子"的尊称，她的心里，突然冒出一句：他并不——且将永不——衰老。

那天回到寓所，陈香梅迫不及待地告诉姐姐静宜："我见到他啦！"当她兴奋地描述陈纳德的伟大时，静宜冷静地打断她："安娜（陈香梅的英文名），你说话的口气，好像你爱上了他。"陈香梅猛一震惊，"不要说呆话！我只不过崇敬他，和他为中国所做的事。"

是啊，且不说他是有妇之夫，抛开国籍、信仰，单是 33 岁的年龄差距，怎么可能呢？然而爱情常常是这样，情不知所起，却一往而深。

航空队司令部成了陈香梅最常去的地方，她迫切地想知道他更多的故事。就这样，关于航空队的报道、专访，开始频频出现在昆明、重庆的报刊上。在采访与被采访中，职业性的关系日渐发展成私人间的友谊，除了工作，他们偶尔聊聊生活，甚至说些不着边际的笑话。渐渐地，两人的关系也发生了微妙的变化。见不到他，她会感到若有所失；司令部少了她，他也觉得冷冷清清，缺少生气。就连航空队的官兵们也发现，司令官与女记者在一起的时候，冷峻的脸上常常挂着一抹迷人的微笑。

1945 年夏，因为反对美国国务院的对华政策，陈纳德毅然辞职返国。在中国的八年，他始终站在抗日的最前线，赢得了中国人的爱戴。欢送会上，大家争着和他说些祝福的话，陈香梅远远地注视着他，怅然若失。就在她黯然地准备离开的时候，他抛开众人向她走过来："你不和我握手就准备走了吗？"

陈香梅的脸腾地红了。就在那一瞬间，她发现，两年的交往，他们彼此都爱上了对方。

"明天我会到机场为你送行的，将军！"

"可那里也许不是最好的道别处。"

他拥抱她，弯下腰，不顾众人在场，与她热烈地吻别。在从未有过的激动中，陈香梅顺从地接受了这一西方式的道别。伏在她的耳边，他的话语轻声却坚定："我会回来的！"

抗战胜利后，陈香梅离开昆明到上海工作，平时就住在外公家。新的环境和朋友圈并没有带给她更多的新奇，她常常心神不定地翻着来自美国的电讯稿，似乎在期待着什么。直到那天，一条简短的美联社电讯让她的心狂跳不已：克莱尔·陈纳德少将已在旧金山搭机前往中国上海，他拒绝谈论此行的目的。

三天后，走出机舱的陈纳德一眼就看到了记者群中的陈香梅，他热烈地呼喊着"安娜"。共进晚餐时，他突然说："安娜，我现在是个自由人了！我们离婚了，我们早就生活在完全不同的两个世界里……"

顿了顿，他抓起她的手，继续说，"现在我可以告诉你，而且我想你也一定知道，我爱你，我要你嫁给我！"

陈香梅愣住了，尽管她崇敬他，以致不知不觉地爱上他，可这突如其来的求婚还是令她不知所措。她希望他能够快乐、不再孤独，可是，一个中国人，一个美国人；一个天主教，一个基督教；一个 21 岁，一个 54 岁；横亘在他们之间的太多太多了。她需要考虑。

转眼圣诞节到了，他送给她一瓶法国香水，盒子里面有一张卡片，上面写着"给我最亲爱的人"。她胃病住院，他每天派司机送花篮，面对满室花丛，他故意问："是谁送了这么多花儿？"她撒娇地开玩笑："是你的司机呀，我还未死，他就想以花葬我。"他一直在向她传递一个信念，他们在一起，一定是非常快乐的。

为解空运之急，陈纳德决定在中国成立一家民用航空公司，新年过后，他返回美国申请救援资金。不管身在何处，他总是及时向她报告工作的进度。那段时间，陈香梅被思念折磨，她"白天数着日子，计算着他的归程；晚上梦着他，从一个梦，又转到别一个梦"。是爱的力量坚定了她的内心，他归来的那天，"四目相凝，恍如隔世，一缕情丝，从此无法解脱"。

然而，真诚的爱情永不是一条平坦的道路。阻力首先来自当过外交官的外祖父，"我们家族中还从来没有人与外国人结过婚，我不希望你在这方面成为第一个"。对于好友打算娶自己的女儿，父亲也坚决反对，当他以年龄为由苦苦相劝时，陈香梅动情地说："我宁愿和一个我爱的人共度 5 年或 10 年的日子，而不愿跟一个我没有兴趣的人相处终生。"

陈香梅处在压力和矛盾中，陈纳德鼓励她迎接挑战，每逢周末，他都会想办法去和她的外祖父母聊天、打桥牌，并通过说服她的继母"曲线救国"。

整整两年，两人的坚韧和毅力终于赢得了这场爱情战役的胜利。

1947 年 12 月 21 日，56 岁的陈纳德与 23 岁的陈香梅携手走上了红地毯，一个以千朵玫瑰做的花钟，象征着挚爱的永恒。婚礼上，蒋介石和宋美龄送来了特别的祝福。不久，他们凭窗而立、相拥热吻的蜜月照刊登在《新闻天地》杂志的封面，英雄与美人，像极了好莱坞的宣传剧照。他说："我数十年来如今才尝到真正的快乐。"她则说："只要我们在一起，我就满足了，我们共同的生命正在开始。"忠诚的爱充溢在两人的心里，这是生命最大的财富。

婚后的日子甜蜜无比，他温柔地叫她"小东西"，清晨陪她到楼顶看日出，夜晚一起在月下散步，或者邀三两好友玩牌、听音乐，神仙眷侣羡煞旁人。爱情结晶的相继到来更为生活增添了新的欢乐。对于孩子，他无限钟爱，他希望"20 年后、30 年后，孩子将代我来做你的好伴侣"。

1949 年，陈纳德的民航公司撤离大陆，陈香梅跟随他迁居台湾。她专事写作，协助他撰写并出版了回忆录《一个战士的道路》。

美好的时光总是短暂，1956 年夏天，陈香梅接到一个来自华盛顿的电话："陈纳德夫人，我是希顿将军，陆军总医院院长……"

肺癌。需要马上开刀。第二天，他进了手术室，她在床头发现了他前一晚写给她的信："最亲爱的小东西：我并不怀疑明天手术后我仍会活着，然而，你是明白的，一切事情都掌握在上帝手中。设若一旦我不能再见你或与你同在，在精神上我将永久伴着你以及孩子们。我以任何一个人所可能付出的爱，爱你和她们，我同时相信爱将永垂于死后。"

上天眷顾，他活着出来了，然而情况并不乐观。泪水在流，心在颤抖，他平静地拥抱她，让她不要难过，"你已给予我所想要的一切，甚至远过之。我已在你身上，获得丰富的幸福、了解与挚爱，远胜世上许多男人，我是如此的幸运，上帝在我晚年还这般仁慈地对待我"。因为有她，对于命运，他充满感激。

他戒掉了烟，嘴边常叼着的是那根石南根做的空烟斗；他不愿住在医院"延长痛苦"，宁愿陪着她和孩子在窗前看雪花飘落；他发着低烧，无法下咽，却挣扎着带她和女儿们种花种菜，"——全是为安娜栽植的"。

他的生命进入倒计时了，气管被切除，咽喉被癌细胞侵占，每说一个字都要费千钧之力，但他仍然用嘶哑的声音留给她最后的爱："无论发生什么事，我都想让你记住，我深深爱着你——远远胜过我曾爱过的任何人。"

1958 年 7 月 27 日，相伴十个寒暑之后，他离开了她。从此，春残、花落、人杳。那一年，她 33 岁，两个女儿都不满 10 岁。

不幸吗？也许常人是这么认为的。然而她说："我应该感谢上帝，我比许多人有福，因为我曾经有过爱。和陈纳德相爱的十年，是我们都深爱对方的十年。"

以泪蘸墨，她深情地写下《一千个春天》，爱情延续，永恒不朽。她谢绝了所有爱的橄榄枝，因为"爱情是不会因为死亡而中断的"。而他的墓旁，她亲手栽种的红豆也在为他们作证：如果上帝容我选择，我会在死后更加爱你！

克莱尔·李·陈纳德：1893 年—1958 年，美国陆军航空队中将，二战时在中国作战的美国志愿航空队指挥官，有"飞虎将军"之称。

蒙哥马利与贝蒂·卡弗

——爱只有一个准星

如果没有遇到贝蒂·卡弗，伯纳德·劳·蒙哥马利的人生完全可能被改写。

在她之前，他对女人一直缺乏兴趣，这得归咎于那个不愉快的童年。年轻的母亲脾气非常不好但又特别爱整洁，顽皮淘气的蒙哥马利总是把刚整理好的房间弄得乱七八糟，于是常常遭到母亲的大声斥责，"伯纳德，除了当炮灰，你将来什么也做不成，做不来！"这样的诅咒伴随了他整个的童年。

生活在母亲的阴影中，蒙哥马利性情大变，他在心里一遍遍地回应："我不是坏孩子，你是不了解我的。"他继续惹是生非，并"习惯在他人的非议中做自己要做的事情"。早在19岁进入桑赫斯特皇家军事学院学习时，这个个头不高、成绩不怎么样的小子就坚定了自己的抱负，"总有一天，这所学校要因我而名扬天下"。

他有一个英雄梦。然而，在军队里，他的性格乖张、举止粗鲁，对上级爱理不理；另一方面，又像一个严格的清教徒，既不抽烟也不喝酒，风流韵事更是丝毫不沾边，这样一个异数，人缘之差也就可想而知了。

1914年，第一次世界大战爆发了，27岁的蒙哥马利终于走上了向往已久的战场。在与德国军队的对垒中，他逐渐崭露头角，既勇猛顽强又镇定自若，对战斗形势把握得非常准确，多次受到上司的赏识。

一战结束后，从事训练工作的蒙哥马利对于军事理论有着极大的兴趣，他全身心地扑在工作上，对于社交和宴会非常反感，认识的女人也寥寥无几。因为训练的成功改革，蒙哥马利声名大振，很快被晋升为正式少校，并接到了去坎伯利参谋学院任教的调令。与此同时，他也收获了军官们私下谈论他的一句话："军队就是蒙哥马利那家伙的老婆！"

对此，蒙哥马利完全笑纳，"陆军和天主教一样，一个人若真的对他虔诚，就得保持独身，你不可能做一位好军人，同时又是一位好丈夫"。

贝蒂的出现摧毁了他的信念。

1926 年 1 月，38 岁的蒙哥马利在去坎伯利参谋学院上任之前，到瑞士伦科度假。那天，望着远山上的皑皑白雪，他突然来了兴致，抓起一把雪捏成结实的雪球，使劲向一个木桩砸去，"啪"的一声，雪球碎裂，雪花四处飞溅。这番情趣引来一个叫"好"的声音，回头一看，是一位皮肤黝黑的女子，虽然容貌并不出众，但看上去非常活泼，充满活力。

一向在女人面前严肃拘谨的蒙哥马利竟然被她的快乐感染了。交谈中得知，她叫贝蒂，是个艺术家，擅长油画和水彩画，雕塑也很拿手，她的丈夫是名军人，在一战中阵亡，她是带着两个孩子来度假的。

蒙哥马利热心地教贝蒂的两个儿子学习滑雪，在他们的欢笑声中，性格孤僻的他感受到了一种从未有过的家庭温暖，这让他非常留恋。而"长有一双会说话的蓝眼睛，留着整齐的小胡子"的蒙哥马利，也给贝蒂留下了不错的印象。

回到英国后，蒙哥马利经常会想起那个愉快的假期，那个率真可爱有着浪漫气质的身影总是浮现在他的脑海，他惊喜于自己在她面前的轻松自如，他有种想要宠溺她的感觉。

他决定去寻找她。

整整一年后，蒙哥马利再次动身来到瑞士伦科，希望在这里能等到那个让他念念不忘的人。也许时间的暗语真的能喻示什么，他又见到了贝蒂和她的两个儿子。而在他们看来，他就像从未离开，始终在那里等着一样。

重逢是愉悦的，相处中，蒙哥马利被贝蒂的坚强和乐观深深吸引。然而，当他鼓起勇气向她表白时，贝蒂把面色一正，说："如果你是同情我，那请你走开，我不需要同情。"蒙哥马利立刻庄重地行了一个军礼，然后拔出腰间的佩枪，用枪口对准脑袋，"如果我背叛了你，就让我死在自己的枪口下!"

这个性的承诺胜过任何山盟海誓，两人开始了交往。贝蒂的家人和朋友却并不看好蒙哥马利，一个40岁才做到少校的男人，只能算无名之辈而已。而在贝蒂看来，这个沉默寡言、说话时习惯用手扯自己耳朵的男人身上，有她需要的那种创造力，他的非凡之才，只有她才能看得出来。

整个春天，他们频频见面，当瑞士的雪山开始融化的时候，两人的感情也渐渐成熟了。然而，蒙哥马利却迟迟没有开口求婚，贝蒂知道，从小缺乏信心的他还需要时间，她决定为他制造一个开口的机会。

很快，复活节到了，贝蒂提议与蒙哥马利一起到儿子约翰的学校看看。路上，她低下头为难地说："亲爱的，人们都在对我们俩窃窃私语，我想我们还是不要再见面了。""别傻，贝蒂，我爱你，我要娶你。"情急之下，蒙哥马利脱口而出。

不久，《泰晤士报》刊登了他们的结婚启事："坎伯利参谋学院的师作训参谋伯纳德·蒙哥马利中校与伦敦 W 四区奇斯维克林荫大道滨河第 2 号的卡弗太太定于 7 月 27 日在伦敦举行结婚仪式。"

蜜月幸福无比，在什罗浦郡，他们白天一起玩高尔夫球，一起游山玩水；晚上一起读小说，听音乐，笑口常开的贝蒂让蒙哥马利逐渐恢复了曾经失落的自尊心。

婚后，蒙哥马利用军人的作风管理家庭。每天早晨，他都会举行一个仪式：所有人排成队站着，等待他宣布每一道家务命令，只有贝蒂除外。"我们家有一个专门负责膳食和清扫的'机构'，为什么还要再麻烦她呢!"他把贝蒂从琐事中解放出来，让她有时间去画画，去做她喜欢的事。

对于蒙哥马利偶尔的生硬态度，不拘小节的贝蒂也毫不介意。有一次，蒙哥马利下班回家，看到贝蒂和一帮女友在打桥牌，他毫不客气地下了逐客令："任何聚会玩到下午 6 点就够了。各位，你们的丈夫在家已经等急了。"贝蒂耸耸肩，愉快地顺从了。在朋友们眼里，这对夫妻好得如胶似漆、形影不离。

1928 年，儿子戴维的出生让蒙哥马利领略到了更多的生活乐趣。驻防巴勒斯坦和埃及期间，贝蒂和戴维一直紧紧相随，蒙哥马利带着一家人到处观光游览，在那儿，贝蒂快乐地作画，并完成了她的重要代表作。

温馨又多彩的家庭生活潜移默化地影响着蒙哥马利，贝蒂经常请军官和他们的太太来家里"疯一疯"，她也经常开蒙哥马利的玩笑，逗得他哈哈大笑。当童年的阴影逐渐淡化，蒙哥马利开始变得宽厚、大度，富有人情味，而且，人也幽默起来。

一次，在营里的晚会上，两位列兵模仿蒙哥马利和另一位军官，表演惟妙惟肖，赢得满堂大笑。刚一结束，蒙哥马利就站起来指着那位模仿他的列兵说："有这种本事，怎么可以让他当列兵，升他下士！"众人又是一阵大笑，这难得的幽默为他在部属心中赢得了好感。

所有人都注意到了蒙哥马利性格上的转变，这个曾经专横霸道、难以相处的"猴子"，居然可以说出"谁穿上谦卑这件衣裳，谁就是最美最俊的人"的话了。在晋升上校的考核报告中，他的上司对他给予褒奖："伯纳德·蒙哥马利中校富有活力与雄心，是一位非常优秀的教官。"

军功章，有贝蒂的一半。她像春天的太阳，融化了他冰冻的心，她给了他生命中最需要的东西：无穷的爱和对其才华的信心。

1937 年 6 月，蒙哥马利调任第 9 步兵旅旅长，军衔升至准将。因为要指挥演习，他必须和部队在一起。那时，贝蒂的身体状况已经大不如前了，为了让戴维可以自己在沙滩上玩，蒙哥马利把他们安排到离营房较近的滨海伯纳姆的一家旅馆里。那是个度假的好去处，他希望贝蒂可以过得悠闲点。

然而，蒙哥马利怎么也没有想到，这一安排，竟铸成了难以弥补的大错。

那天下午，贝蒂和戴维在沙滩上玩耍，她的脚突然被不知名的虫子叮了一下，当晚便开始肿痛，不得不被紧急送到医院。演习在即，蒙哥马利白天在朴次茅斯管理部队，晚上，则驾车一百多英里回伯纳姆陪伴贝蒂。然而病情很快恶化，贝蒂时有昏迷。蒙哥马利开始用全部时间来陪伴她，他虔诚地诵读《圣经》，希望上帝能保佑她。

可是，病情没有控制住，即使做了截肢手术，毒素仍然攻击到了她的肺部，1937年10月19日，贝蒂在蒙哥马利怀里安然逝去。在她冰凉的脸上，他印上了自己最后的一吻。那一天，他为她诵读的，是赞美诗第23首。

葬礼那天，蒙哥马利没有邀请任何人，他要一个人向心爱的贝蒂告别。他的脸上，没有眼泪，看不到哀伤，只向着墓碑行了一个久久的军礼。

两天后，他在日记里写道："我在仪式中和坟墓旁曾极力控制自己的情绪，但我实在忍不住，恐怕当时我已完全崩溃。我每次想起她，都黯然泪下。"

一连几天，他把自己关在屋子里，四千个春天般的日子骤然终结，他跌入了一个"心灵的黑夜"。"我的灵魂在极度苦痛之中抱怨、呼号。我全垮了，我好像坠入一片黑暗之中，心灰意冷。"

是对儿子戴维的爱唤回了他的意志。"我开始懂得上帝是按他自己的方式行事的，这一定是他的旨意。作为朴次茅斯驻军司令，我要对人们、对我的旅负责。我体会到必须继续工作，这也是为了戴维着想，目前我们在世界上是孤独的，就只我们父子两人。"

从悲伤中走出的蒙哥马利开始精心抚育三个孩子，全身心地投入部队工作，有人猜测他很快就会续弦。对此，蒙哥马利的回应是："我不相信一个人能有两次恋爱，像我过去这样的爱是不可能有第二次的。"

蒙哥马利永远告别了情场，只有军事是他的兴趣，他以超凡的勇气和信心，于二战期间建立了赫赫功勋：先是在阿拉曼战役中一举打败号称"沙漠之狐"的德国名将隆美尔，后又参与诺曼底登陆计划，确保了诺曼底战役的胜利。

对于蒙哥马利的成功，继子约翰这样说："假如蒙蒂（蒙哥马利的昵称）没有遇上我母亲，我认为，他少时所受的教养所产生的潜在精神分裂倾向，有主宰他的性格的可能。他那种专钻牛角尖的意念，会发展成一种狭隘的心理；他那种离群脱俗的意识，会使他缺乏人类情感和怀疑别人的动机。

如果这些性格发展下去，他便不适合于担任高阶层指挥职务。如果说国家至少欠了我母亲一份人情，那可不完全是一句梦话。"

贝蒂，永远不会被忘记。

战争结束后，蒙哥马利赢得了荣誉、地位和世人的敬仰，他每天都能收到许多信件，其中不乏对他表达爱慕之情的女性，对此，蒙哥马利一一谢绝。丘吉尔劝他："蒙哥马利将军，整个英吉利都不希望你的后半生是孤独的。"蒙哥马利严肃地说："作为一个军人，我永远忠于自己的祖国。作为一个男人，我永远不会背叛爱情。"

多年以后，蒙哥马利撰写回忆录时提到了生命中那短暂又唯一的爱情，"眼泪不是表达爱情的唯一方式，而忠诚是爱情的最好证明。爱上一个女人就不能再爱上另外一个女人，就像我手中的枪，只能有一个准星"。

伯纳德·劳·蒙哥马利：1887 年—1976 年，英国陆军元帅，第二次世界大战中盟军杰出的指挥官之一。

隆美尔与露西·莫林

——用生命爱你

6 月的海滨城市气候宜人，风景优美，轻拂的夜风撩拨着但泽皇家军官候补生学校的青年军官们，周末的舞会成了他们最好的消遣。爱情，也在不经意间悄然滋生。

20 岁的埃尔温·隆美尔正在这里进行为期 9 个月的学习，他很快就适应了军校的生活，舞会是他放松身心的地方。虽然身形瘦弱、其貌不扬，又兼表情严肃、不苟言笑，但在女孩子们眼里，他不仅舞跳得好，而且彬彬有礼，极具绅士风度，名门闺秀们争相做起他的舞伴。

一个曼妙的身姿令他眼前一亮，清纯的气质，窈窕的身材，再配上一头金色长发，还有一双漂亮的大眼睛，隆美尔不禁怦然心动。她就是 17 岁的露西·莫林，是来但泽学习语言的。

一个外表冷峻的人，常常有着更加火热的内心。隆美尔开始热烈地追求露西，除去日常的学习、操练，他把大部分时间都用在了给露西写情书上。不仅如此，为获芳心，表情严肃的隆美尔还戴起单片眼镜惟妙惟肖地模仿普鲁士的军官们，逗得露西哈哈大笑。而这在当时非常危险，军官候补生是不允许戴眼镜的，只要一看见上级军官，隆美尔就得迅速藏起眼镜。

在猛烈的情书攻势下，两人迅速进入热恋，他会跑好几条街为她买喜欢吃的蛋糕，会在每一个纪念日里给她惊喜，或许是一盒巧克力，或许是一串精心挑选的项链，爱情让他们感受到前所未有的快乐。

1912年1月，离校后的隆美尔被授予中尉军衔，开始在124步兵团负责为期两年的新兵训练工作。分别后，他和露西鸿雁传书，几乎每天都有书信往来，信中是说不完的绵绵情话。两个月后，露西寄给他一张自己头戴草帽的靓照，但是隆美尔一点也不满足，"我收到了你从家乡寄来的照片，可我仍旧在等着更多的照片。如果你让我等得太久的话，我很快会对你感到恼火的，我希望你认真地对待这件事"。

照片就揣在身上，他随时都会拿出来亲吻那张可爱的脸。对露西的爱和迷恋，隆美尔已经到了着魔的地步。

在训练新兵的同时，隆美尔饱读军事著作，工作出色，深受上级青睐。战争让他饱受相思之苦，第一次世界大战爆发后，隆美尔走上战场，他渴望展示自己、建功立业，但他更渴望和亲爱的露西在一起。他每周都会给露西写一封信，汇报自己的近况，也倾诉相思。作为回报，露西每信必复，有时，还会附上自己的照片。书来信往中，两人的感情越来越炽热。

在别人眼里，隆美尔是个禁欲主义者，当同伴们在妓院里厮混时，他从不参与，他的心里，只有露西。"我既不给其他女性机会，也不给自己犯错的机会。"露西也同样，她从信中知道他获得了两枚铁十字勋章，她为他激动、欣喜，她欣赏他的骁勇善战和果敢机智，在她心中，他是唯一的英雄，她热切地期盼他的出现。

那一天，隆美尔又收到了露西寄来的照片，照片上，露西微笑着目视远方，好像在迎接爱人的归来。照片后面，附了一首小诗："等你，在每一个清晨、黄昏；想你，在每一个不经意的时刻；念你，在每分每秒对你的急切思念中过活；爱你，在我生命的每一刻期待你的归来！"

隆美尔读后，不能自已，他急切地想要飞到露西身边去。不顾战争一触即发，他向上级提出了结婚的请求。

1916年11月，露西迎来了她的英雄，在他们幸福的发源地——但泽，举行了温馨浪漫的结婚典礼。每一个角落，都摆放着用蕾丝精心编织的玫瑰花，当地的达官显贵和社会名流见证了这场纯洁而又热烈的爱情。隆美尔在日记中写道："我珍惜与露西在一起的每一分每一秒，我觉得快乐极了。她就像天仙一样，我快乐无比。"

来不及度蜜月，隆美尔就被召回前线，不久，前往罗马尼亚，走上俄德战场。在那里，他轻而易举地取得了一系列战役的胜利，对于战争的狂热与执着已使他小有名气。1917 年底，因为在战争中以寡敌众，表现出出色的指挥才能，德皇威廉二世授予隆美尔代表德国军人最高荣誉的功勋奖章。在第一时间，他与露西分享了这一喜讯。除了骨子里的冒险精神，一想到露西，他就激情澎湃、斗志昂扬。

随着德军战败，第一次世界大战宣告结束，政府允许军官们将家属带在身边，隆美尔和露西终于结束了长年的分居，已是上尉的隆美尔有了一段相对平静的时光。

1928 年圣诞节前夕，结婚 12 年之后，露西为他生下了唯一的儿子曼弗雷德。

为了弥补长期分离的缺憾，隆美尔对露西的宠爱达到了极致，他对她说话总是和颜悦色，每年的结婚纪念日，都会精心挑选一份礼物送给她，这让她的朋友们大为羡慕。露西的女伴说，"看着隆美尔那样大惊小怪地围着她转，实在让人觉得有趣，他挂在嘴边的话总是'最亲爱的露，有什么要求你就说吧'，到后来，简直把她宠得像一个泼妇。如果她不喜欢她的哪个女伴，其他人就必须跟着一起排斥"。

1933 年，希特勒上任德国内阁总理，德国从此进入希特勒时代。三年后，被称赞为"出类拔萃的天生领袖"和"一流战术教官"的隆美尔顺理成章地成为希特勒警卫部队的指挥官。随着《步兵进攻》的出版，隆美尔被全民追捧，仕途顺畅，很快就升为少将，他也因此成为希特勒眼前的红人。

二战开始后，隆美尔有了用武之地，他与露西也不可避免地经历着生离死别，战争加深了他们对彼此的爱。作为一名军人，荣耀和痛楚，他必须全部接受。

在前线，隆美尔经常对着露西的照片深情对白，就像她在眼前一样。他几乎每天都给她写信，有时甚至一天两封，信纸是从办公室或指挥所随手拿来的纸张，信的开头是从未改变过的"最亲爱的露"，无论多么忙碌疲惫，战斗多么危险激烈，他都始终热烈而专一。

"昨天，意大利的贝哥罗将军送了我一件礼物，是一件极其美丽的衣料，深黑的底子上有红色的刺绣，做了你的晚礼服一定十分漂亮……""今天是我们结婚二十五周年纪念。我想我不必开口说我们婚后的生活是多么美满一类的话。年华消逝得真快，这么多年来，你对家庭付出的一切，使我无尽地感激。""我时时怀着真诚的爱和感激之情想念着你，或许命运会施以仁慈，我们还能重逢相聚。"字里行间，深情与挚爱跃然纸上。

在家中的露西也一样，除了守在收音机前收听前线的消息，她用大部分时间给隆美尔写回信，每一封信都写得非常细致，经常打字到深夜。她的回信给了隆美尔无尽的快乐，"昨天夜里我在旅行车里，打开你给我的圣诞礼物包裹，你和曼弗雷德的来信和这些礼物都使我非常快乐"。"我很高兴曼弗雷德的数学有进步，这跟你的教导方式有关，我感到非常欣慰。"对隆美尔而言，只有露西和儿子能带给他生命中最大的快乐。

从北非战场归来后，隆美尔功成名就，"沙漠之狐"威名远扬，同时也成为最年轻的陆军元帅。丘吉尔曾这样评价他："尽管我们在战争浩劫中相互厮杀，请准许我说，他是一位伟大的将军。"

女孩子们崇拜他，纷纷给他写信，隆美尔表现得非常淡定。有一次，一群姑娘把他围在屋子里送照片、要签名，他突然推开她们冲了出去，"这些姑娘实在太迷人了，我几乎难以自制"。苦笑之余，他跟露西开玩笑，"如果当年我还是一个中尉的话，有这么多的信该多好，那样一来，就没你什么事了"。露西温柔地回敬："如果没有我这个贤内助，说不定你会当一辈子中尉的！"

他对她的爱是那样热烈而持久，对于别的女人，他从未动过心。"露西是我生命中的一部分，背叛她，就等于背叛自己的生命。"正如在他身边工作过的赫尔穆斯·兰格所说："元帅对妻子的爱如同爱一个情人，永不衰竭，令很多将军的妻子十分羡慕。"整个北非战争中，他写给她的信多达上千封，还不包括掉进地中海的那些。

是的，她在他心里的地位至高无上，他对她言听计从，哪怕明知是个错误。

有段时间，参谋长高斯和夫人住在隆美尔家，因为一些琐事，露西经常和高斯夫人大吵大闹，她不依不饶地让隆美尔赶走了高斯夫妇，还要求撤掉高斯的参谋长职务。隆美尔一一照做，尽管他不止一次在给露西的信中谈到和高斯相处非常愉快，可他还是在露西怂恿下任用了老乡斯派达尔，这为隆美尔后来的悲剧埋下了伏笔。

他时刻把她挂在心上，即使是在1944年战局最紧张的时刻，作为西线B集团军司令，他也没有忘记她的50岁生日。露西生日前两天，隆美尔带着一双特意从巴黎买回来的鞋子，从诺曼底前线驱车赶回德国老家。6月6日到了，位于赫林根的别墅里铺满了鲜花瓣，餐桌上摆着各种礼物。隆美尔很早就起床了，他要第一个祝福亲爱的露西生日快乐。然而，历史就是如此的残酷和巧合。10点钟时，电话铃响了："敌人的反攻已经开始了，盟军已于凌晨开始在诺曼底登陆！"

隆美尔连夜赶回前线指挥部，可是为时已晚，战机已经错过，希特勒试图在盟军上岸前把他们逼进大海的梦想彻底破灭了，隆美尔失去了最高元首的信任。

整个7月，形势不断恶化，隆美尔在一次视察装甲军后返回指挥部时不幸遭到飞机的袭击，他被抛出汽车。X光结果显示：头部有四块碎骨。一星期后，神智刚刚恢复，他做的第一件事就是急切地请护士小姐代笔给露西写信。此刻，他最牵挂的，就是她。

就在隆美尔躺在病床上的同时，发生了第三帝国历史上著名的"七二〇事件"，而密谋刺杀希特勒集团的核心人物，正是隆美尔的参谋长斯派达尔。被捕后的斯派达尔供出了隆美尔的名字，虽然，他对这一切一无所知。

隆美尔被定为叛国罪。考虑到他的威望，希特勒给他两个选择：一是接受法庭审判，累及家人；二是服毒自杀，他的妻子享受元帅遗孀待遇。

　　隆美尔毫不犹豫地选择了后者。1944 年 10 月 14 日，隆美尔最后拥抱了露西和儿子，表情平静地钻进了来接他的车子。汽车驶出 500 米后，他喝下了手中的氰化钾。10 分钟后，露西接到了丈夫死于中风的噩耗。她没有哭，最大的哀伤，从来就不是眼泪。

　　"我要用生命去爱你"，直到最后一刻，隆美尔都在践行这最初的誓言。只是不知，弥留之际，他有没有设想，假如他没有听露西的话任用斯派达尔，结局也许会改写。

　　然而，没有假如。

　　埃尔温·隆美尔：1891 年—1944 年，二战时德国陆军元帅，通称"沙漠之狐"。

田汉与安娥
——声声新曲唱渔光

  在对的时间遇到对的人，本该是人生最幸福的事，然而，痛苦也常常伺机而动，令人猝不及防。对田汉来说，1925 年是不堪回首的一年，与他一起创办《南国》半月刊的青梅竹马又志同道合的结发妻子易漱瑜病逝在他的怀中。尽管临终前，她把他和幼子托付给了好友黄大琳，但感情无法勉强，他"深切地感到人生的春天只有一次"，直到四年后，他遇到了安娥。

  那时，田汉成立的"南国社"在上海文艺界很有名气，他创作的舞台剧，每每演出，总是引起轰动，吸引了不少学生慕名而来。有一天，南国社走进一位风姿绰约的年轻女子，她落落大方地向他伸出手："看了田先生写的戏，就很想当面一见，田先生果然是戏如其人。"

  虽然看上去像个女学生，但她清秀的面容、典雅的气质掩不住眉间的英气。一番交谈后，这个"脱俗的优秀女孩"给他留下了美好的第一印象，尤其是接过她根据自己在莫斯科中山大学的留学经历创作的长篇小说《莫斯科》时，他忍不住击节赞叹。小说作者署名"苏尼亚"，丰富的经历，不俗的才情征服了田汉这位"靠思想飞翔的艺术家"。他当即决定在《南国》月刊连载，并在刊物的《编辑后记》中不吝笔墨重点推荐，高度评价这部作品是"独特的、无与伦比的"。

而此时的田汉，完全没有想到，她与他的接触，是肩负着地下党的使命。由于田汉在上海的影响力，他成了各方势力争取的对象。刚刚留俄归来，在中共特科工作、已有4年党龄的安娥根据党的指示争取田汉，成为党和田汉之间的联系人。

就这样，安娥常常来找田汉，主动热情地参与到他组织的艺术活动中，她还为刊物写了两篇介绍苏俄电影的小品文，"坚韧的记忆力、明晰的意识和生动的笔致"让一直做着"银色之梦"的田汉惊喜不已。频繁的接触和交流中，两颗心不断撞击和交融，在她潜移默化的影响下，他接受了进步的左翼思潮，发表了著名的《我们的自己批判》，表示"要完全把感伤的、怀疑的乃至彷徨的流浪者的态度取消，自觉我们对于时代的使命"。

安娥这个"红色的光明天使"为田汉指明了方向，使他在艺术上由崇尚唯美、浪漫转变成更多地关注社会问题，他改编的《卡门》，对人民革命发出了热烈的呼唤。不料，演出后遭到反动当局禁演，"南国社"被查封，田汉被迫隐居。在他的住所，热爱艺术的安娥常常和他一起探讨，同时，他也开启了她的戏剧灵感之门，并鼓励她创作舞台剧。那个雨夜，他们只顾热烈地谈话，以致忘记了时间，不知不觉中已是深夜一点。看看表，她抱歉地说："我该走了……"他把脸扭向窗外，轻轻地吟出："下雨天，留客天……"

世界骤然寂静，镜花水月的生命中，他迎来了爱情的第二个春天。

个性极强、恃才傲物的"田老大"被安娥独特的女性魅力和思想魅力降服了，可是不久，甜蜜的同居生活就迎来了沉甸甸的苦涩。

林维中从南洋回来了，她是回来与田汉履行婚约的。5年前，在南洋教书的她从杂志上读到田汉发表的悼妻诗文时，颇为感动，遂提笔致信，"我愿意照顾你的母亲，照顾你的孩子"。陌生女子的深情打动了田汉，他们开始鸿雁传情。三年后第一次见面时，得知贫困中的田汉正为没钱创办南国艺术学院而发愁，林维中立即拿出500元积蓄支持他。田汉感动之余，恋情升级，于是约定等林维中学业完成就回来结婚。

然而，爱情是优雅的，生活却有太多的不雅。"我平日不大喜欢谈到钱，尤其诧异在相爱的男女之间会如此计较到钱，我对她开始幻灭"，由于林维中在之后的通信中提到还钱的事，且措辞过激，这引起田汉的反感，而且他逐渐发现，林维中在思想与追求上，并不能与他同步，这让他失望，"正当此时中国革命潮流高涨，我认识了安娥，我转向了她"。

一个回来逼婚，一个已有身孕，田汉十分痛苦，向朋友控诉，"婚姻是一条绳索套上脖子，好不自由，最好不结婚，用情人制"。"爱情的起点是要对方好"，而时代赋予的责任感也不容安娥过多地迷恋于儿女私情。为了他的安宁，为了独立女性的尊严和骄傲，她选择放弃。她对林维中说："我不要家，不要丈夫，你和他结婚吧！"

爱情的尴尬并不能阻止安娥的革命热情，她更加积极地参与到左翼文化运动中，根据苏联小说《第四十一》，为田汉的左翼剧团改编出了话剧《马特迦》。对田汉，她既不躲避，也不纠缠，从小就喜欢民间歌谣的她与聂耳、任光一起，成为田汉组建的音乐小组的骨干。几个月后，儿子出生，为了告别这一不幸的感情经历，她把孩子送回老家保定请母亲抚养，并骗田汉说："孩子已死，无须挂念。"

伤心的田汉把惆怅化作了诗行："我时常地皱着眉头／我火山似的热情／找不着喷火口／你也是皱着眉头／你把一切的一切／当作一杯毒酒／你不愿再喝了／你抽身就走／真是不堪回首啊／一九三一年的秋！"然而安娥的痛苦更是百倍于他的，"我爱？不能爱！我恨？不能恨！我整年整月的只有：忍！忍！忍！为什么我要这样忍受？因为我，已做了人类的妈妈！"

爱情来了就来了，一句"知己唯你"，她便默默地承担了一切。

由于上级领导人叛变，安娥和党组织失去了联系。在任光的介绍下，进入上海百代唱片公司歌曲部工作。她失去了田汉，任光也刚刚失去了他的法国恋人。同是天涯沦落人，在共同从事的大众音乐运动中，她接受了他的求婚。

凭着对时代的敏锐观察，安娥文思喷涌，亲眼所见的渔民苦难令她有感而发，落笔成金："云儿飘在海空／鱼儿藏在水中／早晨太阳里晒渔网／迎面吹过来大海风……"读到歌词的任光欣喜若狂，他感到心中奔腾的旋律有了依附。就这样，由安娥作词、任光作曲、王人美演唱的主题歌，随着电影《渔光曲》的放映，迅速火爆上海滩，风靡了整个中国。

《渔光曲》勾起了田汉对安娥的思念，是安娥这个精神导师，让他不顾白色恐怖毅然加入中国共产党，并激发他写出了慷慨激昂的《义勇军进行曲》。由于领导左翼戏剧运动，1935年春天，田汉被捕了，在南京监狱，听到看守们吟唱《渔光曲》，他感伤地写下《狱中怀安娥》："欲待相忘怎忘得，声声新曲唱渔光。"

而安娥，又何尝不是呢？尽管任光风流倜傥、才华横溢，可三年多的厮守却无法化作灵魂认可的爱情，"欺骗自己，难"。以资助任光去法国留学的形式，安娥与他友好分手了。

1937年9月，田汉出狱后回到上海，白天，忙于文化界抗敌协会的活动，夜晚，心潮澎湃地拜读安娥描写农民抗日武装的长篇诗剧《高粱红了》。正是淞沪会战的紧张时刻，上海已被黑暗笼罩，他约她出来散步，两颗被民族存亡所牵系的心，重新紧贴在一起。他向她诉说苦恼："林维中让我回家厮守，不许我为抗日奔走呼号，如果这样，我田汉还有生存的意义吗？"他越说越激动，猛地捧起她的双手："你的胸膛里跳动着我的心！"

不久，上海沦陷，在逃难的船上，两人再次相遇，国家命运与个人的理想前途都是未知，而生离死别又近在眼前，她忍不住告诉他："孩子尚在，而且也长得很高了。"激动之余，他与她相拥而泣，深埋的情感迅速复苏。

抗日的烽火又将他们联系到一起，到武汉后，他组编剧团，她奉献作品；她筹建战时儿童保育会，他帮着起草宣言，捐出演出收入，彼此独立又相互推动。第二年，他去长沙办《抗战日报》，她以《朝霞曲》和《红焰曲》作为送别："一缕朝霞／伴着几点炊烟／我送你／在汉水边。""我望着那团鲜红的火焰／渐渐地远离了武汉／我的心／微微有点孤单／我愿追上这团焰火／去到抗战的湖南。"

没想到，追着"这团焰火"的，首先是林维中。安娥的出现让她怒不可遏，尤其是安娥把儿子接到身边后，林维中多次在大街上与田汉吵闹，到安娥的住处骚扰。尽管安娥不赞成三角恋爱，觉得当事者绝不应"不负责任地玩弄对方"，她也尽可能地避开田汉，曾以战地记者身份远赴抗日根据地采访并写成颇有分量的《五月榴花照眼明》，但由爱生恨的林维中还是把妒意挥洒得淋漓尽致。

失望之下，田汉请林维中开价，以高昂的赡养费结束了这段早已破裂的夫妻关系。然而，林维中并未就此罢休，从重庆到上海，再到台湾，他们走到哪，她就跟踪到哪，"挖窗窥洞，无所不至"。她投书报纸、张贴传单大肆攻击谩骂，甚至跑到田汉住处，毁坏书桌、文稿、藏书等，使田汉受尽折磨。舆论纷纷、名誉扫地，迫于无奈，田汉发表了万言字的《告白与自卫》以"正社会的视听"。

与林维中的咆哮不同，安娥始终睿智、娴静，接受上海《新民报》的专访时，她谈了自己对社会转型期恋爱的观点，她认为女子倘若依靠婚姻去取得合法地位和生活资源是"非常可怜"的，"爱情须建立在合法生活上面，无法争得，由于争，或许可以争得一个人的躯壳，却难以得到一个人全心全意的爱情"。

20 年的风风雨雨之后，"爱得艰难"的田汉与安娥终于走到了一起。1956 年底，安娥到郑州观摩豫剧时，突然脑中风而失语，从此半身不遂。病中的她是幸福的，因为有他的深情相伴，他为她读报、读文件、讲国际形势，出差时也尽可能地带着她。在他与艺术家们的合影中，总能看到她笑得一脸灿烂。

1968 年 12 月，一个飘雪的日子，田汉在"文革"中含冤而死，没有亲人和朋友来告别，名单上，用的是假名字。他入狱，她一直努力活着，只要他还在，她就愿意忍受一切，以顽强的毅力等待重逢的那一天。7 年后，得到他的死讯时，她的心一下子空了，第二年便带着对他的思念离开了人世。因为彼此，生命不孤独。这一世，好好爱过已足够。

田汉：1898 年—1968 年，著名话剧作家，戏曲作家，中国现代戏剧奠基人。

达利与加拉

——画着你，我就接近崇高

天才和疯子只有一步之遥，如果没有加拉，萨尔瓦多·达利只能是个疯子。

为了向父母证明自己不是"哥哥的转世"，达利从小行为怪诞，他喜欢穿奇装异服，做恶作剧，举止荒诞不经，严重的妄想症从童年起就一直伴随着他。更为糟糕的是，20多岁时，"狂笑症"也莫名其妙地找上门来。他狂妄、自恋，同时又令人担忧、不安，虽然那时，因为在绘画上的天才表现，他已经是西班牙赫赫有名的超现实主义艺术家了。

加拉是上帝派来拯救他的。

那个夏日，几个朋友相约到西班牙小镇拜访达利，巴黎诗人艾吕亚和他的俄罗斯妻子加拉到来的时候，达利正无法控制地笑弯了腰。尽管长途旅行让加拉看上去非常疲乏，但那张"优美的黄褐色"的"显得十分聪慧"的面孔和迷人的身材还是让达利十分震惊——那分明就是童年时从老师的西洋镜里看见的"一见钟情的俄罗斯女孩"。深植脑海的虚幻形象突然具体地出现在面前，他周身战栗，预感到一场"战斗"即将到来。

然而加拉却眉头微皱，在她看来，头发用发蜡抹得油亮、在法国梧桐树下大笑的达利，只是个"讨厌的、无法忍受的家伙"。但她很快就改变了这一印象，达利在讨论问题时严谨缜密的推理令她"吃惊不已"。

朋友们约好第二天在海滩相聚。为了吸引加拉的注意，达利颇费心机，他把最漂亮的衬衫乱七八糟地剪破，故意割破的皮肤鲜血淋漓，耳后插着一朵红色天竺葵，身上抹的是鱼胶和母山羊粪熬制的"香水"，就在他为这天才的打扮得意的同时，他透过窗户看到了在海滩上裸着背晒日光浴的加拉。

"她的身体有儿童般的体质，她的肩脚和腰部肌肉有青春期那种略显不自然的强健张力。相反，背部的凹陷处却是非常女性化的，与富于活力的躯干优美地结合起来，并自豪地展示出十分美妙的臀部，这使她的细腰更加令人着迷了——真是一件精湛完美的杰作！"虚幻中的"俄罗斯女孩"重又出现，那么强烈鲜明，那圣洁的裸背俘获了达利。他突然间觉得自己是个"让人厌恶的野蛮人"，他脱去衣服，细心地冲洗起来。

可是他无法克制狂笑，每次加拉一开口，他总是浑身乱颤、一阵大笑。虽然疯狂的笑令他们无法交谈，但他把全部的思想和关怀都集中在她身上。他给她拿来坐垫和水，把她安排在能饱览风景的地方，甚至愿意为她"脱一千次鞋、穿一千次鞋"，只要碰到她的手，"哪怕只摸一秒，所有神经就会颤抖起来"。即使是她最平常的一句话，他也会挂在嘴边重复一天。爱情轻拍着肩膀，细致谨慎取代了狂妄自大，达利变了一个人。

凭着直觉，优雅智慧、受过良好教育，同样有着敏感气质的加拉明白了达利那些"细小反应"的含义。她清楚地知道，这个"半病的天才"发狂地爱上了她。内心沉睡的东西苏醒了，七年的婚姻生活让梦想破灭，她渴望做了不起的人，渴望世间能流传关于她的神话，而不是甘心做一个平凡的女人。

说到底，爱情就是一个人的自我价值在别人身上的反映，达利魅力独特的作品和特立独行的气质引起了她的强烈兴趣。几次散步后，她认定，他是唯一能替她创造出神话的人。当达利再次神经质地大笑的时候，她用劲握住他的手，"我的小宝贝，我们再不分开了"。

她比他大 10 岁，而他少年时母亲早逝，潜意识里，渴望这样慈母般的爱抚。然而加拉的已婚身份像悬在头顶的剑，达利不得不忍受内心的挣扎，这期间，他创作了《凄惨的游戏》，画面中部是一个女子美丽的脸，而右下角是一个受伤的男人和一个捂着脸的男人，矛盾的三角关系显而易见。

最终，火花的撞击产生了奇异的力量，达利找到艾吕亚坦白，"她征服了我，从肌肤到精神。在她面前，我可以像孩子，也可以像君主，所有的胡作非为，都可以从容释放。而她只有面对我，才感觉到自己的存在"。

尽管深爱加拉，但理性、大度的诗人还是选择了独自离开。

"她将成为我的前行者格拉迪瓦，我的胜利，我的妻子！"达利向世界欢呼。格拉迪瓦，是一部小说中的女主人公，她用爱为男主人公解除了焦虑和痛苦。

爱情的神奇之处就在于，它能让人激动发狂，也能让人安宁镇定，不可思议的事发生了，"仿佛中了魔法，我歇斯底里的症状一个接一个地消失了，我重又能控制我的微笑、大笑和各种动作了，新的健康像一朵蔷薇那样在我头脑中生长起来"。加拉治愈了他，她为他带来了神秘的心理安定。

看似浪漫的爱却为社会所不容，加入超现实主义团体"道德沦丧"，这已经让有一定社会地位的父亲无法容忍，爱上已婚的加拉终于成为导火索，父子冲突爆发了。父亲把他逐出家门，并宣布取消他的继承权。

为了加拉，达利拒绝与父亲和解，他创作了《加拉与达利》，画的右侧是他光头的样子，左侧则是加拉坐在岩石上快乐的情景，两个影像放在一起，宣誓与加拉永世结合。

从此，他的世界只有他和她。他到巴黎后的第一件事就是，花光身上所有的钱，只为送她一束红玫瑰。

除了艺术，达利"在其他一切领域都表现出'智力的迟钝'"，是加拉，让他"搞得一团糟"的生活变得井井有条。她教他如何脱下套头衫而不至于窒息，如何在楼梯上行走而不至于摔倒，如何在吃饭时不往地上扔骨头，在他取钱时幻想银行职员会吃掉他的支票而不肯交出时，她用"最令人信服的声调"抚慰了他。她常常把趋于冒险、耽于妄想的他从荒诞的意境中拉回到现实世界中来。

他的软弱被她藏进硬壳中，精心保护，这也让他坚信，她能帮他驱赶威胁幸福的种种不安。当她患上胸膜炎时，他恐怖地害怕失去她，那是不能想象的。

　　然而，来自金钱的威胁时时存在，当坏消息接踵而至时，加拉一边安抚达利的沮丧和愤怒，一边充当经纪人，帮他去画廊要拖欠的钱款，帮他筹划开画展。在他像蛹一样被层层包裹住无法飞翔时，她命令他："起来，前进吧，你还没获得任何成功，等待就是死亡！"

　　"坚持不懈的加拉，用无数充满灵感和热情的坚信论断，向我证明了我能变成另一个人。"她赋予他深刻的灵感，使他创造力高涨，《记忆的永恒》完成后，她带着惊奇的赞美之情目不转睛地凝视着这幅画，肯定地说："凡是看到它的人，都会永远记住它。"她的笃定让他重拾信心，"我毫不动摇地坚信，在涉及我未来的一切问题上，加拉都是正确的"。

　　"我爱你胜过父母，金钱和毕加索。加拉，我之所以画画是为了你，这些画同时也是用你的血画成的。因此，从今以后，我决定在署名时将我们俩的名字连在一起，加拉—萨尔瓦多·达利。"爱情鼓舞了他，唤醒了他内心沉睡着的力量和潜藏着的才能。她是他的灵魂，是他不可分割的一部分。

　　1934 年，他们在巴黎的西班牙领事馆举行了婚礼，至此，精神达到真正的统一。

　　凭着《永恒的记忆》，达利敲开了美国的大门，随着画展在纽约举办，他成功了，"加拉带给我无限的喜悦和征服世界的原动力，对我来说，她是生命中不可缺少的"。

　　在加拉赋予的灵感中，达利开始设计珠宝首饰，她是他唯一的缪斯。"只有世界上最特别的东西才配得上加拉"，他为她设计了独一无二的胸针，黄金质地的心形底座上镶嵌着红宝石，最为特别的是，这是一枚机械胸针，内部安装了精微的动力系统，加拉每走一步，它就跳动一下，寓意他们的爱情永远在同一个频率跳动。

　　显赫的名声、崇高的威望、巨额的财富滚滚而来，然而，没有加拉，就没有达利，就没有达利在雕塑、绘画、建筑、广告等方面的累累硕果，他越是需要，她就越是勇敢，"1930 年我身无分文地被赶出家门，而今天我获得了世界性的成功，主要是得自上帝的垂顾、费格拉斯的启发，以及一位卓越女性英雄式的自我牺牲，那就是我的妻子加拉"。

加拉不仅帮助他处理生活上的纷繁事务，给他疯狂的生活以秩序，作为他的保护神经营他的事业，还在精神上塑造他，影响着他的创作方向。

定居美国后，昔日的"无神论者"虔诚地开始宗教主题的创作，而每一个光辉的圣母的形象，面孔都是加拉，那正是她在他心目中的地位：情人、妻子、母亲，缪斯女神，是最伟大的"爱与美"。

她是他一生的灵感源泉、灵魂支柱，即使晚年，他仍保持着旺盛的创作激情，他画她的脸、她的背、她的脚、她的一切的一切，"画着加拉，我就接近崇高"，没有她，他是不完整的。他的画里，强烈地表达着对她的崇拜与忠贞，一生不变。

1982年，加拉离世，达利把自己关在家中，处于半狂乱状态。他故意让自己严重脱水，卧室也曾莫名起火。失去了创作女神，他从此一蹶不振，再无画作问世。

"我不是个疯子，因为加拉承担了我的疯狂。"是她的爱的力量，让他的天才才能发挥到了极致，她为世界塑造了一位绘画大师，而恰恰因为这样，她才得以在他的画作和他设计的珠宝、手袋中成为神话和永恒。

萨尔瓦多·达利：1904年—1989年，西班牙超现实主义画家、版画家。

李光耀与柯玉芝

——两片叶子的爱永不枯萎

　　2015 年 3 月 23 日，被誉为"新加坡国父"的李光耀病逝，享年 91 岁。病重期间，很多人都在为他祈祷，希望他早日康复，然而，他自己的心愿却是快点离开，他想他的芝了。离世前，他说，"我不想以一个政治家的身份被世人铭记"。是的，与他驰骋国际舞台数十年所赢得的掌声相比，在他的生命巨著里，爱情，才是最动人的章节。

　　并非一见倾心。新加坡被日本占领后，物资奇缺，通货膨胀日益严重，即使是李光耀的富裕之家也遭受到了严峻的考验，看到市面上正闹胶水荒，因战争而中断学业的李光耀便联合校友杨玉麟研制胶水来销售。

　　那天，他骑着脚踏车去找杨玉麟，一个面容清秀的女子正坐在走廊上。他向她询问："玉麟在哪里?"她露出一个微笑，指了指角落里的一道楼梯。

　　虽然三年未见，李光耀还是一眼认出来了，他永远不会忘记这个叫柯玉芝的女孩。战争前，他们同在莱佛士学院读书，"第一学期数学考试成绩我高居榜首，但英文和经济成绩最好的不是我，我排名第二，落在一个名叫柯玉芝的小姐后面，分数差了一截"。这让拿惯了第一的李光耀"十分震惊"。

　　她是他的竞争对手。那时，李光耀希望拿到女皇奖学金去英国读法律，本以为奖学金非他莫属，谁料半路杀出个柯玉芝，这让他非常沮丧。随着日本突然空袭，战争开始了，学业被迫中断。

柯玉芝，是杨玉麟妻子的妹妹。经历了三年多的日治时期，他们的身心都已成熟。如今，再次见到李光耀，她被他的乐观、活跃、不畏困难吸引了。"我正在等待白马王子，只是这个王子不是骑马，而是骑着硬胎脚踏车来的。"

胶水很畅销，柯玉芝是得力助手，闲时她除了做家务、学华语，就是安静看书。得体的举止、良好的教养开启了李光耀的少年情怀。就这样，他们经常见面，几个月后，青春的枝头逐渐盈满美丽的驿动。李光耀 21 岁生日晚宴，柯玉芝受邀参加，即使有姐姐姐夫的陪同，对家教甚严的柯玉芝来说，这也是一件非同小可的事。

二战结束后，李光耀和柯玉芝的感情越来越深，他开始考虑学业和前途，以他目前的情况，作为华侨银行总经理的柯玉芝的父亲是绝对不会看好的。

李光耀说服母亲动用了积蓄和首饰，去英国读书已经不成问题。获得律师资格需要三年，临行前，他牵着她的手走在海边的花园，"你愿不愿意等我三年？"她没有直接回答，反问道："你知不知道我比你大两岁半？"沐浴着柔和的海风，爱情展开了旖旎的画卷。

带着和柯玉芝的一沓合影，23 岁的李光耀登上"大不列颠号"客轮，在甲板上，他向她挥手，"她热泪盈眶，我也不禁掉下眼泪"。别时容易见时难，码头上，氤氲着一场青春的忧伤。

第二年 7 月，好消息传来，柯玉芝获得了女皇奖学金，分别整整一年后，他们在英国重聚了。就在那年圣诞假期，瞒着双方家人，两人在英国秘密注册结婚，为了不引起别人注意，她把那枚白金戒指用项链穿起来挂在脖子上。

结婚后，她用英文名称呼他"哈里"，他则亲昵地叫她"芝"。尽管新婚宴尔、如胶似漆，但他们并没有荒废学业，相反互相勉励，埋头苦读，两年后，双双获得双重第一学位，取得律师资格。在英国的三年，李光耀对政治产生了浓厚的兴趣，离开剑桥的时候，学监撒切尔看着李光耀，对柯玉芝说："他太急躁了，别让他老是这样匆匆忙忙。"这句话，她践行了一生。

一个性格强硬，毫不屈服，一个贤淑阴柔，温婉沉静，难怪幸运的新加坡人民会说："我们是不是得到上天特别照顾，给了这个岛国一个李光耀，还不忘多给一个柯玉芝？"

尽管柯玉芝喜欢平淡安宁的生活，但对李光耀的政治热望，还是表示了极大的支持。

她是他的秘书，在"邮差罢工"的案子中，休产假的柯玉芝修改了他草拟的略显冗长的声明，使之更加简单和清楚，他的专业声望被大幅报道，"威望直线上升"；他创立人民行动党，为新加坡争取自治地位，她协助他草拟党章，召集创党成员的妻子们在家中一起缝制徽章；他的每一篇演讲稿，都是她斟酌推敲的结果。

1959 年，35 岁的李光耀成为世界上最年轻的总理。

她是他的顾问，"她有辨识一个人的性格的特殊能力。有时候，她会警告我提防某些人，结果证明她通常是对的"。他为新加坡和马来西亚合并多方奔走的时候，她以敏锐的洞察力看到事态的结局，"这是不会成功的，因为巫统的马来领导人有全然不同的生活方式，他们的政治也是以种族和宗教为根本的"。他却坚持说，一个资源匮乏、连饮用水都要依靠马来的小岛国"单独生存不了""没有更好的选择"。

事实证明，她是对的，不到两年时间，"联姻"失败，新加坡被迫独立。电视直播的时候，他一度哽咽，当众落泪。稍感安慰的是，在新马分离的法律条文中，她以极高的专业素养，精准、严谨的用词，帮他草拟了联邦政府必须保证供水的承诺，她的专业水平受到多方赞赏。因为有她，他才有信心面对接连不断到来的挑战。

感情没有一劳永逸，更多的是相互兼容。"我有时宁愿他被拉下台，从此退出政坛，过着安宁的生活。"对于李光耀在政界要应付各方的钩心斗角，柯玉芝感到既心疼又无奈。可是面对逆境和危机，她仍然选择和他一起面对。"他很稳重，而且足智多谋，面对压力时，有着不同寻常的勇气和毅力。"她欣赏他，鼓励他，成功时给他鲜花和泪水，失败时给他温柔和爱情。

自称"政治街头霸王"的李光耀，脾气很大，他是"专制家长"，不留情面，他无视西方记者的批评，说他们是"十足的废物"。往往他前脚骂完人，她后脚会悄悄地安慰对方，"他就是这样的人，不用放在心上"。只有她能令他冷静，当他与记者针锋相对时，她会及时解围，"得了吧，哈里，你就别再为难记者了"。她总是给他及时的提醒，往往只是一句轻声却充满力量的"哈里！"凝重的空气便轻快起来。媒体戏称她是他的"第三只耳""第三只眼"，是他的"防洪堤"。

而她更多的，则是贤妻良母。她行事低调，与他一同出现时，总是身着旗袍，庄重得体，"我走在我丈夫后面，如同一位亚洲社会的贤惠妻子"。为了不让孩子们在"有管家和清洁工人服务"的舒适环境中成长，柯玉芝承担了教育孩子的全部重任。她的颈间，总是挂着一个金坠子，那是李光耀送给他的，上面刻着八个字：贤妻良母、内贤外德。她是新加坡人民的多重典范，为严酷的政治增添了柔和的魅力。

在李光耀的励精图治下，新加坡从一个"弹丸小国"一跃成为"亚洲四小龙"之一。作为总理夫人，她不慕荣华富贵，贪恋的只是黄昏时和他一起散步，一起听古典音乐，一起在撒满花瓣的泳池中游泳，一起陪孩子们下棋。红尘流年里，唯有他，是她生活的中心。

他一直以为她是他的守护神，绝不会轻易倒下。然而，82岁陪他出访英国时，她突然中风，病情危急。医院的不紧不慢令他大感气愤，情急之下，一向以廉洁自律为准则的李光耀"动用"了关系请英国政府出面协调，他坚持回国治疗，请求航空公司把飞机改装成"空中医院"，12小时之后，安全抵达新加坡时，紧握她的手才轻轻松开。

他不能没有她，她也为他努力康复，她克服左边视野的障碍，坚持阅读；她继续游泳、听音乐，保持活跃；参加劳动节集会时，坐在他身边，她手拿喝彩棒，脸上露出少女般可爱的笑容；他上电视节目时，她会弯下腰亲自在他微仰的脸上补妆。身体靠得更近，手牵得更紧，一个甲子的陪伴，远远不够。

应该是上帝嫉妒了吧，2008年，柯玉芝再度中风，这一次，她没能再站起来，医生预言，只能支撑几个星期。与政治挑战比起来，她的病痛更令他忧心，他鼓励她，为她打气，不顾她的肺炎，亲吻她的面颊。听着她的呻吟声，他"如同生活在黑暗中一样痛苦"。

相比于医生，她更喜欢他的照顾。她不能动弹，他就亲自喂饭，捡起她掉下的任何食物；他牢记她服用的那些复杂药物的时间、剂量；她不能言语，无法交流，他就用更多的时间陪伴她，每天晚上，都会坐在她身边跟她聊白天的工作，读她最喜欢的小说和诗。一个大表格上，清楚地列着：简·奥斯汀、鲁德亚德·吉卜林、莎士比亚……只要他在，她便安然，他也感受到她顽强的生命力，"我跟她讲话她是知道的，她会为我保持清醒"。

为了更好地照顾柯玉芝，李光耀坚持健身。对87岁的他来说，这需要付出巨大的努力，在她面前，他尽量"装出勇敢的样子"。他靠默念基督教祷告语来平复痛苦的情绪，他满怀深情地对她许下诺言："我会每天陪伴你，能多久就多久。我虽然不知道你我这两片叶子谁先落下来，但我向你发誓，无论结果如何，我都会永远守护着你这片美丽的叶子，不弃不离地爱你、照顾你、珍惜你，直至生命的尽头。"

虽然不能言语，但是眼角泛泪，他的誓言，她都懂，他们彼此，早已嵌入对方的生命。

2010年10月2日，那片美丽的叶子落了，距医生的预言过去了两年三个月。

葬礼上，在她最喜欢的巴哈乐曲中，他把手放到自己唇上，再轻抚上她的面颊，两次不舍的吻别传递着难以言说的爱与悲伤。致悼词时，他的声音缓慢而沉痛，"她是我力量的支柱，数十年如一日地给予我理性和感性的支持，她和三个孩子是我人生中最重要的一部分"。"对我们在一起的63年，我有珍贵的回忆。没有她，我会是个不同的人，过着完全不同的生活，我需要她的时候她总是在我身边。"

她是妻子，是知己，是他事业的伙伴，没有她，就没有他的成就。正如马来西亚首相所说，"李光耀夫人的逝世，对李资政与家人，及新加坡是一个重大的损失。"

她去世后，他悲不自胜，"我试图让自己忙碌起来，好冲淡对太太的思念。但时常会想起我们在一起时的快乐幸福的时光"。岁月流逝，千回百转之后，枝头摇曳的仍然是爱情的丝缕心香。

他的身体也每况愈下了，他甚至期待死亡，在《李光耀观天下》一书中，他坦然地说"希望过世后能见到我的太太"。他是一个完美主义者，然而政治工作绝无完美，是柯玉芝，成就了他爱情的完美，"我的生命的意义就是我做到了我想做的事情，而且我一直是尽力而为，所以我很满足，没有遗憾"。

最后一片叶子落了，爱情的脉络清晰可见，永不枯萎。

李光耀：1923 年—2015 年，新加坡华人，首任新加坡总理。

伊丽莎白二世与菲利普亲王

——我只是，喜欢我的爱情

"钻石恒久远，一颗永留传"。11 月的伦敦，气候仍旧温和，朝阳初升，薄雾散去，远远望去，绿树碧草像一幅缤纷的油彩画。在这浪漫的季节里，走过"钻石婚"的伊丽莎白二世轻挽着丈夫菲利普亲王的手臂在散步，一头银发的她与满脸"菊花"的他不时深情相望、会心一笑。

咔嚓，时光定格。

1939 年，第二次世界大战正轰轰烈烈地上演，13 岁的伊丽莎白跟随父亲英王乔治六世到特茅斯皇家海军学校做战事动员。在这里，她见到了在海军学校读书的第三代表哥希腊王子菲利普。逗留期间，18 岁的菲利普常领着表妹到学校的后花园打球、骑马。他挺拔的身材、矫健的身手令伊丽莎白顿生好感，那双罕见的"钢蓝色"眼睛更是把她深深吸引。而正值豆蔻的伊丽莎白青春洋溢，看着她穿着大马靴在草坪上不断地摔跤，菲利普的眼睛喷出了热情的火焰，目光一刻不停地追随着她。耳鬓厮磨中，欢喜不可抑制。

动员结束，菲利普还在上课时，伊丽莎白已随父亲登上返程的皇家游艇。下课后，怀揣爱情的他不管不顾地"征用"了一条小划艇拼命追赶，快要靠近时，皇家游艇发出的警告信号一声比一声严厉，菲利普却完全视若不见。岸上，他的父亲乔治国王气急败坏，跺着脚大骂"这该死的笨蛋！"

伊丽莎白饶有兴趣地看着这一幕。小划艇上，那个鲁莽少年正奋力划动小艇，一头金发在阳光下闪着倔强的光芒。那一刻，少女的心弦被轻轻拨动了。

距离没有漂淡相思的颜色，他们靠书信传情。学业完成后，菲利普在皇家海军的战舰上服役，参加了多次著名战役。在信中，伊丽莎白不止一次地表达了崇拜、爱慕与思念，在给表妹的信中，她说，"我认为他非常有魅力而且很幽默很少有严肃的时候，但即便当他严肃的时候也会让人觉得非常成熟"。她还透露，她拥有一张非常大的菲利普的照片，"放在壁炉架上整天都看不够"。

彼此思念的同时，他们也积极投身战争。1943 年，21 岁的菲利普因服役期间表现出色，成为皇家海军最年轻的一等上尉，他的梦想是在海军干一番事业；而伊丽莎白也在征得父亲同意后，参加了战地救护组织，学习车辆驾驶和机械师技能，成为英姿飒爽的军中绿花，同时，她常与父亲乔治六世谈话，性格上初露政治家的锋芒。

书来信往中，感情已如胶似漆。4 年后，菲利普已经成为白金汉宫的常客，他随身装着伊丽莎白的照片，常常不请自到，开着黑色的跑车冲进宫来，见面的渴望让他连帽子就顾不上戴就急匆匆地奔下车。拥有爱情的人是掩饰不住的，伊丽莎白也开始用心地打扮自己，那时，她最爱听的一首歌是《人们会说我们在相爱》。

尽管他们努力回避公众的视线，但丰富炽热的情感总是牵引菲利普发疯般地去见伊丽莎白。事后，在一封表示歉意的信中，他说："无论我感到多么的懊悔，总是有一个小小的声音一直对我说'不冒险就不会有收获'，当我确实冒了险，我真的得到了一段非常美好的时间。"

公主身边的英俊青年开始受到人们的关注，然而结婚却充满了艰难。作为王储，伊丽莎白不能下嫁他国，菲利普必须离开海军，改变身份和信仰。"我不知道这有多困难，这很自然地让人感到失望。我刚被提升为指挥官，事实是，我的海军生涯里面最有趣的部分才刚刚开始。但是，同样重要的是，如果我停下来，想一想，与公主结婚了，我的首要责任就是以最好的方式为她效劳。"

爱一个人，是一件简单的事。菲利普听从了内心的指引，按照心灵的轨迹，等待爱情的星座运行。他宣布放弃希腊王位继承权，改东正教信仰为英国圣公会，改菲利普姓名为菲利普·蒙巴顿，英国王室终于首肯。

1947 年 11 月 20 日，连续的阴雨刚刚结束，广场上汇成了欢乐的海洋，成千上万的伦敦市民见证了公主与王子的婚礼。战争让经济萧条，举国疲惫，这一对金童玉女让英国民众有了新的憧憬，看到了新的希望。

婚礼上，菲利普为公主戴上他亲手设计的戒指。戒指上，刻着只属于他们俩的爱情秘密。公主"脸色绯红，洋溢着幸福"，菲利普则有些羞涩，眼神里含情脉脉。

婚后，菲利普被派到马耳他担任海军军官，伊丽莎白陪伴在他左右，当地居民常能看到手挽手亲密散步的公主夫妇。在那里，他们度过了短暂的虽然普通但却甜蜜无比的幸福时光，直到乔治六世突然去世。

那天，菲利普和公主正在一处人迹罕至的荒漠里，爬上一棵无花果树，心情激动地等着看日出。菲利普从随行记者那儿得到消息时，他不动声色，默默地陪公主爬下树，然后才沉痛地告诉她噩耗。就这样，伊丽莎白"爬上树的时候还是个公主，从树上下来时已是英国女王了"。

1953 年 6 月 2 日，伊丽莎白戴上王冠，接过象征权力的权杖，正式加冕。在这隆重华丽的皇家庆典中，菲利普是第一个向女王下跪宣誓的人："我，菲利普，爱丁堡公爵，愿终生成为你的臣民并且尊敬你；我愿意效忠你……"

从此，他既是她的丈夫，也是她最忠诚的侍卫。

年轻美丽的女王和风度翩翩的丈夫吸引了无数的倾慕者，"追捧的程度令人难以置信"，伊丽莎白遵从母命，把自己视为"体现民众对国家之热爱的工具"。

作为女王的丈夫，菲利普取得了近似于国王的地位，但他永远排在妻子后面，在公众场合，他得跟在女王身后，向妻子弯腰鞠躬并称她为"陛下"。

最糟糕的是，他的孩子们都不能随他姓，"我什么都不是，只是一条该死的虫子，是这个国家里唯一一个不被允许把他的姓氏传给他自己的孩子的人"。生气和抱怨都没有用，爱上女王，就意味着他必须为此做出巨大的牺牲。

登基后，女王面对的是一个分崩离析的落日帝国和逐渐瓦解的英联邦，反对的声音从来就没有停歇过，甚至，还有暗杀。无论她走到哪里，身后半步，总是他的身影。面对打击，他亲吻着她的额头，沉稳地告诉她"没什么大不了的，麻烦的事，由我来"。接过海陆空三军的统帅权杖时，他说，"现在好了，我要的不是权力，如果要权力的话，我没有必要跑到英国来。你们不心疼你们的国君，我还要心疼自己的夫人。有什么事，冲我来，像个男人一样，拿出军人的勇气来！"

菲利普作风干练，才思敏捷，被媒体评价为有"远见卓识"的"名副其实的领袖人物"，他一直坚定地站在伊丽莎白身边，陪伴和支持女王处理各种事务。他还是不折不扣的护花使者，随着她马不停蹄地出访、参加会议，站在她身后，永远绅士般笃定从容。在女王的勤奋和努力下，英联邦重新团结起来，菲利普戏称她为英联邦的"精神治疗师"。

在英国，女王的丈夫无权过问政事，菲利普负责管理王室庄园，闲时帮女王整理日记，牵着女王最宠爱的那只名叫苏珊的意大利犬在庄园散步。在女王的光环之下，他只能默默背负，曾有好事者称其为"躲在白金汉宫"的"最伟大的男人"。而菲利普并不这么想，"我更在意我的伊丽莎白，没有她，任是什么东西，都对我毫无意义。我倒是宁愿做一个农夫，每天傍晚，煮好了饭倚着院门等着她回来"。

足够诗意和浪漫吧？在家里，他可是一个真正的丈夫。在白金汉宫，女王经常亲自为菲利普准备早餐。他们的厨房，没有尊卑之分，只有浓情蜜意。关起门来，像所有的家庭一样，两人也会因琐事而争吵，菲利普气急了，会说女王是个"笨蛋"，"脾气坏得像头猪"。一次，在女王要求飙车的丈夫减点速时，心情不好的他粗暴地丢下一句"如果你再啰唆就下车，自己走回去！"在女王看来，他能这样说，也能这样做得出来。

把女王作为终身职业的伊丽莎白，在公众面前，永远仪态庄重，一丝不苟，只有在菲利普面前，她才能卸下铠甲，做一个普通的女人，大笑，或者发脾气。对此，女王非常珍惜，因此，即使听到丈夫的绯闻，她也"只是当作一些笑话"。

对于菲利普的流言蜚语，虽然感到失落，但作为女王，与丈夫是否出轨比起来，伊丽莎白更在意的是，这会不会损坏王室的完美形象，某种程度上，她的端正品行是全体国民的典范。女王密友曾回忆说："他们一直相互依赖，经过那么多风雨波折，我相信她已经接受了这些绯闻，因为她理解一些男人总有某种特殊需求，且那也并不意味着他们不再爱自己的妻子了。"

对于丈夫，女王给予了足够的宽容，在 1997 年 11 月的"金婚"纪念日，她发表演讲："这些年，他是我、家庭、英国和其他许多国家的力量和支柱，欠他的恩情，超过我们给他的，他到底为我及我所在的国家付出了多少，或许我们永远无法知道。"

成熟的感情，就是这搅动后的温开水吧，波澜不再，却温情依旧。菲利普亲王由衷地称赞女王有宽宏之心，他表示，"容忍是维系幸福婚姻的必要元素"。

2007 年 11 月，女王夫妇迎来了盛大的"钻石婚"庆典。他们的完美婚姻，被各大媒体称作"贵族模范婚姻"。积淀后的人生是大彻大悟的，"不要以为我是贪图富贵才相濡以沫了 60 年，如果不是她，我在希腊，应该更风光，我只是，喜欢我的爱情"。

从青葱年少走到银发满头，步入耄耋的两个人更珍惜相守的日子，有着超强意志力的女王也开始越来越依赖丈夫，他驾车，她会担心他跌落下来；他病倒入院，她直接取消了一个重要的活动。密友说，"如果女王现在失去亲王，将对她是沉重的打击，他对女王的生命至关重要"。

"这一生中，我庆幸可以与我最钟爱的女王结婚，我庆幸，我和夫人都是幸福的，这幸福，来自彼此的温暖。"轻拂的风、流浪的云作证，他们彼此，就是对方的爱情宣言。

2016 年 5 月，女王在温莎城堡迎来了她的 90 岁生日庆典，她的身侧，是她永远的侍卫，穿着英国皇家卫队侍卫服的 95 岁的菲利普亲王。他深情注视，她侧头展颜，这一笑，在他眼里，依旧倾国又倾城。

伊丽莎白二世：1926 年——　，英联邦元首，现任英国君主。

黄永玉与张溪梅

——我们是太空互相寻找的星星

不必怀疑，这世上果真有完美的爱情。认识张溪梅的时候，黄永玉是个不折不扣的流浪汉，因为家境贫寒，12 岁便独自离家，从湖南凤凰到爱国华侨陈嘉庚先生办的厦门集美学校读初中，在学校的图书馆，他废寝忘食大量阅读。因为从小喜欢画画，痴迷木刻，14 岁时便在木刻、绘画方面崭露头角，被十里八乡誉为"神童"。

离开学校后，他当过瓷场小工、战地服务团团员，学校教员、剧团见习美术队员，18 岁那年，为了躲避战乱，流浪到江西一个小艺术馆里工作，就是在那里，遇到了美丽的张溪梅。

那是一个云淡风轻的秋日，黄永玉来到河边，望着远方的红叶，不禁诗兴大发，正吟哦间，身后传来"扑哧"一声笑，回头一看，一个褐色皮肤、大眼睛的姑娘正笑吟吟地看着他。黄永玉一下子脸红了，姑娘大方地说："你可不可以将诗再念给我听听，我觉得好美的……"

她像玫瑰一样含苞待放，他紧张极了，老半天，才从嘴边蹦出一句："我有一百斤粮票，你要吗？"

她顿时忍俊不禁。爱情无须言做媒，全在心领神会。

她的脱俗让他爱慕，然而，张溪梅是典型的"白富美"，父亲是将军，家境富有，她不仅生得美貌，还酷爱文学和艺术，追求者众。与那些富家子弟相比，黄永玉显然没有胜算，除了一把跟随他流浪的法国小号，他一无所有。

爱情需要勇气，正是那把小号，鼓舞了他的士气，每次远远地看到张溪梅，黄永玉就情不自禁地吹起小号，渐渐地，他骨子里的乐观豁达、多才多艺终于打动了芳心。

两人相处的事传到她的家里，她被父亲狠狠教训了一顿，家里人劝她："你嫁给他，没饭吃的时候，在街上讨饭，他吹号，你唱歌？"父亲把她软禁起来，不许她写信。伤心沮丧之余，黄永玉离开了，流浪到赣州，找到一份报馆的工作。

被迫分离非但没有让爱情的火星熄灭，相反，扇起了更大的火焰。看似柔弱的张溪梅以看戏为由，偷偷从家里跑出来，她把自己的金链子当掉，穿过兵荒马乱，连夜搭货车追到赣州。接到她的电话时，正在 60 公里外出差的黄永玉激动地不能自已。

借了一辆自行车，他疯狂往回赶，离赣州还有 10 公里的时候，天完全黑了，只好找了个店住下来，店里没有被子，他就把鸡毛盖在身上，第二天一早，见到满头鸡毛的黄永玉时，张溪梅笑得流出了眼泪。

他像做梦一样，不敢相信这是真的，试探着问她：

"假如有一个人爱你，你怎么办？"

"要看是谁了。"

"那就是我了。"

"好吧。"

就这样，在小旅馆里，他们举行了一个简单的婚礼，并在《赣州日报》刊登了一则结婚启事，算是对她的家庭做了汇报。

如果说，毫无经验的初恋是迷人的，那么，经得起考验的爱情就是无价的。结婚后，她随他漂泊上海、福建、台湾，后来又到香港。那时，生活异常艰苦，他没有名气，整天干木刻的活，她放下自己大小姐的身份，为他洗衣做饭，悉心照料他、支持他，在爱情的滋润下，艺术灵感源源不断地迸发出来，他的木刻渐渐在香港有了市场，很多人争相购买。

闲时，他也会为她下厨，第一次做的是辣椒煮鱼，面对那条满是腥气的鱼，她说："好!"甘之如饴。他喜欢小动物，家里饲养了狗、猫头鹰、猴子、梅花鹿，1953年，听从表叔沈从文的建议，从香港到北京中央美术学院任教的时候，随行的，除了7个月大的儿子，还有这一群特殊的"家庭成员"。在外人眼里，这是多大的"麻烦"呀，可是她一点都不觉得，爱他所爱，就是她的幸福。

那是一段平静安宁的日子，除了上课，黄永玉经常外出写生，想她的时候，他就画画，走在辽阔的大草原，他的笔下就是她骑马飞奔的英姿；在荒无人烟的古遗址，她又变成了背着背篓的土家姑娘，对她的思念，化作一次次创作的冲动。她在家也一样，除了精心养育儿女，她把思念写在本子上，等他回家时，接过的，是他的一叠画作，递出的，是一个厚厚的写满爱的本子。

爱情，就是这样一种和谐的交融。很快，他的创作更上一层楼，木刻《春潮》《阿诗玛》轰动了画坛，笔下的荷花独具一格，令人眼前一亮。

安定的日子没过多久，"四清"运动开始了。因为一篇《罐斋杂技》的文章，黄永玉被指"恶毒攻击社会主义"，他白天挨批斗，半夜起来偷偷画画，张溪梅就整晚陪着他，给他放风。紧接着是"文革"，他画的"睁一只眼闭一只眼"的猫头鹰成了著名的"黑画"事件，他被打成黑帮，一家人被赶进狭小、昏暗的房子里。

不能看书，不能画画，只有无尽的屈辱，黄永玉快要崩溃了，他流着泪对张溪梅说："这样下去，我干脆一死了之好，免得受那些人的侮辱。"张溪梅没有劝他，只看着一双儿女平静地说："明天去买点安眠药回来，要死，一家子一起死，免得他们俩在世上受苦……"爱和责任把他敲醒了，在那个以死抗争毫不稀奇的年代，受再大的苦难，他也没有再动过轻生的念头。

批斗变本加厉，看到他被皮带抽得伤痕累累，张溪梅经常心疼地掉眼泪。一边为他担惊受怕，一边要照顾一双儿女，当年的富家女儿，黑发染了秋霜，纤手变得粗糙。

长期的颠簸加上巨大的精神压力，张溪梅病倒了，小屋里，潮湿沉闷的空气经常让她透不过气来，黄永玉心急如焚。急中生智，他在墙上画了一扇两米多宽的窗户，再画上绚丽的花草、明亮的太阳，霎时，满室生辉。这幅画让张溪梅神清气爽，慢慢地，病竟然不药而愈。

1969 年，黄永玉被下放河北农场，紧张劳累的改造后，他每天都打着手电筒在被窝里写东西，"我们是洪荒时代／在太空互相寻找的星星／我们相爱已经十万年""我们的爱情／和我们的生活一样顽强／生活充实了爱情／爱情考验了生活的坚贞""我吻你／吻你稚弱的但满是裂痕的手／吻你静穆而勇敢的心／吻你的永远的美丽／因为你／世上将流传我和孩子们幸福的故事"。

这就是他的长诗《老婆呀，不要哭》。远在北京的张溪梅被深深感动，爱情面前，苦难不战而败，生活拮据、时势动荡，只能让两颗心贴得更加紧密。

曙光终于来了，"文革"结束，人们惊奇地发现，黄永玉的艺术理念、创作手法都有了相当大的突破，风格独树一帜。回顾十几年非人的生活，他为她写下诗歌《献给妻子们》，"人家说／我总是那么高兴／我说／是我的妻子惯的／人家问我／受伤时干吗不哭／我说是因为／妻子在我旁边"。

是她，给了这个"无愁河的流浪汉子"一个家；是她的爱，令他取得了举世瞩目的成就。画展开遍世界各地，著作等身，木刻家、国画家、雕塑家、作家和诗人，一代"鬼才"名满天下。

"十万年就是千世夫妻"，这是他对她的承诺，即使已经是个很老的老头，他仍然会取出他的小号，嬉笑着问她："老婆，想听什么曲子？我吹给你听！"从年少到白头，他的痴情，从未改变。

2014 年 2 月，中国国家博物馆接受了黄永玉捐赠的巨幅代表作《春江花月夜》，以及《各族人民大团结》壁画小稿，这当然也得到了张溪梅的支持，在她心里，名利无关紧要，重要的，是两人在一起，一生不够，千世不够，爱，要永永远远。

有句话说，水会流失，火会熄灭，而爱情却能和命运抗衡。

诚然。

黄永玉：1924 年—　　，著名画家、木刻家、作家、诗人。

陈省身与郑士宁

——爱到深处是简单

谁说"父母之命，媒妁之言"不能成就一段完美的爱情呢？

天津南开大学东南隅，一幢朴素、优雅的淡黄色二层小楼内，一位耄耋老人坐在轮椅里，仰头望着会客室墙上的一帧大幅照片喃喃自语："找不着了，就是找不着了。"照片上的她，恬淡、从容、目光温和，满足的神情，一如往昔。

老人陷在回忆里，那时候，有她在多好啊，想找什么东西，只需轻轻转个头："你给我找找。"她轻车熟路，很快送到他的手上。如今，他只能在这一桌一椅、一衣一物前感受她的气息了。

"你才八十几岁啊……"是啊，她小他四岁，可怎么就先走了呢？犹记当年"小轩窗，正梳妆"，可一转身，已是"欲知断肠处，明月照孤坟"。

小楼有名字，叫作"宁园"，院内，树木葱茏，芳草萋萋，一派宁静祥和。名字是他取的，其一，他认为做学问就应该有宁静的心态；其二，"宁"字，饱含了他对她的绵绵深情。

她叫郑士宁，而他，则是世界数学大师、"微分几何之父"陈省身。

最先看上他的，其实是她的父亲。他和她，虽然同在清华园，但一个数学系，一个生物系，"青年才俊"与"清华淑女"彼此并无交集。后来，他说："我们其实没有谈过恋爱，因为她父亲要招女婿，觉得我不错，可以做他女儿的丈夫。她也很听父亲的话，所以我们就结婚了。"

虽是父母之命，可对于爱情，她一点也不盲目。七七事变后，国家战火纷飞，乱世之下，很多人的命运被迫改写，而陈省身即使在"整个华北都放不下一张平静的书桌"的情况下，仍然毫不动摇自己的数学方向，一边执教，一边积极宣传抗日救国。这一腔爱国情、报国志令郑士宁觉得，他就是一块磁铁，有着不可抗拒的吸引力。

正是这样随着时日成长起来的爱，支撑她度过了婚后最艰难的六年。那一年，她去上海父母家待产，儿子出生后，原计划返回昆明，不料，珍珠港事件爆发，战事进一步扩大，交通一度中断，她只得带着孩子滞留在上海。

恰在此时，已经有不少论文在国外发表的他，接到美国普林斯顿高级研究院的邀请。世界正在大战，赴美也非常危险，无法去上海与妻儿告别，怀着内疚与悲痛，以及对数学研究的痴迷和渴望，他几经辗转，终于到达美国。

这一别，就是六年。这六年，他在美国取得了辉煌的研究成果，使"微分几何进入了一个新时代"；这六年，她在上海抚育幼子、望眼欲穿。

听闻抗战胜利，他毅然决定回国，振兴祖国近代数学是他的宿志，还有年迈的父母、新婚不久就分离的妻子、尚未见过面的已经六岁的儿子，这一切，让他每每想起，便悲恸不已。

战后的交通拥挤混乱，这一归程，耗时三个月。重逢那日，恍若隔世。看着风尘仆仆的他，她满脸是泪，悲喜交集。拥着娇妻爱子，他郑重许诺："从今以后，一家人永不分离！"

爱一个人，也许有绵长的痛苦，但因爱带来的快乐，也是世上最大的快乐。她庆幸自己有一双慧眼，令彼此的人生最终契合无间。

1949 年，她随他迁居美国，照料他的起居饮食，帮助他整理资料文件。因为痴迷数学，他脑子里时时都会迸发出新鲜、奇妙的思想，每次开车外出，她都会非常紧张，再三叮咛。直到看到那个熟悉的高大身影，一颗心才顿觉安稳。

他的全部生活只有数学，其他事，她则是全权代表。她善良又好客，还有一手好厨艺，每年的圣诞夜，她都会替他邀请华裔学生来家做客，她亲自下厨，盛情款待，这令他的人品威望与学术成就一起，在数学界博得了极高声誉。正是她的默默奉献，创造了一个温馨、舒适的家庭环境，让他得以全身心地投入研究工作，才有了"独上高楼"的辉煌。

爱情，其实是一件简单的事，无非"琴瑟调和，甘苦与共"，无非"执子之手，与子偕老"，就像一个好习惯，让人愿意日日夜夜去重复它。有她陪伴的日子，幸福而又温情跌宕，她60岁生日时，他特地为她作诗一首：

三十六年共欢愁，无情光阴逼人来。

摩天蹈海岂素志，养儿育女赖汝才。

幸有文章慰晚景，愧遗井臼倍劳辛。

小山白首人生福，不觉壶中日月长。

一心做数学的几十年来，她始终在背后默默支持。古稀之年，他决定回国定居，"要为中国数学的发展鞠躬尽瘁，死而后已"。患有心脏病的她放弃了气候宜人的美国加州，远离子女儿孙，毫不犹豫地陪伴身侧。她知道他淡泊名利，对官场的事最是头疼，举办宴会怎么安排席位都是个难题。于是，她参加他的学术会，为他出谋划策，先在纸条上编好号，然后亲自等在门外发纸条，客人对号入座，皆大欢喜。

她数十年的默默奉献，令他非常感动，在《我的科学生涯与著作梗概》中，他深情写道："在结束本文前，我必须提及我的夫人在我的生活和工作中所起的作用，近40年来，无论是战争年代抑或和平时期，无论在顺境抑或逆境中，我们相濡以沫，过着朴素而充实的生活，我在数学研究中取得之成就实乃我俩共同努力之结晶。"

因为有她，他拥有了一个几乎完美的人生，他的脑子像一部机器，为数学运算了70多年。"数学使问题简单化，科学简单化。"崇尚"简单、快乐"的他，对爱情也是如此。"我们60年没有吵过架，她管家，我不管，我就做我的数学，所以我们家里生活很简单。"

习惯了她的陪伴，他从来没有想过她会先他而去，可噩耗还是来了。新千年刚过，她在一次睡梦中因心脏病发作悄然离世。他悲痛万分，难以置信，相随相伴、意笃情深 60 年的她怎么忍心舍他而去？几经思考，他将她的骨灰安葬在南开数学所墓园，其侧，留了一个空的墓穴，那是为自己准备的。

生而同衾死而同穴，生生世世永不分离。他答应过她的。

尽管悲伤难抑，他还是投入到紧张的研究中，以九旬高龄，每天工作十几个小时，累了，便抬头看看墙上的她，和她说说话。他知道，她一直都在。

没有了她的监督，他忘我地研究"属于年轻人的难题"，这些都不可避免地加速了他的衰老。2004 年 12 月，93 岁寿辰刚过，他走了，神情安详，另一个世界，有她在等他。

遵他的遗愿，墓园设计成了露天教室，墓碑是黑板，碑前摆放着 23 个圆形石凳，一代代莘莘学子跟随他走进美妙的数学花园，也深深感受着，他和她那闪耀着钻石般光芒的简单爱情。

陈省身：1911 年—2004 年，国际数学大师、著名教育家。

毁灭爱的，
是时间；
证明爱的，
也是时间。
最美丽的情感往往如
「羚羊挂角，无迹可寻」。

第二章　昨夜明灯昨夜梦

费雯·丽与奥立佛
——今生重来过，还要嫁给他

　　这世界从来不缺乏爱，缺的是了解，刚刚与利·霍尔曼律师度过了三周的蜜月期，18岁的维维安·哈特莱就意识到答应他的求婚实在不是一件明智的事。

　　"我要成为一名演员，一名伟大的演员"，这是维维安唯一的梦想。从小，她用心读书、喜欢音乐和舞蹈，所有的这些都是为了有朝一日将自己绽放在舞台，可是在霍尔曼的追求下，她还是答应了他的请求，中断了在伦敦皇家戏剧艺术学院的学习，哪怕老师们毫不掩饰失望的情绪："多么大的损失啊！"

　　31岁的霍尔曼出身名门，有剑桥文凭，有自己的事务所，他智慧、温文尔雅又举止得体，在成长于严格的教会学校的维维安眼里，他仿佛来自一个"真正的"世界，这些都吸引了早熟的她。而对于性格传统的霍尔曼来说，体面的工作，稳定的收入，一个在家等待他下班的美丽出众的妻子，这样的家庭生活简直就是幸福的化身，他骄傲而固执地企图把她的生活纳入自己的轨道，他完全不能理解，维维安怎么会有谈论戏剧的"怪念头"。

　　"唉，我太不自由了，太不自由了！"维维安对朋友叹息。她想回到艺术学院，可是霍尔曼极力反对，怀孕的到来也让渴望成为泡影。没有歇斯底里，没有吵架和责备，人们称他俩为"迷人的维维安和她那可爱的丈夫"。然而，对维维安来说，家庭，就是"可敬的地狱"。

孩子有保姆照顾，家务有女仆承担，搁浅的梦想又顽强地探出了头，朋友们都明白，"她无法忍受这个家庭而向往着舞台生涯"。

从一则香烟广告开始，维维安在朋友们的推荐下，有机会参演了几个小角色，对此，霍尔曼毫不隐藏自己的不满，他时常予以"挑战性的讽刺"，直到 1935 年，他第一次坐在剧场观看了她主演的《道德的面具》。那时，宣传海报上，他妻子的名字是：费雯·丽。

"新星征服了伦敦""这个女演员是个新发现"，报纸的大幅报道彻底埋葬了霍尔曼对平静舒适的家庭生活的希望。爱是关怀，而不只是宠爱，可惜，他始终不明白这一点。

而此时，命运倾向了另一端，奇妙的缘分突然而至，在圣詹姆斯剧院演出时，面庞秀丽得举世无双的费雯·丽让一双眼睛闪现出了最亮的光芒，那是劳伦斯·奥立佛，她最崇拜的英国戏剧舞台上最负盛名的莎翁戏剧男主角。一年前，看到他主演的《皇家剧院》时，她就曾对好友说："这才是我要嫁的那个人！"

不可思议的是，他竟然也对她一见倾心。"我渴望与她相识，并在一周之内达到了目的"，这使得费雯·丽受宠若惊。不久，他们合拍《英格兰大火记》，他总是情不自禁地跑进她的化妆室，她尽情享受着目光相对时内心的惊心动魄，吃饭时，毫不避嫌地和他坐在一起。三个月的拍摄改变了生命轨迹，"他们相爱得如此热烈，使四周产生了一种特殊的气氛，看见他们在一起像是看见了奇迹"。

爱使人理智不清、判断不明，不顾女管家和保姆责备的目光，奥立佛成了霍尔曼家的常客。然而，这是一对毫无希望的恋人，他们都有"看上去很幸福"的家庭，奥立佛的妻子还刚刚为他生了一个男孩。

面对丈夫和女儿，费雯·丽同样是内疚的，她通宵达旦地读书，努力想忘掉奥立佛。可是越想忘记，就越是刻骨铭心，她沉浸在他所有的演出中，他成了她的宇宙中心，一年的思想斗争以失败告终。

两人双双向另一半摊牌，提出离婚，并一起搬进新居。爱人就在眼前，费雯·丽再没有痛苦和虚伪，像所有热恋的情侣一样，他们手挽手走在狭窄的街道，到教堂祈祷，乘小艇出游，好友惊奇地发现，"她身上出现了一种新的东西，似乎生活对她产生了更为深刻的含义"。而这些，是霍尔曼无法给予的。

爱的作用是相互的，他们深深地为对方所吸引，受过全面、良好教育的费雯·丽同样改变了受童年穷困和屈辱影响的奥立佛，他开始阅读她建议他看的书籍，有兴趣了解音乐、建筑和造型艺术界，借助于她，他进入了一个新的世界。

1938 年，奥立佛去美国拍摄《呼啸山庄》，拍演极不顺利，他在信中流露出的失望情绪让费雯·丽深深担忧，收拾了一只小提箱，她立刻赶赴好莱坞。正是这一次旅程中，在奥立佛经纪人的推荐下，费雯·丽打败众多好莱坞群星，幸运地试镜成功，成为《乱世佳人》中郝思嘉的扮演者。

"这位年仅二十五岁的女演员实际上不需要任何准备就能进入角色，她的勇敢和自信力是相当惊人的。"不得不承认，奥立佛促成了她的成长，他帮助她发现自我，在精神上为她展现出广阔的前景。

《乱世佳人》的演出取得巨大成功，费雯·丽因此斩获了 1939 年的奥斯卡金像奖。对此，奥立佛惊讶地说："我真没想到她有这样的才能！"

"舞台恋人"闻名遐迩，费雯·丽终于可以和奥立佛并驾齐驱了，甚至在电影界，她的成就已经远远超过他。可一向自负的奥立佛却坚持认为："电影不是艺术，只有舞台上的成就才能给一个演员带来真正的声誉。"

她听出了他的妒意，为了他的自尊，她把奥斯卡小金人小心翼翼地藏在抽屉里，"拉里（奥立佛的昵称）很嫉妒，生怕别人暗示他本人还没有得到这个奖品"。她一向把自己说成是奥立佛的学生，在任何场合，她总是强调："拉里是个出色的演员，又是个了不起的导演，他什么都知道。"

爱，总让人卑微，在她心里，他一直是个天才，而自己，只是个初出茅庐的演员。

《乱世佳人》带来了非凡的成就，费雯·丽却也为此付出了更大的代价——佐治亚州的"红色尘土"使她患上了肺结核。烦恼不只如此，奥立佛第一次独立导演的《罗密欧与朱丽叶》惨遭失败，面临破产；一些下流广告甚至用他们尚未合法的关系大做文章，"请看！现实中的情侣如何在舞台上干风流韵事"；加之战争的爆发，这些都让奥立佛感到厌烦。

他的抱怨和牢骚令她不安，接到纽约的演出邀请时，一向视演出为生命的费雯·丽却婉拒了，"无论好莱坞，还是百老汇的任何邀请，都不能使我离开祖国，我应该待在这里，在拉里的身旁"。在德国对伦敦大规模的空袭中，在被大火映红了的地平线上，她和他手挽手伫立，两道剪影成为炮火中最动人的画面。

无论发生任何情况，她都不会抛下他。

所幸，双方的伴侣终于同意离婚，恢复了单身的奥立佛和费雯·丽没有等到天明，用最快的速度在午夜零点举行了一个简短的结婚仪式。

经济拮据，费雯·丽不得不接拍一些自己不喜欢的角色，紧张的巡回演出加重了她的肺结核，劳累导致他们的第一个胎儿夭折。尽管这样，舞台上，她仍旧全情投入，艺术感染力受到评论界的一致赞扬。她的成功动摇了奥立佛一向怀疑她在艺术上没有多少潜力的看法，不得不答应让她拍演《欲望号街车》。

布兰奇这个角色对费雯·丽是个严峻的考验，敏感、神经质、爱慕虚荣、心理变态，舞台上两个小时的演出中，每一个情节都要付出巨大的精力。直到演出结束，费雯·丽仍旧没有摆脱角色，她全身战栗，嘴唇发颤，眼神中充满布兰奇被送往精神病院时的恐怖。

演出达 8 个月之久，每场座无虚席，费雯·丽把自己变成了布兰奇。凭借这一角色，她摘取了第二个奥斯卡金像奖，同时，布兰奇那变态的心理也影响了她脆弱的神经系统，她患上了狂郁精神病。

在朋友面前，费雯·丽保持着特有的谨慎，面对奥立佛时，她会突然暴躁、沮丧，渐渐地，一道无形的屏障可怕地竖起。费雯·丽渴望通过和奥立佛一起拍戏来缓和，病情好转后，他们同台演出了话剧《睡梦中的王子》，然而事与愿违，评论家们说，"费雯·丽扮演的女主角光彩夺目，而奥立佛却把王子演成一个呆头呆脑的条顿人"。她的成就让他感到压力，随着第二个胎儿的夭折，夫妻关系更加疏远了。

为了躲避记者的纠缠，费雯·丽前往意大利休养，一个月后归来时，一切都变了，与奥立佛同台演出的，是年轻的琼·普洛瑞特。

担心她的健康，朋友们躲躲闪闪，避而不谈。奥立佛拒绝见面，时间的洪流无声地卷走了昔日的恩爱，打击如晴天霹雳，费雯·丽痛不欲生，她含着泪水给他写了长达 22 页的信，然而，没有等来任何回应。

红尘滚滚，聚散终有时。面对惊呆了的新闻记者，费雯·丽发表了简短的声明："奥立佛夫人声明，劳伦斯爵士提出离婚，以便与琼·普洛瑞特小姐结婚。当然，奥立佛夫人将满足他的一切要求。"

她仍然珍藏着他的来信，去看他的演出，甚至对琼·普洛瑞特，她也没有一句责难，"劳伦斯爵士与琼的结合只是我们离异的结果，而不是它的起因"。她靠和朋友们聚会排遣孤独，然而所有人都注意到，她的住所，和女主人一样，有了悲凉的模样。

遗忘，并没有那么简单。在朋友的花园里，站在静悄悄的玫瑰花丛中，她抱住朋友失声痛哭："所有的花都应好好施肥……"在奥立佛的儿子来看望她时，她仍深情地说："你的父亲使我懂得爱。"

尽管疾病缠身，但费雯·丽很少承认自己在患病，她抓住一切机会拍演新剧，和朋友们一起喝酒聊天，谈笑风生，时间满到无暇去想他。谁也没有料到，噩耗来得如此突然，当莫斯科的人们还在等待着国际电影节的客人费雯·丽时，却传来她在睡梦中香消玉殒的消息。

离婚后再没见过面的奥立佛赶来了，迎接他的，是刻着"奥立佛"字样的旧门牌。她的床边，摆着一张照片，那是年轻英俊的奥立佛。一切，都像是在一起时一样，他一直在她的心里，从未离开。

她从来没有抱怨过自己的命运，始终因爱他而感到幸福，甚至离世前不久仍然表示，"如果我有可能重新度过自己的生命，有两件事确信不疑：一、成为一名演员；二、嫁给劳伦斯·奥立佛。"

费雯·丽，1913 年—1967 年，英国电影和舞台剧演员，好莱坞明星。

萧三与甘露

——错爱一人，寂寞一生

1937 年夏天，卢沟桥事变的爆发让抗日救国高潮在全国迅速掀起，和所有的爱国青年一样，刚刚从浙江省女子蚕业讲习所毕业的甘露也在积极寻找参加抗日救亡运动的机会。在"战时青年训练团"，她与萧崑相识并成为好朋友，也就是那时，她第一次听到共产党、延安、抗大这样的字眼。眼前的迷雾被层层拨开，她下决心要前往革命圣地延安。

这个决定，影响了她的一生。

1940 年，延安。延水河畔的一孔窑洞里迎来一位身材高挑、容貌俏丽的姑娘，一见面，主人萧三就激动万分地说："盼望已久了！好久了！真担心你被关进国民党的集中营，现在好了，到家了。你是我妹妹的好朋友，也就是我的妹妹！"

萧三是萧崑的同胞哥哥，是《国际歌》的中文译者，以"埃弥·萧"之名闻名国际。他刚从苏联回来不久，在延安负责文艺界领导工作，妹妹的来信中已经向他介绍过即将到来的甘露。

看着他灿然的笑脸，甘露百感交集。从浙江金华到陕北延安，历时一年零九个月，经过一道道关卡、一次次盘查，"一个 18 岁的女青年，只身在国民党统治区旅行，其味之苦，是难以用语言形容的"。顶着日机的轰炸随保育院护送过难童，在川北农村养过蚕。被八路军办事处因"来历不明"拒绝后，她一边去陕西农村当教员，一边请萧崐给在延安的萧三写介绍信，在老乡的草房熬过寒冬后，终于等来了"家中来信，要你速归"的好消息。

他的热情给了她温暖，没有一丝拘束，像久别重逢的兄妹一样，她急切地向他谈家庭、经历、爱好，表达了想去鲁艺学习的愿望。他安静地听完，建议她先去中国女子大学。那天，他还让她抄了几首诗稿，一手飘逸的好字令他十分喜爱，傍晚，在给负责机关事务的邓洁的纸条上，他写道："她是一张白纸，可以写最好的文字，可以画最好的图画。"

到"女大"后，性格活泼、通过梅兰芳的唱片自学过京剧的甘露很快成为俱乐部的骨干，在纪念"女大"成立一周年庆祝活动上，中央党校礼堂上演全本《花木兰》，她被指定饰演花木兰。修长的身材、姣好的容貌、沉着的表演赢得阵阵热烈的掌声，会后受到毛泽东的接见和称赞，"花木兰"的美名就这样在延安传扬开来。

一曲《花木兰》给了萧三惊喜，甘露的纯洁无瑕和一心向往革命的蓬勃朝气如缕缕清新的春风吹进他的心胸，浪漫的革命诗人不由得心情激荡。借着树上的绿、草上的花，他触摸到了爱情的春天。同样的阳光，同样的雾，洒在心里，却是不一样的欢畅与淋漓。

萧三开始经常请甘露为他抄写诗书稿件，他则指点她如何阅读进步小说，如何争取做一个共产党员，在甘露这张"白纸"上，他有了写诗画画的冲动。举目无亲，甘露把萧三当成导师和兄长，然而，几个月相处下来，兄妹感情不知不觉发生了变化。一日不见甘露，萧三如隔三秋。由敬仰、感激到爱慕，甘露也萌发了初恋的梦幻。

"女大"离萧三住的文化沟只有一条延水之隔，晚饭后，他们常常相约一起散步，两个人的脚步，把世界走成了爱的风景。尽管萧三已经 44 岁了，但他风流倜傥，才华横溢，潇洒的举止、文雅的谈吐都吸引了刚满 20 岁的甘露，年龄的悬殊并不能阻止感情的与日俱增。

可是，梦幻很快就破灭了。1940 年 10 月的一天，甘露去文化沟取稿，爬上山头，远远地看到萧三窑洞前的空地上，有个外国女人正在给小孩洗澡，她一下子明白了，那是萧三的苏联妻子！

萧三已经结婚了。第一次大革命失败后，他远赴苏联，在那儿遇到了去苏联旅游的德国籍犹太姑娘耶娃，学摄影的耶娃美貌又充满活力，而萧三英俊浪漫、精通多种语言、才气逼人，彼此一见钟情。为了与他结婚，对政治一片空白的耶娃放弃了优越的德国国籍，加入了苏联国籍，在当时，这是一个必须服从的前提。

抗战全面爆发后，萧三一次次向共产国际请愿，希望回国参加战斗，尽管小家庭温馨可爱，但他还是常常抱怨："在这里，我的笔也干枯，它需要新鲜的血液。"在任弼时的帮助下，共产国际终于批准，但只准许他一人回国。那时，他们已经有了一个孩子。不得已，他只能让耶娃母子去瑞典，请她的哥哥代为照料。

1939 年 4 月，萧三到达魂牵梦萦的延安，他立即向党组织提出让耶娃来中国的申请，可就在这等待的一年多时间中，多情的诗人又爱上了年轻的甘露。

虽然有些失落，但甘露还是很快调整自己，她称已经改名为"叶华"的耶娃为嫂子，热情地帮她料理家务、照看孩子，让叶华尽快适应延安的艰苦生活。她理智地克制了自己的感情，"女大"停办后，主动远离萧三，报名去绥德从事蚕桑工作，并很快和一位工程师结了婚。她所做的这些，无疑都在告诉他两个字："我懂。"

甘露的让步让萧三非常感激，在给她的信中，他说："你顾全大局，决定忍让。这，你处理非常适当、大方、贤惠，我完全了解你，并且十分感佩你！"到南泥湾采风时，他还以桦树皮为纸"写几行字在这薄层上面寄给你作为纪念"，愉快地与她分享南泥湾美丽的自然风光。给她写信时，他的心总是暖暖的。

遗憾的是，萧三和叶华的团聚只有短暂的三年，政治环境、生活背景的不同让他们渐渐产生了隔阂。"我是满怀热情奔赴延安的，我受萧三的影响有造就新世界的理想，但我来时对现实一无所知，甚至连参加革命意味着什么都不懂"，语言不通，少有人交流，出于保密需要，萧三又什么也不能说；一个摄影师被约法三章禁止拍照，学过的妇幼保健也派不上用场，这让在欧洲长大的叶华非常苦闷，她感到自己是个"摆设"，是个"多余的人"；再加上从富足的瑞典到清苦的延安，生活也非常不习惯，"延安什么也没有，没有吃的，只有小米、土豆，也没有电，照明只有煤油灯，什么也做不了，也没有水洗澡！"种种因素之下，叶华做出一个冲动的决定：带着两个孩子回苏联生活。

意外的是，萧三没有阻拦，正值延安"整风"运动，有一个外国妻子，也让他受到不少攻击，政治的险恶，他没有办法解释，或许分开，对谁都有好处。叶华离开的时候，为了顺利穿过国统区，他们办了离婚证，上面有周恩来的亲笔签名。此一去，两人都深感前途难料。

与叶华的落寞不同，在绥德的甘露工作正红红火火。养蚕是她的专业，作为"边区蚕桑考察团"团长，她在绥德创办了养蚕育种室，把青春的汗水和南方的养蚕技术同时播撒在这片黄土地上。她将科学养蚕法和新蚕种推广到了整个陕甘宁边区，毛泽东参观了她的"蚕丝展览室"，称赞她为"我们的养蚕姑娘"。

没想到的是，她的工程师丈夫在"整风"运动时被隔离审查，在党组织的干涉下，甘露被迫离婚。得知这个消息的萧三马上向中央请求将甘露调回延安。初恋的痕迹难以抹平，山水间有彼此不曾忘却的容颜，甘露的心底又重新生长出爱情，她同意了他结婚的请求。

婚礼非常隆重，在祝酒时，毛泽东说："子暲（萧三的字）啊，祝你和这个中国的养蚕姑娘白头偕老！"

然而，事与愿违，时隔五年，叶华又出现了。萧三途经莫斯科到布拉格参加世界和平大会时，不知道他和叶华已经离婚的苏联方面为他们安排了一次"鹊桥会"。两人再次相逢，在氤氲的咖啡香气中，爱又一点点地复活。

在莫斯科，萧三给甘露写信："叶华在这里生活很苦，她愿去中国做事，比较有益，她声明绝不妨碍我你的家庭生活，绝无'挖墙脚'之意。她只愿两个孩子感觉到有父亲，并能常见面，她和我也维持同志和朋友的关系，她就满足了。"善良的甘露表示理解和信任，"立昂和维嘉都是中国共产党的孩子，理应让他们回到中国来，回到革命的队伍里来"。

1949年7月，一个大雨倾盆的深夜，正在家伏案校对萧三著的《毛泽东同志的青少年时代》的甘露迎来了不速之客，去苏联开会一个多月的萧三满身雨水回到家里，他的身后，是叶华和她的两个儿子。

把叶华母子安顿在里间，萧三出来抱着甘露痛哭，他坦承在苏联他们已经复合了。如晴天霹雳，甘露震惊得说不出话来，看着站在天平两端同样为难的萧三，她既怜又恨。就在他们准备休息的时候，叶华在里屋突然放声大哭。

"三人行"被指指点点、议论纷纷，羞愤之下，甘露请周恩来出面处理。可是不幸来得那么快，四方会谈时，萧三决绝地说："我要和甘露离婚，和叶华复婚！"不顾周恩来"一骗党中央、二骗苏联政府、三骗甘露同志"的严厉批评，萧三接二连三地给甘露写"绝绝儿"的信，要求她同意离婚。

誓言已变质，等待成绝望，万分痛苦的甘露在周恩来安排下避走上海。在车站，萧三痛哭流涕地对她说："我一万个对不起你！"往昔的难分难舍已成过去，甘露再次选择让步。当萧三陪着叶华在大连的海滨尽情浪漫时，29岁的她整日抱着两个幼小的儿子以泪洗面，"我们的家庭破裂了！在西柏坡被同志们称赞的'模范夫妻'分离了"。

爱情成了镜花水月，伤和痛长成身体的一部分，顽固地不肯离开。离婚后，萧三寄给两个孩子的生活费，甘露悉数退回，"我不希望他再来打扰我们，接孩子，钱啊，信啊的，永远断绝了吧"。

从此，无情也无殇。

此后，甘露的感情生活并不顺遂，每每想起当年的"四方会谈"，便会号啕大哭。以她的痛苦为代价，萧三与叶华充满浪漫的"世纪之恋"得到世人称颂。而甘露，始终克制自己，在《甘露自传》中提到他时也仅是寥寥几句一笔带过。

1983年2月，萧三去世，甘露"怀着同志的友谊"参加了追悼会。她面容平静。没有人知道，对他，她还存着怎样的感情。4 年后，她离开时，人们在遗物中发现了她和萧三的合影。那时，他们分开已经近 40 年了。

错爱一人，注定要寂寞一生。

萧三：1896 年—1983 年，现代著名诗人，翻译家。

海明威与哈德莉·理查森
——爱是一场流动的盛宴

1920 年，美国芝加哥。一战虽然结束，但战争的爆发摧毁了一代年轻人的信念，明天茫然未知，能拥抱的只有今天，"迷惘的一代"热衷于在醺醺然中纵情行乐。

受朋友凯特之邀，哈德莉·理查森从圣路易斯来到芝加哥，她柔弱孤僻、沉默忧郁，却有着自己都察觉不到的美丽。生命中的雨曾经无情地淋湿了她，父亲自杀、母亲因重病刚刚去世，29 岁的她莫名地被卡在人生的半途，没有结婚成家、没有谋职立业，只能住在强势的姐姐家里。长久的不快乐，即使肖邦的音乐也无法抚慰，她常常躺在钢琴前的地毯上，感受着身体里的能量一点点离去，却不知道该如何解救自己，凯特是让她来散心的。

在一个舞会上，哈德莉坐在钢琴前，赤褐色的波浪长发，薄唇大眼，出色的演奏再加上苹果酒作用后的微红的双颊，这一切令她看上去妩媚动人。

"我或许醉得两眼昏花，不过你确实气质不凡。"一曲完毕，身旁多了一个长相俊美的青年，他的膝盖离她只有几厘米。他身材高瘦，有黝黑的浓发、完美的下巴和让人迷恋的酒窝，只是一个欣赏的眼神，"他的褐眸已深深锁住我"。

"是时候跳舞了。"21岁的欧内斯特·海明威向她伸出手，笑得无比灿烂。他的快乐驱散了她的拘谨，他靠近的时候，她明显感觉到他脸上的热度，他的呼吸温暖了她的发和颈。威士忌、香皂、烟草的味道让人联想到爱情，他带她舞过全场时，她情不自禁地一改平日的个性，沉浸在自己的甜蜜里。

在芝加哥的三周里，哈德莉体验了完全不同的人生，她喜欢海明威亲昵地叫她"小薯泥"，和他聊天是那么放松、自在。她饶有兴趣地看他比赛拳击，听他滔滔不绝地谈他的抱负，红着脸吃他递到舌尖上的橄榄，感官的愉悦令心灵悸动，"他似乎是个全身充满快乐细胞的人，在他身上我看不出任何恐惧，只有活力和热情"。而这些力量，正是她此刻最需要的。

他的快乐像阳光一样包围着她，她似乎看到了微微发亮的人生新契机，生命雨过天晴。

然而，作为一个"维多利亚时代的老处女"，哈德莉并不自信，尽管海明威说过"我喜欢你"，尽管他会编造各种理由与她单独待在一起，但她仍然害怕"像一只乡下蠢老鼠"一样"掉入陷阱"。

带着怅然和失落，哈德莉准备离开芝加哥。令她意外的是，海明威等在门口。在车站，他拥抱她，她也感受他的温暖和生命力。海明威清醒地爱上了她，认定她是"心中要娶的姑娘"，她的单纯直率，心地善良，安稳可靠，更重要的是，当他惴惴不安地请她读他不成熟的作品时，她毫不怀疑地肯定他"创造文学史"的梦想，"我看得出来你是当作家的料，无论如何，你有天分"。

理解，是爱的孪生姊妹，哈德莉的由衷赞叹让靠写点"垃圾文案"赚取可怜稿费的海明威深受鼓舞。

哈德莉到家的那天，海明威的信同时到达，他用了限时专送。整封信皱巴巴的，而且字迹潦草："亲爱的薯泥球，此刻你人在火车上，而我在这里，你离去，掏空了一切，告诉我，你是真实的吗？"

因为海明威的信，阴暗沉闷的日子突然有了生气，哈德莉细致地回信，描述她的环境和生活。有了爱情的滋润，她甚至变得幽默有趣，"今夜我想念那晚我们散步的湖，你想来厨房找我抽根烟吗？希望你想"。几百页信件就这样往返于芝加哥和圣路易斯，海明威信里的柔情蜜意深深打动了哈德莉，她视他为"亲爱的心灵伴侣"。

两个月后，两人在芝加哥相聚，爱情让她感到生命变得美好，容光焕发取代了从前的无精打采，可是，当她把梦想依附在他身上时，他却另有打算——频繁遭遇退稿略显沮丧的海明威表达了想去罗马专心写作的愿望。哈德莉没有试图挽留，她只是强忍伤心，"如果对你来说，人生最重要的是写作，那你应该去。不过，有个女孩会想念你"。

回到圣路易斯的哈德莉内心挣扎，就在她决定挥挥衣袖，告别这一片云彩时，海明威的信重新燃起了她的希望，"想着罗马，如果，你跟我去，以妻子的身份？"他是在求婚吗，以他的方式？她似乎已经看到他们手挽手漫步在河畔、桥梁，有了他，生活才真正开始。她很快回信，"我们走吧，我满心期待，我已经打好包了"。

窗外，硕大的雪花在飘落，但那无法阻止爱情的脚步，是的，什么都不能，即使他穷得买不起一张来圣路易斯的车票，即使他前途未卜空有一腔激情与斗志。

1921年9月，相识10个月之后，海明威和哈德莉举行了简单的婚礼，哈德莉深情而豪迈地说："世界就是一座监狱，而我们，正在把这座监狱打得粉碎！"

有爱情，也需要人间烟火，然而现实是，"三只时钟走着／嘀嗒／于壁炉上／停歇／但那年轻人正饿着"，当海明威把他写的诗念给哈德莉时，她安慰他："我们饿不着的。"生活尽可能俭朴节省，但他22岁生日时，她还是送给他一台崭新的打字机，他打出的第一首诗是："亲爱的，你是我的一切，是甜蜜，是温柔……"

他们靠哈德莉继承的一点遗产维持生活，生活当然是拮据的，而他的写作也没有什么成绩，仍旧屡遭退稿。她总是安慰他，"会有伯乐赏识你的，我感觉得到，那一刻就快来临"。走进婚姻的哈德莉渐渐发现，曾经神采奕奕、踌躇满志的海明威也会陷入迷惘和焦虑，从一战战场走下来的他经常做噩梦，惊醒时呼唤她的名字。她将他搂在怀里，帮他驱赶心中的寒意，她像母亲一样轻抚他的额头，听他倾诉。为了他，她努力变得坚强。

一笔意外的财富拯救了他们。当哈德莉收到舅舅留给她的八千美元遗产时，海明威立刻决定去巴黎，那是当时的艺术家和作家聚集的地方。

初到巴黎，寒酸的衣着、过气的打扮、让哈德莉觉得自己是只"平凡的母鸡"，居住环境的恶劣也让她思乡心切。更为糟糕的是，为了推敲词语、琢磨句子，海明威常常把她撇在一边，一坐几个小时，甚至她被无赖纠缠时他还关在烟雾弥漫的房间里写作。这让她感到孤独、冷清。对，还有饿，"腹内空空，饿得发慌"，只能专门选择走"没有卖水果、蔬菜、葡萄酒的店铺或者面包房和糕点点心店"的道路。然而这些她都不怕，只要他在，家在，她就感到安全无虞。

生活贫苦而艰辛，但同样有欢愉和乐趣。他带她拜访作家，参加艺术沙龙，他们是圈子里公认的"黄金佳偶"；当他作为编外记者，拿到《多伦多星报》的稿费时，他们旅行、钓鱼，观看赛马、斗牛，两人彼此依赖，即使她在一次旅途中弄丢了他全部的手稿，他也会拥着哭得泪不可遏的她故作轻描淡写，"没关系，那些是我写出来的，我可以再写一遍"。也即使，西班牙斗牛场上血光四溅肠子乱流，她仍然会说"我从来没觉得这么安全过"。

然而，有些爱就像流星，瞬间能迸发出令人羡慕的火花，可那注定只是匆匆而过。

儿子邦比出生后，生活更加困窘，哈德莉没有钱装扮自己，她的身材变得肥胖，光彩不再。8 岁的年龄差距让海明威觉得她失去了原有的气质。他开始频频出现在社交场所，甚至当着她的面与别的女人调情。随着诗歌和小说陆续发表，海明威的才华逐渐得到认可，作为"迷惘的一代"代表作的《太阳照常升起》更让他声威大震。就在这时，哈德莉的担心不幸成真，那个"破坏一切的女人"不可避免地出现了。

当《风行》杂志社编辑波琳第一次见到海明威的时候，对于他"以文学艺术创作为名让妻子和儿子过着艰苦的生活"，她既震惊又鄙视，她没法理解，哈德莉是怎么跟这个穿着脏兮兮衣服的大胡子男人一起生活的。可是，读过《太阳照常升起》后，她疯狂地崇拜他，她穿着华丽大衣和昂贵鞋子的身影经常穿梭在海明威简陋的小屋里。不久，海明威向哈德莉坦言了自己的感情背叛。

爱，变成一种伤害，只是，善良的人，选择伤害自己。他们建立了一种奇特的"三人家庭"，表面春风和煦，内心却各自煎熬。"三个早餐盘子，三件晾在绳子上的湿浴衣，三辆自行车"，哈德莉的痛苦显而易见。

在一次度假时，游在水里的她望着远处海滩上那对完美的情人，顿时万念俱灰，"让水灌入我的身体，从每个孔洞灌入，一些事情就会变得容易些，这样我就不必眼睁睁地看着我的生活消失"。幸而理智及时回归，她清醒地决定，要"坚强而明白透彻地面对一切"。哈德莉同意离婚，结束这个"美丽而幸运的错"。

为了弥补对她的伤害，海明威把《太阳照常升起》的版税赠送给她，并说"这是我唯一能够做到的对你有所帮助的事"。在信中，他愧疚地说，"如果没有你与我的结合，没有你忠诚、自我牺牲、经常的鼓励、爱情上的支持和具体的现金资助，我也不可能写出这些著作的，一本也写不成……你是我所有认识人当中最善良、最忠实，最可爱的人"。

波琳如愿与海明威结婚了，然而，世俗的道德难以约束伟大的天才，海明威再次移情别恋。

如哈德莉一直坚信的那样，海明威成功了，举世闻名。然而，上帝总是公平的，给了你这一些，就不会给你那一些。在感情的追逐中，他始终没有方向和归属。时间慢慢沉淀，有些人和事却更加清晰，迟暮之年，他忆起了和哈德莉在一起的五年。

拖着病残之躯，以"硬汉"形象著称的海明威用温软的文字写下《流动的盛宴》，"那时我们很穷，却很幸福"，"我爱她，我并不爱任何别的女人，我们单独在一起时度过的是美好的令人着迷的时光"。因为有她，贫穷的日子才是一场场盛宴。他终于明白，最幸运、最真实的爱，只来自她。

书稿完成后，他在电话里哀伤地告诉她，"书里都是你的痕迹，写出那段日子，重新活过一次，对我意义非凡，那是我们之间发生过的种种"。电话这头，她哭了，她从来没有恨过他，"我知道我可以尽情地恨他，因他深深地伤害了我，但我绝对无法不爱他，不爱这样的他"。

"我多希望在还只爱她一个人的时候就死去。"两个月后，1961 年 7 月 2 日，海明威把自己的猎枪伸进嘴里，扣响了扳机。

《流动的盛宴》出版后，哈德莉的形象深入人心，女作家保拉·麦克莱恩整理了哈德莉生前所述，写下《我是海明威的巴黎妻子》。在书中，哈德莉说，"分手之后，我们两人各自历经诸事，但什么都比不上战后在巴黎的那几年。日子艰辛，却单纯、简单又美好，而且我相信那时的海明威展现出他最好的自我。我拥有过最好的他，我们两人都拥有过最好的彼此"。

爱上天才，注定不寻常。也许吧。

欧内斯特·米勒尔·海明威：1899 年—1961 年，美国小说家，诺贝尔文学奖获得者。

顾维钧与黄蕙兰
——珠联璧合随风去

男人很容易一见钟情，"民国第一外交家"顾维钧也不例外，只是同窗家中摆放的一张照片，就足以掳去他的心。也难怪，照片上的女子，除了容貌俏丽，更有一种典雅的名媛气质。而他刚刚失去爱妻，需要这样一位尊贵、体面又美丽的夫人。

然而，第一次在母亲安排的宴会上见到顾维钧时，黄蕙兰是有些失望的，"他留着老式的平头，他的衣着和我的男朋友们常穿的英国剪裁的服装也相去很远"。

尽管与汪精卫、梅兰芳并称"京城三大美男"，但对于出身巨富之家，从小混迹于欧洲上流社会的黄蕙兰来说，顾维钧显然没有什么"杀伤力"。"他既不跳舞，又不懂骑马，甚至不会开汽车，我断定此人不值得我注意。"

身为东南亚"糖王"的公主，黄蕙兰从小研习音乐、舞蹈、美术，培养了绝佳的气质，她天资聪颖，能说法、英等六国语言，青少年时代即生活在伦敦、巴黎、华盛顿或纽约，她喜欢与年轻的男骑士们赛马，喜欢开着母亲的劳斯莱斯轿车结交社会名流，频频周旋于国际社交界。

"如果你能想象一位中国摩登女郎的模样，那就是我！"这位集年轻、美貌、财富于一身的名流仕女吸引了众多的追求者，风流的伯爵们如狂蜂浪蝶追随左右，送花赠物献媚宴请。而黄蕙兰则憧憬着有朝一日能与一位公爵结婚，能在私家的信件上印着公爵的冠冕并戴上公爵夫人的桂冠。

至于眼前的这个男子，她看了看他，脸上的神情淡漠了。

顾维钧何其聪明，黄蕙兰的反应他当然看懂了，但这位年轻的外交官并没有丝毫退缩，他有信心赢得她的心。

很快，黄蕙兰便领略到了顾维钧出众的修养和口才。他没有对这个不懂政治的 19 岁的名媛大谈他的外交，他观察敏锐，注意她的每一个细节，贴心地照顾她，关心她的生活，了解她的天地，他庄重而又自信的谈吐令她有清新之感，这是区别于身边的那些追求者的。宴会进行到一半的时候，黄蕙兰陶醉了，不知不觉中，她喜欢上了这种友好而不拘束的感觉。

黄蕙兰享受着顾维钧的追求，接受他送来的糖果和鲜花，她怀着游戏的心情和他郊游、看歌剧、喝咖啡，直到那天，顾维钧出现在伊丽莎白·阿登美容院——她去修指甲，他急于见她，而以他当时的参加巴黎和会代表团第二代表的身份，这是完全不得体的。

意识到了他娶她的决心，黄蕙兰犹豫了。尽管能坐政府提供的轿车，在歌剧院享受政府为"要人"保留的国事包厢，甚至将来能与他一起步入白金汉宫、爱丽舍宫和白宫，享有父亲用再多的钱也买不到的待遇，可是，她还是不能确定，自己真的准备要两个现成的儿女吗？

母亲的口气不容置疑："你一定要答应这门婚事！"姐姐也语重心长地说："蕙兰，你一定要嫁给顾维钧。你想想，你将成为'Madame'（法语"夫人"的意思）顾维钧，旁人要称你为'高贵的夫人'。"

不可否认，这个叫人着迷又有着顽强意志力的英俊外交家征服了她的家人。

孝顺女儿黄蕙兰，顺从地接受了母亲为她安排的人生之路，虽然顾维钧只说过"我有两个孩子，需要一个母亲"，而不是一句"我爱你"。

婚礼在比利时的布鲁塞尔中国使馆举行，虽紧张仓促却又极尽奢华，陪嫁之阔绰让人瞠目：每一副枕头罩上都钉着一套玫瑰花形的金扣襻，每朵花的中心都镶有一粒钻石；特别订制的一套三十六件餐桌器皿，汤盘和菜盘都是纯银的，沿口镶金，甜食碟和调味碟都是金的，水晶玻璃的香槟酒瓶上装着金盖子，刀叉餐具是金的，就连座位上的名片架也是金的，錾雕着中文"顾"字，此外，还有一辆高级的劳斯莱斯轿车，场面之盛大与热烈用"高端大气上档次"远不足以想象和形容。

黄蕙兰的心被幸福充满，她期待一个浪漫完美的新婚之夜。然而，当她穿着特意挑选的晚装走进套房的起居室准备给新郎一个意外的惊喜时，他却"连头都没有抬一下"，"他正在办公，口述备忘录和指示，四个秘书手持笔记本围着他做记录"。因为国联大会第二天就要召开，他们要连夜赶往日内瓦。

颠簸在火车上的黄蕙兰，茫然又沮丧。

新婚的不快很快被驱散，夫贵妻荣，随之而来的瞩目和礼遇软化了崇尚荣华的黄蕙兰。顾维钧出色的外交才能，让她引以为傲，她下决心要做一个中国式的贤妻，为丈夫的事业锦上添花。

能在最美的年华遇到他，她深感幸运。成为"顾维钧夫人"后，黄蕙兰伴随夫君出现在外交场合，她高贵又典雅，大方又得体，谙熟欧洲风俗，能用流利的各国语言周旋于王公伯爵之间。一时间，这位"远东最美丽的珍珠"成为中国外交舞台上一道亮丽的风景线。

对于众人交口称赞的"得力助手"，顾维钧却并不买账，她的珠光宝气让他颇有微词："以我现在的地位，你戴的为众人所欣羡的珠宝一望而知不是来自于我的，我希望你除了我买给你的饰物，什么也不戴。"黄蕙兰却不以为然："这将有助于使他们理解中国不能被忽视，我们来自有权受到重视的国家！"

事实也正是如此，当一个法国外交官轻佻地说："我认为中国人是可爱的——个子矮小，弯着腰趿拉着脚走路，而妇女则用缠过的小脚蹒跚而行。"黄蕙兰立刻针锋相对："我丈夫像苦力一样趿拉着脚走路吗？我是不是一个缠足的小玩偶？"

她以"中国的橱窗"定位，从发型、穿着上精心改造顾维钧，教他跳舞、骑马，甚至不惜巨资，把破旧的中国使馆修葺一新。当顾维钧的外交业绩屡被称颂时，宋美龄曾客观地说："别忘了大使夫人所起的作用啊！"另一位外交官袁道丰也坦言"很少有中国大使的太太能够和她比拟"，雄厚的财力、游刃有余的社交一次次把顾维钧的事业推向高峰，一度被誉为政治"不倒翁"和"中国罕见的外交高手"。

世间所有女子都一样，对感情最是念念不忘，不管出身豪门，还是街市陋巷。尽管在"象牙塔"出生长大，但为了爱情，为了得到顾维钧的肯定和欣赏，黄蕙兰表现出了牺牲的一面。她热心投入华人慈善事业。二战期间，在狂轰滥炸的难区抢救伤员，每天工作 8 小时，一直坚持了 4 个月。

可悲的是，他的世界没有她，她只是一件"装饰品"，外交场合的"黄金搭档"，生活却并不琴瑟和鸣。参加宴会时，对于她的盛装，对于她期待的赞许，他往往只是"心不在焉地看一眼"；一次外交活动后，一位法国外交官试图靠近黄蕙兰，她机智地大声喊："维钧，那个老头想知道中国话怎样说'我爱你'。"令她寒心的是，顾维钧一动没动，只顾思考自己的事。

"珠联璧不合，有缘乏趣"，对于他们的婚姻，时人如此评价。

感情没有公平可言，谁在乎的越多，谁就会输得越惨。"他对待我，就是忍让，人前客客气气，私下抛在一边。"褪去初时活跃在外交舞台上的兴奋和荣耀，黄蕙兰渴望像一个平常女人一样得到丈夫的呵护和爱，然而，她的感情在逐渐沉淀，而他的感觉却在日渐淡漠。

更可怕的是，顾维钧的心已另有所属，他"每个星期要到纽约去度周末，从星期五一直待到下个星期二，与他那位在联合国任职的红粉知己约会"。明知婚姻已经走到尽头，但黄蕙兰还是顾全大局，配合一切外交活动，直到 1956 年，顾维钧卸任驻美大使为止。

爱是平等的，可以付出更多，却绝不是一味地容忍与妥协。"他是个可敬的人，中国很需要的人，但不是我所要的丈夫。"黄蕙兰提出了离婚，共同生活 36 年后，两人平静分手。

离婚后，黄蕙兰定居纽约，与狗为伴，用英文撰写自传《没有不散的宴席》，她仍怀念和顾维钧在一起的日子，那些浮华绚丽在时光的底片上清晰呈现，她在记忆里，与他相会。

在自传里，她说："假如我年轻时学得更明智，更世故些，我可能就会容忍顾维钧对某种女人的诱惑，把它视为小事一桩而不去计较了。"那一刻，这位豪门千金，低到了尘埃里。

直到离世，黄蕙兰仍以"顾维钧夫人"自居，在她心里，这是她一生唯一的一次爱恋。

顾维钧：1888 年—1985 年，"中华民国"外交家。

曹聚仁与王春翠

——不知春归何处

少年情怀总是诗，只是在父亲学堂里的惊鸿一瞥，15 岁的曹聚仁便把 12 岁的王春翠锁进心房，一任那爱慕生了根发了芽。他们都是浙江兰溪人，他住在蒋畈村，她则住在二里之外的塔山村，那时，王春翠正在曹聚仁父亲创办的育才学堂读书。

"她是四姐妹中最美丽的，总而言之，我第一回在学堂里看见了她，就钟情于她，苦苦地害我得了相思病。"正是春天，爱恋也和古樟的树叶一样，绿得那样汹涌。为了偷看心上的人儿，曹聚仁常常爬到村头一座叫挂钟尖的小山上去眺望，她在山脚的竹叶潭边洗多久的衣服，他便痴痴地望多久，那个情影，连同她眼眸中的羞涩与温柔，都是那么美。

连接塔山和蒋畈的，是一座名叫通州桥的古廊桥，那是王春翠上学的必经之地。为解思念之情，从小就精通于写作的曹聚仁只要一看到王春翠走上通州桥，便高声朗诵黄庭坚的《清平乐》："春归何处？寂寞无行路。若有人知春去处，唤取归来同住。"等待中的甜蜜、忧伤和彷徨，都在那一声声"春"的呼唤里。

渐渐地，王春翠识破了曹聚仁的小伎俩，这个 7 岁前已经熟读《诗经》

《论语》《大学》的少年神童，也令她芳心暗许。父亲看出了曹聚仁的心思，一年后，提亲成功，为他们订了婚。1921 年，曹聚仁从浙江省第一师范学校毕业后，与 18 岁的王春翠举行了婚礼。终于梦想成真，曹聚仁心花怒放，古廊桥上约定三生、竹叶潭边缱绻依偎，一对青年男女沉浸在新婚的欢愉中。

婚后，王春翠考入浙江省立女子师范学校，成为当地少有的到省城读书的女子之一。她到杭州求学，曹聚仁则去上海教书，分别两地，他们靠书信解相思，两人相约把缠绵的情感写在同一个红色绢画的小本子上，来回邮寄，并为小本子命名"心心相印"。三年五年，在年轻的他们眼里，就是一生一世。

感情难料，分别没多久，第一次危机就悄然来临。"我从来不伪装道学，对于儿女私情，我和一切有血有肉的人一样，知好色、则慕少艾，我虽不十分放纵，却也不是不二色的人"，面对一位女学生的大胆表白，"知好色"的曹聚仁动摇了，短时间内便进入热恋。

转眼寒假到了，王春翠从杭州来到上海与他团聚，靠着女人的第六感，她觉察到了他的变化，毅然决定中断学业，陪在他身边。老师同学都劝她以学业为重，她坚定地说，"我爱我的学业，但我更爱我的丈夫和家庭。"

面对她真挚的眼神，曹聚仁羞愧不已。她的纯朴坚贞让他及时悬崖勒马，开始专注于学问的研究。在几个大学、中学任课之余，曹聚仁长期为邵力子主编的《民国日报》副刊撰稿。早在五四运动时，作为学生会主席，在师范读书的他就主编过《钱江评论》，那时已显示出了在文字、编辑、采访方面的特长。

1922 年 4 月，以《民国日报》特约记者的身份，曹聚仁听取了章太炎到上海做的国学演讲，因国学功底深厚，记录非常准确，在副刊连载后，反响很大，后结集出版了《国学概论》，他也因此成为章太炎最年轻的入室弟子。随着曹聚仁在上海学术圈的声名鹊起，23 岁的他以一个师范毕业生的资格走上复旦、暨南大学的讲坛，成为年轻的国文和史学教授。

爱情让彼此成为更好的自己，他追求进步，她也不甘示弱，并没有因选择家庭而停止学习。那时的王春翠，一边在暨大师范附小任教，一边开始了业余创作，她不愿依附于他的名声，她要做"王先生"，而不是"曹太太"。

事业蒸蒸日上，生活也迎来喜讯，1926 年，爱情的结晶诞生，曹聚仁欣喜若狂，为女儿取名"阿雯"。乖巧伶俐的阿雯是夫妻俩的开心果，也深得与曹聚仁过从甚密的鲁迅的喜爱，他常常带着糖果和玩具来曹聚仁家做客。

幸福的时光总是短暂，小家庭的欢乐在阿雯 6 岁因病夭折时戛然而止。悲痛中，王春翠写下《雯女的影子》，以此纪念唯一的女儿。曹聚仁同样承受着这致命的打击，他如同"折了自己的指头"，连续 40 多天，一到晚上便涕泗交加。

日子劝人，随着时间的推移，夫妻俩渐渐走出伤痛。正是"九一八"事变后，华夏青年热血沸腾，曹聚仁积极创办《涛声周刊》，他提倡"乌鸦主义"，自称只报忧不报喜。他事务繁忙，王春翠只得辞去工作，为他整理文稿，协助他办报，并为刊物撰写文章。在他们的共同努力下，以批判精神和泼辣文风著称的《涛声》办得非常出色，被鲁迅称为是"赤膊打仗、拼死拼活"的一份刊物。

在创作中，王春翠的才华渐渐显露，先后在《涛声》《芒种》《申报》《妇女杂志》等刊物上发表了 20 多篇文章，曹聚仁看过后由衷地赞叹："春翠，不愧为我的爱妻，没想到我竟娶了一个大才女啊！"

夫唱妇随，在曹聚仁鼓励下，王春翠进步很快，当鲁迅看到她写的《竹叶颂》时，大赞"好，有点气魄！"并欣然为她的散文集定名为《竹叶集》。1935 年，由鲁迅命名，曹聚仁作序的《竹叶集》正式出版，"她站在历史的高度，从女性自身的立足点出发，体察妇女的苦痛，批评教育的愚昧，抨击社会的不公，一反历史上由来已久的'姑娘腔'，下笔痛快淋漓"。王春翠还以谢燕子为笔名，著有《戏剧新选》《戏曲甲编》等，以女性少有的辛辣文字，她的倩影，就这样留在了女作家寥若晨星的 20 世纪 30 年代的文坛。

遗憾的是，失去女儿后，王春翠再也没有生育，这成了她心底最深的隐痛。更没有料到的是，丧女的悲痛才刚刚过去，婚姻就再次遭遇重大危机。

"我走上讲台，第一眼看到第二排第三行，坐着这么一位女生，她是我梦中的人，我就开始发痴了。"女生叫邓珂云，是曹聚仁任教的务本女校的校花，她酷爱文学，对这个才华横溢的大作家、大教授仰慕已久。毕业时，曹聚仁送给她一本陀思妥耶夫斯基的《罪与罚》，她到杭州后，他经常去信，并两次前往看望，他们奋不顾身地相恋了。

看得出他动了真心，缘起缘灭不是谁能控制的。这一次，极端痛苦的王春翠没有留恋，主动提出："聚仁，我们分开吧。"他已倾心他人，爱他，就给他自由。尽管曹聚仁苦苦哀求，王春翠还是独自离开了，她回到兰溪老家接替曹聚仁的父亲主持育才学校。她的心，仍然栖息在曹家。

抗战爆发后，曹聚仁脱下长衫，走下讲坛，投入抗日的洪流。他穿起军装，改行做了战地记者。那时，他与邓珂云已经结婚，夫妇俩共同报道了《台儿庄大捷》等知名新闻，一度红遍东南大后方。远在兰溪的王春翠心如止水，只把全副身心投入到乡村教育上，如愿实现了她"王大先生"的梦想。

复兴蒋畈，同样也是曹聚仁的梦想，一直以来，他与王春翠靠书信联系，信中，他仍称她"爱妻""知己"。对她，他始终是有愧的，他为育才学校捐资、购书籍、订刊物，"超时代"的小小学堂，连着他和她的心魄。

新中国成立后，号称"自由主义者"的曹聚仁只身去了香港，任《星岛日报》编辑，成为最早在海外华文报刊上为新中国进行爱国主义宣传的海外记者。1956年，他以新加坡《南洋商报》特派记者的身份回大陆采访，夜半途经金华，有感而发："梦回夜半是金华，默对北山苦忆家。竹叶潭深留旧网，挂钟尖外送飞霞。"

读到这首诗时，王春翠百感交集，往事纷至沓来，竹叶扶疏，小桥流水，然而，已是物是人非。所有的悲哀不过是历史，他伤害她时，她选择用那些美好的回忆来原谅他。她从来不曾忘记爱情，哪怕痛上一辈子。

1959年，作为从事两岸和平统一工作的"爱国人士"，曹聚仁受周恩来总理邀请参加新中国10周年观礼活动，一到广州，他便给王春翠寄去200元钱，约她北京相见。20多年未见，那天一早，在新侨饭店房门外看到头发花白的她时，老夫老妻的对话只是简单的"你来了？""我来了。"然后便相对无言，默默垂泪。已近花甲，人生还能几回团聚？谁也不知道。

北京之行，他陪着她游玩了故宫、天安门，还一起去照相馆补拍了一张

"结婚照"，那是他们唯一的一张合影。

在周总理的过问下，王春翠的户口从故乡迁到南京，与四弟曹艺一家一起生活，以便共同伺候曹聚仁 90 岁的母亲。对此，邓珂云并不知晓。1960 年，她送曹母回南京，意外与王春翠相遇。王春翠很坦然，邓珂云却非常尴尬，"在没有处理好家庭的问题上，聚仁应负责任，这是我对他永远不会原谅的"。

得知他们相安无事，远在香港的曹聚仁非常高兴，在给四弟的信中，他说："翠与云见了面也是好的，我已是六十岁的人了，这笔账应该有个了结的。"压在心头几十年的大石头终于落地了。

谁料，北京匆匆一面，竟成永诀。因为与国共要人都有联系，曹聚仁充当了国共"密使"，一直守在海外，为两岸统一奔走。晚年的他，在给王春翠的信中，既诉说寂寥和无奈，又表达愧疚之情，"新春以来，没接到你的一封信，十分记挂，你的生日，我在想一个使你满意的礼物！""我这一年，真是贫病交迫，六十多岁老头子，像蜗牛样背壳，走一步是一步，你务必原谅的。"

"四十年前事，历历在心头"，只有遗憾，化作余音袅袅，长留心上。因为懂得，所以宽容，她从来没有恨过他，墙上挂着的，是他的手迹，手中珍藏的，是他送她的扇子。她永远记得那个 15 岁的少年，和那少年纯真的爱恋。

"爱情这件事，我们应该怎么去解释呢？我首先要提请保留，等我将来再作答案。"在回忆录《我与我的世界》中，曹聚仁毫无保留地把人生真实呈现，遗憾的是，书未完成，他却要去了，1972 年，曹聚仁在澳门因骨癌去世。

爱情的答案，他没有机会明确给出了，只是临终前，他念叨的仍是那首"春归何处？寂寞无行路。若有人知春去处，唤取归来同住。"

消息传来的那一天，远在浙江的王春翠，走上古老的廊桥，沉默在秋风里，久久地，不说一句话。

曹聚仁：1900 年—1972 年，民国时期著名记者，作家。

萧红与萧军
——昨夜明灯昨夜梦

悲剧是从 1930 年开始的。

北国的秋天来得似乎更早一些，黄叶飘零，山水树木都瘦了一圈，一个叫张乃莹的 19 岁女子为了求学、为了反抗包办婚姻，毅然逃出了封建家门。意料之中，很快便遭到家族囚禁，次年 10 月，再度逃脱。

可是幸福没有向她招手，命运也没有垂青这个有理想、有信念的女子，相反给了她最无情的嘲弄。——在北国特有的严寒里，她着一条单裤、穿一双凉鞋流浪在哈尔滨的街头，走投无路之时，万般无奈之下，不得已投奔了曾经的未婚夫汪恩甲。

怀着无法言说的羞耻心，东兴顺旅馆内，他们同居了。半年后，债台高筑，汪恩甲借口出去筹钱，扔下怀孕 6 个月的乃莹人间蒸发了。

"散发着霉味的小屋里，她面容憔悴，散乱着夹有明显白发的头发，穿了一件已经变灰的蓝长衫，裙衩开裂到膝盖，光裸着小腿和脚，拖着一双破鞋，还挺着肚子！"这是萧军第一次见到的乃莹。在最困厄最惨痛的时候，为了不被旅馆老板卖到妓院，她写信向《国际协报》求救，凄婉秀丽的文笔，打动了主编裴馨园，派记者萧军前去探望。

得知萧军就是自己仰慕的作家"三郎",乃莹的心颤动了。而萧军对她,并非一见钟情,真正拯救她的,是文学。

"这边树叶绿了/那边清溪唱着/姑娘啊——/春天到了/去年在北平/正是吃着青杏的时候/今年我的命运/比青杏还酸。"即使是在最不堪的境遇之下,乃莹也不忘书画,桌上的一首配图小诗让这个黯淡的女子瞬间散发出最夺目的光芒,血性男儿萧军被打动了:"不论做多大的牺牲,我都要拯救这个有才华的女子!"

是灾难,也是机遇。据中国水文大事记记载,1932 年 8 月 7 日夜,松花江决堤,洪水泛滥哈尔滨市区,阴雨连绵,连续 20 多天,街市可以行船。一片混乱中,在萧军的援助下,乃莹逃出来了!几周后,孩子提前出生,因无力抚养被迫送人,其中凄苦,小说《弃儿》为读者提供了万千想象。

雇了一辆破旧的马车,带着唯一的家当——一个旧柳条包,张乃莹倚在萧军怀里,开始了夫妻的流浪生涯。在哈尔滨商市街 25 号,他们有了自己的家,然而日子非常艰难,冷和饿是生活的主旋律。因为冷,"披着被坐在床上,一天不离床,一夜不离床";因为饿,"几乎去偷人家门上挂的列巴圈"。坐在冰冷的木板床上,她念叨着:"我拿什么来喂肚子呢?桌子可以吃吗?草褥子可以吃吗?"虽然饥寒交迫,但是共同的信仰和志趣足以支撑着他们不屈不挠患难与共,感情也因此更加融洽。

"我站在过道窗口等郎华,我的肚子很饿。铁门扇响了一下,我的神经便要震动一下",这倚门望归的情景曾被房东女儿取笑:"又在等你的郎华……他出去,你天天等他,真是怪好的一对!"

萧军也同样,乃莹求职晚归,他跑出去两次找她,还撒着娇嚷嚷:"一看到职业,什么也不管就跑了,有了职业,爱人也不要了!"那是精神上真正幸福的日子,除了"只有饥饿,没有青春",散文集《商市街》里,更多的是对往事的追怀和对这段情感的珍视。

在萧军的鼓励下,乃莹开始文学创作,1933 年,她以"悄吟"为笔名陆续发表小说、散文多篇,同年 10 月,与萧军合著《跋涉》,为继续从事文学事业打下了坚实的基础。后来,为了躲避迫害,他们辗转到了青岛,旖旎的风光没有令他们沉醉，生活的困苦也不曾打倒他们，局势的动荡只会让热情更加高涨，艰辛中，他们相偎相依，以爱情为动力，潜心创作。半年后，萧军完成了长篇小说《八月的乡村》，乃莹也结束了第一部中篇小说《生死场》，凭借鲁迅、胡风的高评价，年纪轻轻的张乃莹迅速成长为极具影响力的作家萧红。

然而爱情，有时坚不可摧，有时又不堪一击，一个细微的矛盾如果处理不善，就可能成溃堤之蚁，让爱情大坝在风雨侵袭下轰然倒塌。

在鲁迅先生的关怀下，"二萧"创作渐上正轨，感情却不知不觉出现了裂痕。"她单纯、淳厚、倔强、有才能，我爱她。但她不是妻子，尤其不是我的！"随着政治环境的改变，争吵时有发生，拳师出身的萧军甚至动了手。再后来，"彩旗"频频竖起，萧红承受着在情感上屡与别人"分一杯羹"的耻辱和痛苦。

而萧军，非但没有丝毫愧疚，反而对萧红的吃醋表示气愤，他在日记里怨恨地写："吟会为了嫉妒，捐弃了一切同情，从此，我对于她的公正和感情有了较确的估价了。原先，我总以为，她会超过于普通女人那样的范围，于今我知道了自己的估计是错误的，她不独有普通女人的性格，有时甚至还甚些。"

大男子主义的他，不断强调她身上缺乏"妻性"。即使再怎样谨小慎微，温和柔顺，在他眼里，她也是一个错误。甚至她的病体，也成了他嘲笑的对象，形容他们的关系时，他用的比喻是："健牛和病驴"。

那段时间，萧红常常失魂落魄地坐在鲁迅先生家中，也曾无奈踏上旅日之路。然而一切都是徒劳，身在日本，心却系在他身上，光是换个枕头的事，她就叮嘱了三次。她在信中絮絮地说腿被蚊子咬了，起了个大包，这不过是女人对爱人的撒娇而已，可是，得到的却只是他生硬的嘲弄。

孩子一样率真的萧红在尝尽煎熬之后，心彻底破碎了，终于平静地对萧军说："三郎，我们分手吧。"

这对6年的患难夫妻，于1938年分道扬镳，最终桥归桥路归路，尘归尘土归土。

　　萧红一生，透明清澈，她的写作超越了置身的时代，这样的单纯也让她渴望得到异性的照拂，渴望过宁静的日子，把写作之路顺当地走下去。于是，当端木蕻良对她表现出明显的爱意并提出和她结婚时，她毫不犹豫地把他当作精神上的依靠。特殊境遇下，所有的渺小都被点缀成了不起，即使是缺点和弱点，何况端木不顾家人反对，执意给了怀有别人孩子的她一个名分，何况她体会到了来自他的谅解、爱护和体贴。

　　可是，吝啬的上帝并没有赐予她想要的幸福，当爱情的陀螺停止转动，上面的纹路便清晰可见，甚至，令人震惊。从武汉到重庆，在只有一张船票的情况下，端木不顾日军已经逼近，扔下怀有身孕的萧红只身撤离了；跟着他到香港，像女佣一样侍奉他，帮他抄稿子，承担他做错事的责任；炮火连天不幸染病，临了还被他抛下。个人被历史裹挟，所有的劣根、弱点便恶性地发作起来，从一种伤害走向另一种伤害，萧红忍受的"是一种无法说出的痛苦"。

　　哀莫大于心死，无法想象，她是怀着怎样的心情端坐枪炮声中用沉稳舒缓的笔调完成《呼兰河传》的，或许，正是因为她已经清楚地意识到"我好像命定要一个人走路似的"。

　　最后的 44 天，是骆宾基在陪着她，为报知遇之恩，这个 25 岁的东北青年受命于危难之时。对爱的渴望让萧红再次做出感情的承诺，只可惜，她永远没有履行的机会了。

　　"半生尽遭白眼冷遇……身先死，不甘，不甘！"留下这最后的呐喊，31 岁的萧红含恨而逝。香港浅水湾，悲伤的海浪终年弹奏着哀婉沉痛的青春挽歌。

　　短暂的一生，萧红倾全力追求健康、完整、灵肉一体的爱情，然而，现实的残酷一遍遍将幻想击得粉碎，一地的碎片，难以复原。

　　萧红死后，萧军做悼词曰："乡心何处鹃啼血，十里山花寂寞红。"骆宾基也把深情和热泪凝结于《萧红小传》，端木更是在几十年里为萧红扫墓从不间断，并作诗无数祭奠萧红。而萧红，早在生前就对爱情做出了答复：

说什么爱情
说什么受难者共同走尽患难之路程
都成了昨夜的梦
昨夜的明灯

萧红：1911 年—1942 年，著名女作家，"20 世纪 30 年代文学洛神"。

徐志摩与张幼仪
——让时间证明爱吧

　　1920 年初冬，一艘来自中国的轮船缓缓驶向法国马赛港。船上，20 岁的张幼仪斜倚着船舷，四处张望，焦灼的神情掩不住秀美与端庄。她是奉公婆之命去伦敦与丈夫团聚的，马赛是中转站。

　　马赛港到了，张幼仪在东张西望的人群里一眼看到穿着黑色毛大衣、围着白丝巾的徐志摩，她的心顿时凉了一大截，"虽然我从没看过他穿西装的样子，可是我晓得那是他，他的态度我一眼就看得出来，不会搞错，因为他是那堆接船的人当中唯一露出不想到那儿的表情的人"。

　　徐志摩皱着剑眉冷冷地注视着身穿中式服装的张幼仪，虽被时人称赞"线条甚美，雅爱淡妆，举止端庄，秀外慧中"，但这一切的优秀品质，与他梦想的才情浪漫相差甚远，在热情奔放的诗人眼里，她的所言所行无不是呆板无趣、僵硬乏味，甚至，俗而难耐！这是一个接受了西方思想的年轻人，对没有自我的传统女性难以认同。阔别两年，她在他眼里仍然是那个"乡下土包子"。

　　在附近商店，他为她挑了一套衣服，旧物被他"啪"的一声扔进箱子里，那一声，重重地砸在她的心上。哀伤取代了无限希冀，她知道，尽管她力求上进苦学英语，尽管他们已育有一子，可这一桩"媒妁之命，受之于父母"的婚姻，他终是嫌恶的。在思想上，他从未正眼瞧过他，没有裹足的她一样逃不开他如同对"小脚"一样的鄙视，"对于我丈夫来说，我两只脚可以说是缠过的"。

到英国后，他们在康桥大学附近的沙士顿小镇住下，日子没有想象中的郎情妾意，徐志摩"爱来就来，爱去就去"。"我来英国的目的本来是要夫唱妇随，学些西方学问的，没想到做的尽是清房子、洗衣服、买吃的和煮东西这些事""我没法子让徐志摩了解我是谁，他根本不和我说话……"从结婚开始，除了履行最基本的婚姻义务，他对她从来是不理不睬，而履行义务"也不过是遵从父母抱孙子的愿望罢了"。

不巧的是，张幼仪再次怀孕了。"把孩子打掉！"徐志摩毫不犹豫，冷酷而绝情。她担忧地说："我听说有人因为打胎死掉的。"他的一句话让她痛彻心扉，"还有人因为坐火车死掉呢，难道你看到人家不坐火车了吗？"

徐志摩提出了离婚，并夸口要"成为中国第一个离婚的男人"。与此同时，他突然人间蒸发了，把怀有身孕的她孤零零地丢在沙士顿。孤独无助加上怀孕的身体，张幼仪惊惧害怕，穿过一个个房间时，常常会失声尖叫。她想到结束自己和孩子的生命，是传统的孝道拯救了她，"身体发肤，受之父母，不岂毁伤，孝之始也"，这样的教诲在关键时刻唤醒了她。

无奈之中，张幼仪向远在巴黎的二哥求助。接到妹妹的信后，痛心之余，张君劢展纸书写："万勿打胎，兄愿收养。抛却诸事，前来巴黎。"

在二哥的帮助下，张幼仪只身奔赴巴黎，临盆前又随二哥和七弟去了德国。1922年2月，次子彼得出生。意外的是，徐志摩竟然出现了，当张幼仪从医院疲惫不堪地回到家里时，七弟交给她一封信，是徐志摩写来的。没有对沙士顿的出走表示丝毫的愧疚，没有对她和新生的孩子有丝毫的关切和慰问，只为一件事：离婚！

1922年3月，德国柏林。天阴沉沉的，在离市区很远的一座公寓里，中国历史上依据《民法》的第一桩西式文明离婚案沉重上演。回顾自己数年的辛酸经历，张幼仪不禁潸然泪下。在徐志摩已签好字的离婚文件上，她慢慢地写下了自己的大名。没有吵闹，没有纠缠，张幼仪选择了平静地离开。或许，这世间果真有一种爱，叫作成全。

离婚协议签完后，徐志摩跟着张幼仪去医院看了小彼得，他"把脸贴在窗玻璃上，看得神魂颠倒"，但"他始终没问我要怎么养他，他要怎么活下去"。对她，他可谓冷漠得彻底，让人战栗。

维持了七年的婚姻得以终结，徐志摩得到了他盼望已久的自由，如愿做了"中国第一个离婚的人"。颇具讽刺意味的是，离婚三个月后，他为她写了一首诗，《笑解烦恼结——送幼仪》，就发表在同年 11 月 8 日《新浙江》报的副刊上，而同期刊登的还有《徐志摩、张幼仪离婚通告》。诗的结尾，他说："来，如今放开容颜喜笑，握手相劳。"他的欢喜跃然纸上，而她的伤口，又多了一把盐。

在德国，离婚后的张幼仪很快从悲痛中振作起来，她雇了保姆，自己学习德文，并进入裴斯塔洛齐学院，专攻幼儿教育。一个离婚的女子，带着刚出生的孩子，未来是迷茫的，她不知道自己若回到中国，应该住在哪儿，应该做些什么。现实，如此艰难而痛苦、沉重而不堪。

然而上帝还是不肯眷顾，不幸再次降临。

1925 年，3 岁的小彼得死于腹膜炎。彼得死后一周，徐志摩抵达柏林，这是他们离婚后第一次见面。当时正在热烈追求陆小曼的徐志摩神采奕奕。相形之下，刚刚经历丧子之痛的张幼仪疲惫憔悴，但她的眼神是坚定的，从此，再也没有什么能打倒她。徐志摩被震撼了。在写给陆小曼的信中，他说："C（指张幼仪）是个有志气有胆量的女子……她现在真是'什么都不怕'。"也许，她应该感谢他，这一切，都拜他所赐。

与他的得意不同，她的爱情仍然不能自由，一来，他刻下的烙印太深了，二来，"四哥写信告诉我，为了留住张家的颜面，我在未来五年里，都不能叫别人看见我和某个男人同进同出，要不别人会以为徐志摩和我离婚是因为我不守妇道"。张幼仪一直遵从这个告诫，在德期间，面对男子的追求，她的回答是，"我还不想结婚……"

在德国，张幼仪边工作边学习，学得一口流利的德语，她的精明、干练、勇敢逐渐显露，她重新找回了自信，找到了人生支撑点。去德国以前，凡事都怕；到德国后，变得一无所惧，德国五年，脱胎换骨、凤凰涅槃。

1926年夏，张幼仪回国，先在东吴大学做德文教师，翌年，在四哥张嘉璈的支持下出任上海女子商业银行副总裁，并在八弟张禹九与徐志摩等四人合开的云裳服装公司任总经理，经营能力得到极大发挥。爱惜她的徐志摩父亲也认她为干女儿，几乎将全部产业交给她打理，事业从此登上巅峰。

追求自由爱情的徐志摩要和陆小曼结婚了，父亲提出的条件是，必须经过张幼仪同意。他以为她会刁难，她却一笑泯恩仇，选择再次成全。婚礼她没有参加。在胡适家中碰到时，面对二人的亲昵，晚年的张幼仪在回忆录里有些酸酸地说："我不是有魅力的女人，不像别的女人那样，我做人严肃，因为我是苦过来的。"

遗憾的是，徐志摩并没有从此"止绝苦痛，始兆幸福"。和陆小曼结婚后，他纵容她的各种喜好，住豪华的公寓、穿漂亮的衣服、吃精致的菜肴、赶夜场的舞会，还有听戏打麻将，甚至吸食鸦片。庞大的开支让徐志摩沦落到四处问朋友借钱，拆了东墙补西墙，颜面扫地，争吵也时有发生。

从八弟那儿听到这些消息时，她为他的处境难过担心，而这份牵挂，何尝不是出于爱呢？

是的，她对他的情感，超越了一切世俗和狭隘，摒弃了一切飞短流长。1931年11月19日，一封电报送到张幼仪的手里，内容很简单：徐志摩因为飞机失事，已在山东济南身亡！来人说他去过陆小曼的家，可是陆小曼不收这电报，她说徐志摩的死讯不是真的，并拒绝认领他的尸体。最终，张幼仪决定让八弟带着13岁的阿欢以徐志摩儿子的身份去认领父亲的尸体。

在徐志摩的葬礼上，张幼仪献去一副挽联：万里快鹏飞，独憾翳云遂失路；一朝惊鹤化，我怜弱息去招魂。不擅抒情的张幼仪，真情流露，令人动容。

徐志摩遇难后，张幼仪把他未尽的责任全部承担起来，服侍他的双亲、抚养年幼的阿欢、管理徐家的产业，甚至，寄钱接济陆小曼，"照顾陆小曼是我儿子的责任"。

1949 年，张幼仪移民香港。1954 年，在征得儿子同意后，与邻居中医苏纪之结婚。离婚 32 年后，年过五旬的她终于有了属于自己的感情生活。与苏医生到英国康桥故地重游时，站在当年和徐志摩居住过的小屋外，她没办法相信自己曾那么年轻过。河畔的金柳依旧在夕阳下摇曳，软泥上的青荇还在水底招摇，只有燃烧的青春，已被岁月重重淹没。

然而，她不悔，她始终感谢他的离去促成了她的成长。

为了让后人记住徐志摩，1969 年，张幼仪亲赴台湾，找到梁实秋、蒋复璁，"希望你们两个出面，给徐志摩编一套全集，资金由我来出……"在她的出资策划下，《徐志摩全集》得以问世，一个曾经无比柔弱的女子，用她的坚韧把爱一个人当作自己一辈子的事。

"你总是问我，我爱不爱徐志摩。你晓得，我没办法回答这个问题。我对这问题很迷惑，因为每个人总是告诉我，我为徐志摩做了这么多事，我一定是爱他的。可是，我没办法说什么叫爱，我这辈子从没跟什么人说过'我爱你'。如果照顾徐志摩和他家人叫作爱的话，那我大概爱他吧。在他一生当中遇到的几个女人里面，说不定我最爱他。"从 1983 年到 1988 年，晚年的张幼仪接受了侄孙女张邦梅的采访，成就了一部传记《小脚与西装》，不难想象，五年时间里，那些深深浅浅的时光，在她的记忆里，慢慢氤开，灼灼其华。

毁灭爱的，是时间；证明爱的，也是时间。最美丽的情感往往如"羚羊挂角，无迹可寻"。林徽因也曾对徐志摩说："有时候，真爱是无须说出的。"谁也没有料到，把这句话履行得彻彻底底的，恰恰是被他轻视一生的张幼仪。

徐志摩泉下有知，欣慰还是愧疚？若有来世，是否会珍惜与怀念灯火阑珊处的那个人？已无人知晓了。

徐志摩：1897 年—1931 年，现代诗人、散文家。

流沙河与何洁
——光明的爱，爱的光明

　　张晓风说，爱一个人就是在他的头衔、地位、学历、经历、善行、劣迹之外，看出真正的他不过是个孩子——好孩子或坏孩子——所以疼了他。

　　何洁对流沙河的爱就是从疼惜开始的。

　　那年夏天，骊山脚下华清池畔，微风轻拂荷花正好，一个面貌清秀、形容消瘦的青年正在痛苦地徘徊，发表在《星星》创刊号上的一篇不足五百字的《草木篇》被当作"大毒草"来批判，他是跑到西安来"避风"的。

　　"看，那个勾着脑壳散步的就是流沙河！"不远处，有人惊呼。她们是成都川剧团的女演员，是来西安演出的。一双双惊异的目光锥子一样刺向流沙河，只有她，心中一颤，默无一语。流沙河的诗，她很早就喜欢，没想到，"疯狂向党进攻"的他，没有想象中的三头六臂，竟然是位清癯儒雅的文弱书生！她看他的目光顿时充满了同情。

　　这个漂亮的女演员就是何洁，当时只有 15 岁。

　　不久，流沙河被勒令回成都接受批判，从此戴上"大右派"的帽子，时年 25 岁。何洁开始牵挂他，从流沙河的朋友丘原的妻子处，她了解到流河沙的为人，她更为他的冤屈感到心痛。她默默关注他，设法接近他，从同情到爱情，不知不觉中，她竟然想与他共赴一个命运，这在人人避"右派"唯恐不及的年代，该是多么愚蠢的想法！

然而，没有勇气，不去犯傻，不敢冒天下之大不韪，又怎么配称爱情？

"文革"开始，流河沙被押送回老家金堂县城厢镇，送别的，唯有何洁。车站旁，阔大的法国梧桐树下，他们握手道别，在两个押送的人面前，努力保持着矜持。"执手相看泪眼，竟无语凝噎"，从何洁那双会说话的眼睛里，流沙河读到了怜惜、倔强和深深的爱恋。

迎着冷眼、鄙视，不顾阴云密合、杀机四伏，何洁去乡下看望流沙河。夏夜，在明月清风的陪伴下，他们依偎在故园的台阶上，浅吟低唱。月影婆娑，虫儿酣睡，爱情的幸福让他们暂时抛开了苦难，忘记了黑暗。一切多么美好啊！

回到成都后，很快，她收到流沙河寄来的信，信中追溯了他们的相逢相识，还有感动、期待，他说"我只是一粒松脂，是你的爱使我变成了琥珀，有了存在的价值。""我只想有你和我在一起，劳碌终日，自食其力，谢繁华，绝交游，乐淡泊，甘寂寞，学那拙技的鹪鹩，营巢蓬蒿之间，寄迹桑榆之上，栖不过一枝，飞不过半里，啾啾唧唧，唱完我们的一生。"信中，他称她"我的洁"，落款是"永远是你的河"。

"你是一株乔松，而我只是一茎松萝，攀缘着你，托身于你。"在冷酷的环境中，来自另一个生命的温暖让跌入低谷的流沙河有了生存的勇气，生活的信心。是何洁，飞蛾扑火般，一次次用爱燃亮了那盏将灭的心灯。

短短一个月，7只"情雁"飞到何洁的枕边，"洁""我的好洁""我的乔松"，热辣辣的呼喊也让爱情迅速升温。与此同时，时局更加动荡了，《四川日报》又在点流沙河的名，灾难在所难免。

1966年七夕节，收到第七封信的第二天，何洁义无反顾离家出走。

"何洁疯了！"亲友的话，她充耳不闻。母亲的苦口婆心，不听了；省川剧院的工作，不要了；她要把自己小小的赌本跟他合起来，向生命的大轮盘去下一番赌注。只要和至爱的人在一起，输赢又有什么关系呢？

七夕的夜，漫天乌云，星月无光，一个苦涩而又甜蜜的婚礼正在举行，花烛是用墨水瓶做成的煤油灯，一只新枕头，一碗红烧肉，唯一的宾客是流沙河的老母亲。窗外，两名荷枪实弹监视流沙河行动的民兵正为一对新人"巡逻放哨"。拜堂刚一结束，流沙河就被民兵带走了，"洞房花烛夜"，就这样画上了凄清的句号。

"欢乐的贫困是美事"，婚后，何洁以"大右派"妻子的身份，和流沙河一起，在故园扎了根。白天，流沙河"赤脚裸身锯大木"，何洁则替人缝洗衣服做保姆，荷锄担粪植树种菜，为了不被欺负，还学会了大着声音、红着脸和小贩讨价还价，演员出身的她，成了小镇上粗声大气的平凡农妇。晚上，她为他"偎热冰冷的脚，扇凉汗浃的身"，她和他一起研究契诃夫，捧读普希金，艺术见解常令流沙河惊叹不已。

暗无天日的生活，有她共患难，他于愿足矣。

批斗、抄家是家常便饭，已有身孕的何洁大着肚子和流沙河并排站在一起接受"造反派"的打骂。孩子出生后，继续背在母亲背上挨斗。"文革"十年，小小的家被抄十二次，何洁想尽一切办法保护着七封情书，那是她最心爱的珍品。为生存身心俱疲的同时，流沙河苦中作乐，创作了《故园九咏》《情诗六首》，他用喜剧的笔墨把一切痛苦不动声色地融于白描之中，尺幅斗方间，既有时代的痛苦，又不乏贤妻小儿带来的欢乐。

书籍文稿、生活用品被抄的抄，烧的烧，只有何洁东躲西藏、托亲靠友保存下来的情书幸免于难。后来，何洁把七封信和情诗的手稿一页一页整理出来，捧起那些用笔记本散页写就的书信，流沙河一边读一边颤抖着声音自言自语："这是我写的吗？这是我写的吗？"激动之情无言可表。

"文革"结束，随着流沙河复职，为了缩短和他的距离，何洁也走上了创作的道路。为了安静写作，她上了青城山的普照寺，《落花时节》《山里山外》《空门不空》《山月寮记事》等佳作就是在这里完成的，中篇纪实小说《落花时节》还荣获"十月文艺奖"，并被收入《当代中国文学名作鉴赏辞典》，作品也屡受巴金和老作家车幅的高度赞扬。

这段时间，流沙河的长篇叙事诗《妻颂》《锯齿啮痕录》也相继脱稿，"爱你给我准备专治打伤的药酒，爱你疯狂地扑向打我的人""爱你不顾面子给人当保姆，爱你不让我知道钱已用尽"，诗行里，两人相濡以沫的一幕幕令人感动不已。

然而，爱情充满变数，它不可能有计算机般精准的轨迹，22 年屈辱磨难，他们携手共度。天亮了，爱情却戛然而止。

"一个屋檐下容不得两个天才。"流沙河提出了离婚。"只有爱情，永远不会变节""此生一息尚存，终不负君"，言犹在耳，然而，已成过往。

带着对流沙河的眷恋，带着爱情受挫的心境，何洁远赴云南。跪拜于观音庙前，她终于了悟："人生聚散无常，缘尽即散，这其中本无是非可言。"

平静地结束了与流沙河 25 年的风雨同舟，何洁再上青城山，并开始规划青峰书院。如今，《我与青山共白头》就刻在书院的照壁上，青城山上，直沁心脾的静谧的绿让她感到对天地的眷恋，对众生的博爱。曾经沧海已化作滔滔江水，喧嚣滤尽，只剩如水的宁静。"心宁是净土，心安是归宿"，白居易的诗成了她一生的向往。

2008 年，《七只情雁》被收入《世界上最美的情书》一书，何洁说。她希望年轻的读者都有爱的光明，都有光明的爱。然而有些爱，就算走到了生命的尽头，也将同青春的烙印一同深藏于内心，永不消逝。

流沙河：1931 年—　　，当代诗人、作家。

高仓健与江利智惠美

——永远的田纳西华尔兹

2014 年 11 月 10 日，83 岁的日本著名影星高仓健面带微笑安详地离开人世，临终前，他说："一路走来都在成长，就此结束并未留下什么遗憾。"

也许是吧，像牛羊反刍一样，他用整个后半生细细咀嚼、深深忏悔，时间终于证明了爱情。遗憾，也便不能称其为遗憾了。

1999 年，一部名为《铁道员》的影片让无数观众泪湿衣衫。故事讲述了一位忠于职守的铁道员，妻子在结婚 17 年后不幸病逝，女儿也早早夭亡，可是因为值班，他错过了陪在她们身边的机会。独自承受着失去妻女的痛苦，忍受着愧疚和煎熬，铁道员在冰天雪地的火车站整整工作了 45 年，把毕生都献给了事业。

影片中，有这样一个画面，站在过世的妻子床边，饰演铁道员的高仓健默默地流下泪水，那泪水，有内疚、有悔恨、有忧伤，那一刻，他演的，其实是他自己。

他想起了自己的妻子。

影片的主题曲叫"田纳西华尔兹"，这是息影数年的高仓健复出拍摄《铁道员》的唯一要求。"我提出唱这首歌时，并未经过深思熟虑，只是觉得完成一天的工作后，应该唱唱歌来轻松一下。我想到了妻子，不经意地就想起《田纳西华尔兹》。"

　　他从来都没有遗忘她。《田纳西华尔兹》是江利智惠美的成名曲。他仍然称她为妻子，而不是"前妻"。

　　是的，她是他此生唯一的妻子，即使离婚，即使过世近 20 年，他对她的怀念也没有随着时光的消逝而有半分削减，相反，可能更甚。拍摄《铁道员》的间隙，他经常久久伫立在江利智惠美的遗像前泪流满面，那些爱，从来都没有散落在地上，他一直，小心地珍藏着。

　　遇见爱情，是件多么甜蜜的事啊。

　　那一年，高仓健 25 岁，因为高大俊朗的外形，为生计所迫，阴差阳错地做了演员。在他的家乡，演员是下等人，被等同于"乞食"，以至第一次上妆时，眼泪竟然夺眶而出，"自己是个可怜虫，太没出息了"。然而，他又是多么感谢演员这个职业啊，是在摄影棚里，他才遇到了美丽可爱的江利智惠美。

　　那一年，江利只有 19 岁，却已是日本家喻户晓的歌星，歌迷遍地，一曲《田纳西华尔兹》妇孺皆知。那也是高仓健最喜爱的一首歌，在大学宿舍，在家乡的采石场，在东京流浪的日子里，是江利的歌声，安抚了他迷茫困顿的心灵。他是她的仰慕者。

　　正巧，东映公司要拍摄一部新的影片，江利被邀请出演女主角，高仓健是与她搭戏的男配角。第一次见到心中的偶像，高仓健莫名地红了脸。

　　虽然年长江利 6 岁，但在她面前，高仓健表现得腼腆、羞涩。对戏时，他完全不敢看她那双深潭一样的眼睛。江利是个活泼的姑娘，她主动和这个大男孩说话，逗他笑，给他唱《田纳西华尔兹》，每次唱到"Baby，我们约会去吧"江利就会调皮地望着高仓健，直到他羞涩地低下头去。

　　渐渐地，沉默忧郁的高仓健不再拘泥和胆怯，他们真的开始了约会。

　　在心爱的人面前，再无趣的男人也会变得浪漫多情。他对她展开了轰轰烈烈的爱情攻势。她喜欢乒乓球，他就在她家搭个乒乓球台子，每天陪她玩；她喜欢进口车，他就想方设法弄来一辆雷鸟运动车，带她兜风，一起飙车；火把节、舞节、探秘城堡，处处留下他们欢笑的身影。还有更令人想象不到的，为得美人心，外表冷峻严肃的高仓健居然会驾着不知从哪里借来的私人飞机从天而降。飞机上，是江利喜欢的特产美食和精致漂亮的小礼物。

这样的细心与柔情，任谁都会被打动的吧？江利的心被俘获了，她沉浸在对未来的向往中。

1958年，在一个演唱会上，江利幸福地宣布了他们订婚的消息，并承诺一年后会成为高仓健的妻子，并从此退出舞台。

翌年2月16日，在高仓健28岁生日这天，一对有情人终成眷属。婚礼非常壮观，介绍人是当时的东映社长，在婚礼上致辞的，是号称当时片酬最高的知名演员冈千惠藏，而为他们唱祝福曲的，则是日本文艺巨星美空云雀。时隔很久，这场豪华的婚礼仍一度被人们津津乐道。

婚后，江利回归家庭，做起了体贴贤惠的妻子。她开始学着做饭，早晨准备好面包，涂好黄油，在盛着青菜的盘边放上叉子，然后轻手轻脚端到高仓健的床头；下午在他下班前，又系好围裙在厨房忙碌，"我一定要让阿健回家的时候，看到我在厨房里"。

像所有的日本女人一样，江利对丈夫的爱可谓虔诚。高仓健也一样，新婚宴尔，如胶似漆，即使在外地拍片，他也会在收工后赶夜车回到东京，看到心爱的妻子，冷峻的面容就会柔和起来。他也会抽空带江利去北海道散心，坐在雪橇上，听她一遍一遍地唱："我仍记得那一夜，和那田纳西华尔兹……"

"鸳鸯夫妻"的美名由此而来。

可是爱情啊，只是一个游戏，它能将一对陌生人变成爱人，也能把一对爱人变成陌生人。当婚姻归于平淡，高仓健暴露出了日本男人惯有的大男子主义，他常常忙于演艺事业，几个月杳无音讯，丢下江利独守空房。他不再在乎妻子的感受，在一次旅途中，当疲惫的江利把头靠在他的肩上想休息一下时，只换来他"你干什么"的大声指责。当他让江利帮他找一件藏青色毛衣，紧张的江利在深深浅浅的几十件毛衣中终于找到他要的那一件时，他却只冷冷地说："就搁在那儿吧。"

沉闷压抑的家庭生活和高仓健的冷漠深深地刺伤了江利的心，就在这时，转机来了。结婚三年后，江利终于怀孕了，这对一直渴望孩子的高仓健来说，是多么幸福的事啊。他开始放下工作，尽量多地陪伴妻子，然而这幸福，如此短暂，因为妊娠中毒症，江利不得不做了流产手术，看着尚未成形的女儿，高仓健痛苦得无以复加。

还有更致命的打击，江利从此无法再生育了！痛苦的高仓健为夭折的胎儿建了一座"水子地藏"的坟墓，一同埋葬的，还有曾经无比炽热的感情。

他开始拼命接戏，用工作麻醉自己，在银幕上塑造了一个又一个侠客形象，他舞刀、刺青，越来越孤僻、冷漠、不近人情。"笨拙、沉默、禁欲……阴沉着脸一心一意地埋头塑造有情有义的硬汉。"这是日本媒体对高仓健最多的评价。

"如果没有你和我在一起的话，我真不知道该怎么办才好。"言犹在耳，他却再也不是当初那个痴情的高仓健了。江利违背了结婚时的承诺，决定复出。

然而，愿望与现实，完全是两码事。唱片滞销，电视主持也与她无缘，就在此时，现实生活又遭受重创：一场意外的大火烧掉了他们的住房。

两人开始分居，夫妻关系名存实亡。与之相反的是，高仓健的事业蒸蒸日上，连连获奖。她逐渐被冷落、被遗忘，而他则成了媒体关注的焦点，女人们视他为梦中情人，她们给他发求爱信，寄相片，为了见他一面不惜在家门口日夜守候。江利更加失落了，某天，当她从报纸上看到他和某女星一起喝茶的图片时，简直快要崩溃了。

寂寞、厌倦、绝望统统袭来，终于在一个演唱会上，难以成声的她流着泪说："我要和高仓健离婚了，请你们原谅我……"

话是负气说的，马上就后悔了，让朋友去找高仓健，希望能挽回婚姻。可是，覆水难收，他冷淡地回应："就那样吧，记者都来了。"

1971年9月，12年的婚姻在众人的叹息声中画上了句号。

离婚后的江利，生活、事业都陷入了低谷，从此郁郁寡欢，离群索居，她在歌中所唱的"我是一个女人，我要活得像模像样……"终成美丽的童话。

高仓健也是自责的，他变成了影片中的独行侠，只是每每听到《田纳西华尔兹》，就会忆起那些甜蜜的时光。往事无法忘怀，他的身上，一直带着一个小兔护身符，那是江利送给他的。

年轻真好，可是年轻，往往也代表着冲动、鲁莽、不理智，明明相爱着的两个人，为了所谓的自尊，谁都没有低头。

1982 年 2 月 13 日，人们在江利的寓所发现了她已经僵硬的尸体，因酗酒引起呕吐，呕吐物堵在喉咙导致窒息而亡。空寂的屋子里，一台老式的电唱机还在唱着，那是多年前江利的声音："我仍记得那一夜，是啊，就在那个晚上，我失去了我的爱人……"

那一年，她刚刚 45 岁。

葬礼是 3 天后举行的，巧合的是，那天，是高仓健的生日，也是他们的结婚纪念日。葬礼上，没有他的身影，对于"绝情寡义"的质疑，他也没有做出任何回复。几天后，江利的灵前来了一个人，身穿黑衣，手拿白色的菊花，默默无语，神情凄然。

照片上的她，巧笑依然，正是他们初见的模样。"世上不会有人比她更宝贵"，他终于明了。

此后经年，高仓健很少参加社交活动，甚至不愿再演电影，他曾婉言谢绝了包括好莱坞在内的众多电影公司的演出邀请，为影迷留下不解和遗憾。直到 1999 年《铁道员》的问世，当人们看到高仓健一边驾驶着老式机车一边哼唱着《田纳西华尔兹》时，突然醒悟，原来，他是用半生的时间来祭奠此生唯一的爱情。"过去我们是有不和，但那短暂的瞬间，一支常新的曲子，一幅熟悉的景色，却令我感慨万千。"

因为在《铁道员》中投入了太多深沉真挚的情感，高仓健因此获得第 23届蒙特利尔世界电影展优秀男主角奖，第 44 届亚太影展男主角奖等多个大奖。但是他说："我对演戏真的不太在行，目前为止的 200 多部戏，有 100多部，演的都是我自己。"

爱，从来是一件百转千回的事，你可知道你的名字，解释了我的一生?

高仓健：1931 年—2014 年，日本著名演员、歌手。

谭展超与贝安加
——鸦片茶的秘密

一个有着意大利的贵族血统，一个出生于广东上流阶层，万里之遥，贝安加与谭展超却切切实实地相遇了，这或许就是命运的神奇之处。

1936 年夏天，16 岁的贝安加参加了母亲举办的宴会，母亲是著名的美第奇世袭家族，有女爵的封号，她继承了母亲的美貌和喜好，高级服装店和社交场合是她最喜欢的地方。聚会上，精心打扮过的贝安加无疑是最亮的那颗星，高挑的身材，漂亮的金发，束腰的深黑色开领丝质女礼服，颈间，是白色的珍珠项链。虽然接受过严格的教会教育，但谁也无法阻挡一个妙龄少女珍视自己的美丽。

贝安加尽情地享受着客人们的注目，忽然间，大家的视线不约而同地转向入口处，一群穿着军装的年轻人正迈着大步走过来，为首的，正是在陆军军官学校学习的堂兄安东尼奥。

亲吻过贝安加的脸颊，安东尼奥开始一一为她介绍，最后介绍的是一位有着东方面孔的军官："这位是谭展超，大家都叫他谭，生于中国广东，是来意大利接受军事教育的。"一群人中，谭显得那么与众不同，"他的脸和肌肉像大理石般，黑色的有神的双眼，个子高，身体强壮，这个身体散发出很强的决断力", 这是她对他的第一印象。

饭桌上, 谭展超始终沉默着, 贝安加难掩对他的好奇: "你在朋友中为什么显得这么冷静、严肃呢?"面对她的询问, 他不卑不亢: "同学们都希望自己的祖国可以征服别国, 我虽然身处被日本蹂躏的祖国六千英里外, 但是日本人每天都在屠杀我的同胞, 攻击我的祖国, 亡国奴是什么样, 是你无法想象的。""要回国效力吗?""那是当然的, 小姐。学习结束后, 我就会回国效力。"

他的语气坚毅, 意大利语准确流畅, 他的态度, 与那些喋喋不休争吵着的候补军官们截然不同。她很自然地被他牵引, 迫切地想走进他的内心, 当他伸出手邀她跳舞时, 这个经常与墨索里尼的儿子玩在一起的伯爵姑娘竟然莫名地激动起来。旋转在舞池, 贝安加全然不知劳累, 他明亮的眼眸和身体里隐藏着的力量一点点俘获了她, 从初时的谨慎、慌乱, 到后来的放松、喜悦, 她陶醉在这不可思议的相逢中。

离开的时候, 他约她下周日见面, 她在心底, 奏响了幸福的乐章。第二天, 贝安加收到一大捧黄色的玫瑰花, 卡片上, 是她确信在任何时候都不会忘记的"谭"。黄玫瑰的花语是: 试着去爱。

等待的日子是那么漫长, 周日下午终于到了, 与谭展超一起走在树荫下, 望着他深邃的黑眼睛, 时间仿佛凝固了, 以致他将一枚戒指戴在她的手上, 她都没有拒绝, "这是我的母亲, 我最尊敬的女性给我的, 今天我将它送给你"。

预料之中, 谭的大胆求婚遭到贝安加父母的反对, 母亲试图说服她: "在中国, 女人是没有任何权利的, 丈夫会在外面纳妾, 你会被抛弃的。"在墨索里尼政府海军部当高级军官的父亲也不惜请来在意大利驻中国大使馆工作过的好友来劝说, 可无论他们说出多少理由, 她的回答只有一句话: "我爱谭, 如果不能和他结婚, 我将无法生存。"

争论不休中, 两个月很快过去了, 秋天到来的时候, 她给了他最终的答复, 他每日一封的情书成了她唯一的安慰, 骨子里的冒险精神让她开始憧憬和他在一起的新生活。

爱女心切的父母终于妥协，1936 年 10 月，贝安加和谭展超在罗马的圣保罗大教堂举行了婚礼。宾客寥寥，父亲的朋友们都没有出席，很显然，他们的婚姻被反感和敌视，但这并不影响贝安加至纯的幸福感。为了表示对中国的敬意，她穿了中式的婚服，头上蒙着红色的盖头，这在当时，足够惊世骇俗。

新婚甜蜜无比，正是在蜜月里，贝安加第一次喝下了谭展超亲手泡制的鸦片茶，充满刺激的生活把年轻的她带向另一个世界，无法自拔。

婚后，白天他去上课，她在家学习烹调、为他准备晚餐；当他的同学都支持日本而孤立他时，她拥抱痛苦的他并给他力量："谭，想说什么我都能理解，我喜欢听你说话。"为了迎接他向她描述的中国生活，她请了家教，努力学习中文，进步之快令他吃惊不已。因为爱情，她牺牲了自己的世界。

"两个人之间的爱情，使我对战争爆发都毫不在意。我只感到了甜蜜，对于战争一概不知。"爱，让她无所畏惧，即使是放弃意大利的优裕生活，跟着他回到战乱中的贫困中国。

1939 年 2 月，谭展超以优异的成绩从陆军大学毕业，被授予少校军衔。救国心切的他几周后便带着贝安加启程离开意大利。那时，他们已经有了两个孩子。码头上，来送别的父母泪流满面，贝安加的脸上，却是抑制不住的喜悦，油轮缓缓离港，她一次也没有回头，"渴望冒险的我，想融入丈夫心中，这就是我的全部"。

陌生的国度，不同的文化，冷淡的面孔，跟随他回到广东家中的她心中泛起丝丝的悲伤，但她仍然坚信，只要他在身边，结局一定是美好的。在乡下，他带她走进田野，第一次，她见到了大片大片娇艳的罂粟花，那鲜红的花朵，仿佛一个个殷实的诱惑。

几天后，谭展超到重庆报到，加入孙立人的部队，"等我到了该去的地方，就会回来接你的"。他走了，留下孤独的她常常以泪洗面。几个月后，她独自去香港生下次女尤拉。无数个夜晚，她会喝下一壶鸦片茶，在虚幻中重温那短暂的快乐。

他归来时，已是一年以后。没有喜悦，漫长的时光里，她已耗尽了心力。就在那几天，出生仅五个月的尤拉不幸夭折了。其时，抗日战争已全面打响，谭展超马上要前往贵州都匀。被悲伤笼罩着，贝安加做出一个大胆的决定：跟他一起上前线。

在都匀的小山村里，她亲手搭建了简陋的木屋，尽管与意大利现代化的生活有着天壤之别，尽管尖锐的枪炮声就响在身旁，但她从不后悔自己的选择。在木屋里，她又为喜欢大家庭的他生下了第四个孩子，有爱情支撑，困难就不复困难，然而，贝安加怎么也没有料到，母亲当年的告诫，竟然一语成谶。

那天，蒋介石来部队视察，远远望着军官队伍中英气逼人的丈夫，贝安加心潮澎湃。然而，沐浴在荣光中的他，热切的目光搜寻的却是另外一个身影，那是从香港来到都匀的护士长何懿娴。从他们对视的眼神中，她知道，他已背叛了她。

"唯一的爱"，原来只是错觉。承诺，像临睡前的一个小小保证，醒来便忘得一干二净。她关起门来大哭一场，"我不能在都匀像垃圾一样被男人抛弃"，尽管他一再解释这在中国是很正常的事，但出生高贵、性格倔强的她还是决定离开。带着三个孩子和五个月的身孕，21 岁的贝安加在战乱中辗转来到上海，路再艰险，她都不会回头。而他，又将远征缅甸，未来能否相见，难以预测。

上海是舒适的，同时又是高消费的。不久，又一个女儿出世，四个孩子、两个保姆，带来的钱很快告罄。为了生存，贝安加在法国人开的高级时装店里工作，可是依旧入不敷出。在时装店里，她认识了外交官夫人南希，在南希的诱导下，贝安加开始活跃在各种社交场合，这对出生于上流社会的她来说，如鱼得水，很快便成为上海滩有名的交际花。舞会饮宴中，她暗中为日本人买卖情报，成为一名间谍，"一个女人养活四个孩子是很需要钱的"。

为她的放纵埋单的，是唯一的儿子乔纳生。因为她的忽略，被狗咬伤的乔纳生没有得到及时救治，因狂犬病去世。巨大的打击让她发疯般地寻找谭展超，无奈写信没有回音。写好遗书准备亲自去寻找，又因签证被拒而搁浅。不久，她得到谭展超在一次战役后失踪的消息。

"为了活下来的三个女儿，什么样的困难我都要战胜，为了这个目的，我可以付出一切、不择手段。"贝安加开始通过日本的军机倒卖黄金、美钞，从中获取暴利。

1945 年，日本战败，在中国的外国人纷纷离开，南希劝她带着孩子们撤回意大利，但她固执地要留下来等待谭展超的消息。她有个预感，他还活着，他们一定会再相见。

她是对的，她的确又见到了他。只是那时，她已被设在广州的美国战略情报署逮捕，罪名是间谍和走私。他们怀疑珍珠港事件和她有关。谭展超带着军队一到广东就得知她被捕的消息。看到她和 20 个以上的男人一起关在污秽不堪的土牢，他心如刀绞，"你离开都匀后，我一直很苦恼，这都是我的错，你现在原谅我了吗？"

"为了我们两个人，我会尽全力救你的。""我们两个人"让她泪如雨下。尽管他已和何懿娴结婚，但他没有忘记过去，他还深爱着她，只这一句话，就让她死亦无憾。

三天后，她换了单人牢房，也是在这里，她再次怀上了他的孩子。在谭展超上司孙立人的活动下，贝安加被移交到中国法庭受审。谭展超又建议她给意大利的母亲写了求救信，希望得到教皇的帮助。

审判还没有结果，他又要出发去东北参加内战。临行，他来看她，曾经有神的双眼已被悲伤和疲惫取代。望着他，她动情地说："谭！我对你没有恨、只有爱，这种爱从内心深处而生。不会消失，这样美妙的爱情，也是真心的。"

怀孕为审判拖延了时间，加之战后的国际环境急剧变化，美国战略情报署被撤销，意大利教皇又不断来信营救。多方作用下，被判死刑的贝安加，在行刑的最后一刻得到蒋介石的特赦令："被告人被本庭赦免，限六十日之内离开中国，予以释放。"

恢复自由的贝安加同时得到一个不幸的消息：谭展超已在东北的一场战役中阵亡。万念俱灰之下，她带着孩子们离开了让她爱恨交织的中国。

回国后，贝安加一度成为时尚圈的风云人物，即使几次再婚，她仍然保留着贝安加·谭这个名字。她的生命，永远和他联结在一起。

1991 年，美籍华裔作家谭爱梅意外地在一本叫《鸦片茶》的传记里发现了父亲谭展超和一个意大利女子的结婚照。那时，父亲已因喉癌去世 30 年。童年时，台湾屏东家中，父亲抽屉里的秘密终于解开。那里，锁着几张泛黄的照片和一张广东当地的中文剪报，上面，"女间谍贝安加"的报道异常醒目。

谭爱梅开始多方联系。两年后，一个电话打到纽约家中，对方自报家门，是贝安加·谭。近 80 岁的她已搬到美国圣地亚哥，患肝硬化四十年，她自知将不久于人世。或许，圣地亚哥的风景像极了当年她与谭展超在意大利定情的地方，岁月重叠，最后的时光，她要留给回忆，留给他。

三个月后，1993 年 10 月 14 日，贝安加去世。

谭展超：1910 年—1960 年，国民党军官，抗日名将孙立人麾下爱将。

也许没有轰轰烈烈，

只不过是

白色宣纸上的

梅香竹韵，

只不过是

淡雅自在地在岁月中

浸润出最怡人的

清香罢了。

第四章

春蚕不肯无情死

章太炎与汤国梨

——春蚕不肯无情死

"人之娶妻当饭吃，我之娶妻当药用。"国学大师章太炎曾因言行惊世骇俗被人视为"章疯子"，发妻过世后，对于旁人所劝续弦一事，他脱口出此"疯"话，更提出三点要求：一须文理通顺，能作短篇；二须大家闺秀；三须有服从性质，不染习气。

入他法眼的，是汤国梨。

汤国梨出生于清末一个小康家庭，端庄秀气又聪明伶俐的她从小就表现出对诗文的极大兴趣，深得父母喜爱。不幸的是，读了两年私塾后，9 岁时，父亲突然亡故，读书之路被迫中断，不得已跟随母亲投奔舅舅。寄人篱下，作为家中长女的汤国梨并未就此消沉，她白天帮母亲煮饭菜、做针线，晚上就抱着《康熙字典》《诗韵》《白香词谱》自学作诗填词，出众的才华渐渐显露，更养成了独立的性格和勤俭的好习惯。

20 世纪初，革命运动日渐兴起，汤国梨认识到，"国家、社会、家庭方面，女子俱有与男子同等参与之必要"，在舅舅的支持下，23 岁的"大龄剩女"抛开"女子读书，千古奇事"的传统习俗，谢绝媒妁，进入上海务本女学读书。

新思想、新文化令汤国梨茅塞顿开，她刻苦钻研，以"影观"为笔名，发表在报刊的诗文书画屡为师生称道；她克服小脚障碍，体育活动丝毫不逊色于天足女同学，以天生丽质和艺术天赋，汤国梨获得了务本女校"皇后"的称号。

求学期间，作为务本女校高才生，汤国梨参加了反抗满清政府出卖苏杭甬铁路修筑权的运动，她经常公开讲演，不惧威吓，积极宣传保路拒款，"听者激动，女界认款支持者甚众"，汤国梨因此成为"妇女保路会"负责人之一。毕业前夕，听到章太炎成立光复会、反对满清王朝的演说时，他的革命志向和满腹才情令她深感敬佩。

毕业后，汤国梨先是在吴兴女校致力于妇女启蒙教育。4 年后，又赶赴上海，正值武昌起义的消息传来，她心怀激动提笔写下："莫道秋光多肃杀，经霜红叶烂于花。"

辛亥革命爆发后，汤国梨与好友张默君等人组织了"女子北伐队"，以开游园会、义卖等方式为革命筹募款项。"革命尚未成功，宣传教育的责任更重"，在孙中山的指引下，她们在上海创办了神州女校和《神州女报》，首开妇女办校、办报之先河。汤国梨兼任女校教师和女报编辑，同时，她还是主要撰稿人，致力于维护妇女权益，宣传妇女必须学习知识，经济自立，参与政治，谋求与男子同等的地位。

犹如一声春雷，"女界参政"唤醒了广大妇女，一腔豪情的汤国梨成为女权运动的急先锋。至于婚姻大事，"奔三"的她则认为宁缺毋滥，并作诗抒怀："一任旁人窥冷眼，自扶残醉倚暗窗。"

胸怀抱负又才貌双全的汤国梨吸引了章太炎的注意。从好友张默君手中接过他的求爱信时，她怦然心动。虽然他"一则其貌不扬，二则年纪太老，三则很穷"，但"精神骨气与渊博学问却非庸庸碌碌者所可企及，我想婚后可以在学问上随时向他讨教，便同意了婚事"。

共同的处世情怀和革命理想成为月老的红线，牵起一段姻缘。那是 1913 年，她 30 岁，他 44 岁。

婚礼是西式的、文明的，没有花轿，亦不拜堂，一向不修边幅的章太炎，戴了金边眼镜，穿了西式礼服，新娘子则是一身白色婚纱。婚礼盛况空前，蔡元培任主婚人，孙中山、黄兴、陈其美等各界名流、宾客两千多人到场祝贺，各方人士慕名前来，都想一睹汤国梨的丰采。

　　婚词是章太炎自撰的，开头是"盖闻梁鸿择配，唯有孟贤"，以东汉名士梁鸿及其贤妻孟光比喻伉俪恩爱。在朋友们提议下，章太炎即席赋诗："吾生虽稊米，亦知天地宽。振衣涉高冈，招君云之端。"把汤国梨比作屈原笔下的仙女云中君，足见内心喜爱。章太炎言毕，落落大方的汤国梨也随即和了一首《隐居诗》："生来淡泊习篷门，书剑携将隐小邨。留有形骸随遇适，更无怀抱人间喧。"诗中表现出的不图富贵、自尊自强令人折服。一时间，"十里洋场"争相报道，"沪上舆论界为之大哗"。

　　"山雨欲来风满楼"。新婚仅月余，"二次革命"爆发，章太炎毅然北上，他要当面问责袁世凯，不幸却遭到软禁。忧愤之中，汤国梨把思念寄托于词中："夜深还独坐，辗转愁无奈，别绪满河梁，月圆人断肠。"

　　为了长久羁押章太炎，袁世凯常派人以章太炎门生或朋友之名上门，妄图诱使汤国梨北上，"或问余通讯情况，或愿代递秘密文件，意似殷勤"，后又有报社登门，说"章先生已得当局谅解，且将予以要职，车马洋房均已布置就绪，先生亦乐于接受，唯当局必须家属到京，方克成事，故望夫人早日成行耳"。汤国梨非一般女流，面对"甘言利诱"，她自有自己的判断，来人"言颇不伦，益增疑惧"，种种媚态"不过掩幽禁之名耳"，后来，她干脆闭门谢客，"唯置之不理而已矣"。袁世凯的如意算盘，被汤国梨的理性和智慧打破了。

　　章太炎被软禁期间，汤国梨做教员维持生计，她一边与章太炎家书往返，互相慰勉，《裁书》一诗可见凄苦心境："已封重启意徐徐，欲写还休叠又舒。挑尽残灯过夜半，长笺裁尽未成书。"另一边积极营救，写信给当时的国务总理徐世昌，"外子好谈得失，罔知忌讳，语或轻发，心实无他，自古文人积习，好与势逆，处境愈困，发言愈狂。屈子忧愤，乃作离骚；贾生痛哭，卒叹夭折，是可哀也！若不幸而遘殒，生命诚若鸿毛，特恐道路传闻，人人短气，转为大总统盛德之累耳！"其语气诚笃、用词恳切、文采斐然，在当时流传甚广。

为了加紧称帝步伐，袁世凯处处胁迫章太炎，章太炎宁死不屈，"辗转思之，唯有自杀"，他两度绝食，汤国梨日夜焦急，寄《依稀》一首："风景依稀似去年，虫声如雨月如烟。可怜一带银河影，知隔云山路几千。"她不断赋诗填词遥寄心意，终使他"情丝未断""念夫人伶仃之苦，亦不能不抑情而止也"。

三年后，倒行逆施的袁世凯一命呜呼，章太炎终于获释，夫妻得以团聚。虽遭劫难，但章太炎的革命情怀从未减退，他常常抛下妻儿不辞而别，追随孙中山而去。汤国梨默默挑起家庭重担，照顾老人，抚育幼子，虽然不免叹息"独坐不成欢，一日如岁长"，心却仍时时牵挂着章太炎，"悬知一片征帆里，多少离魂在梦中"。

革命的一次次失败令章太炎悲观、失望，蒋介石上台后，他极力抨击，因此遭到国民党的通缉，被迫东躲西藏。靠着一双小脚，汤国梨不时偷偷地跑去看望，为他送去书籍和生活用品，安慰他，替他分忧解愁。"何时得遂归田愿，茅屋三椽一钓舟。"对理想的世外桃源，她心向往之。

然而为了革命，章太炎不到黄河心不死。"九·一八"事变后，他不顾安危为抗日奔走呼号，在他的授意下，汤国梨联合友人筹建伤兵医院，她慷慨激昂作演讲，宣传抗战，筹款可观。"第十九伤兵医院"成立了，汤国梨自任总务，带头接纳伤员，查看病房，直至战事平息。

1935 年，"一二·九"运动爆发，章太炎毅然站在爱国学生一边，"学生请愿，事出公诚，纵有加入共产党者，但问今之主张如何，何论其平素！"对饥寒交迫的学生，他率先"派代表慰问，并嘱县长馈食"，还派汤国梨带着食品赶往苏州火车站慰问学生，使他们深受鼓舞。当"救国会""七君子"被逮捕关押时，汤国梨又四处奔走，设法营救，出狱后，章太炎和汤国梨立即设宴招待。革命，是他们共同的梦想。

长期的奔走中，章太炎渐渐对政治失望，他在苏州创办了"章氏国学讲习社"，关起门来做学问。汤国梨任教务长，打理内外事务，后来，对这一联袂，书画名家蒋吟秋作联赞誉："大师讲学称贤助，淑德扬风仰久长。"

　　夫妻志同道合，伉俪情深，只有一事，两人却意见相左，那就是：填词。章太炎名声盖世，既精研音韵、又熟知典籍，却一向视词为"柔靡作态"，他曾耻笑词人"颠倒往返不出二三百字"，汤国梨反驳他说："二三百字颠倒往返，而无不达之情，宁非即其胜处？"

　　不理会他的不屑，她"有意以示非倚傍老先生者"，自顾自默默笔耕，完成了词作《影观词》。词学大师夏承焘读到后大加赞赏，亲自援笔作序，"影观词皆眼前语，若不假思索者，而幽深绵邈，令人探绎无穷，又十九未经人道。"因觉得意犹未尽，又再序曰："夫人词婉约深要，沨沨移人，章短小令胥有不尽之意，无不达之情。几更丧乱，不以忧患纷其用志，取境且屡变而益上。其视太炎之治朴学，择术虽殊，精诣盖无二也。"

　　将汤国梨的词作与章太炎的学术成就相提并论，可见其造诣之深，以两年私塾而有如此成就，即使博学如章太炎也不由称赞"知及乎此尽之矣！"

　　"饭可不食，书仍要讲"，1936 年 6 月 14 日，"硬骨头"章太炎却再也无法突破身体的底线，卧室外，学子们悲声震天。那一年，汤国梨 53 岁。

　　为章太炎治丧时，按浙江风俗，要"结交"，即在棺材内用打成结的绸子覆盖。当时的国民党当局正准备为章太炎举行国葬，应该用青天白日旗，汤国梨却买来红、黄、蓝、白、黑五种绸子，按旧的五色国旗的顺序排列在棺内，当时很多人担心得罪蒋介石，汤国梨正义凛然："太炎先生一生为辛亥革命胜利，为五色旗的诞生出过力、坐过牢，而没有为国民党旗效过什么劳，因而用五色绸为他结交，最为恰当。你们怕，责任由我负！"

　　如此的"服从性质"，时刻以章太炎的名声为己任，大师泉下有知，一定也是欣慰的。

　　章太炎去世后，家庭和遗业两副重担同时落在汤国梨的身上。为了秉承他的遗志，苏州沦陷后，汤国梨举家迁沪，颠沛流离到达上海后，第一件事就是创办"太炎文学院"，沪上学子纷纷加入，她自任院长，培养出了一批国学专家和古典文学研究人才。

　　上海沦陷后，因拒绝向汪伪政府办理注册手续，学校被迫停办，危困中更加思念章太炎，写下《春草绿矣，感念外子》："春草发新绿，春禽啭清音。

念彼长眠人，黄土日以深。黄土日以深，白发日以短，生死两悠悠，泪尽肝肠断。"

他虽离去，精神却永存于她的心里。她遵循章太炎"设有异族入主中夏，世世子孙毋食其官禄"的遗嘱，当日本统治下的伪政府许以高职时，她严词拒绝；抗战胜利后，面对国民党政府"中央委员""国大代表"的诱惑，她同样置之不理；动员她一起去台湾，甚至送来飞机票时，她也拒不从命。他的"硬骨头"精神，他的民族气节，在她身上，表现得淋漓尽致。

历经几十年动荡春秋，1979 年，以 96 岁高龄，汤国梨亲自整理章太炎的书稿，正式出版了《章太炎全集》，这是她有生之年的最大心愿。为了保存章太炎的遗稿、手迹、书籍、文物，汤国梨呕心沥血，正如上海古籍出版社人所说，"太炎先生弃世后，汤先生为保护整理遗书，殚精竭虑，夙为海内推重。"

1980 年，汤国梨以 97 岁高龄在苏州病逝，至此，永远地陪伴在章太炎的身侧。

章太炎永留青史，弟子鲁迅称他为"有学问的革命家"，然而，在传承学问与革命志向上，如果没有汤国梨这一味既勇敢果决又温柔和顺的良药，大师的功绩恐怕也是要打点折扣的。她的人生，正如她在早年诗作《春蚕》中所说："春蚕不肯无情死，吐尽丝还化蝶来。历尽红尘终不悟，此身只合化成灰。"

章太炎：1869 年—1936 年，清末民初思想家，史学家，国学大师，民族主义革命者。

邓稼先与许鹿希

——天上人间情未了

　　"纤云弄巧，飞星传恨，银汉迢迢暗度。"牛郎织女的神话美丽动人、千古流传，感动了多少红尘男女。而邓稼先与许鹿希，这一对现实版的"牛郎织女"，为了国家民族大业，更是演绎了一段荡气回肠、感人肺腑的爱情故事。结婚 33 年，离别 28 年，短暂相聚后复又天人永隔，尝尽离合悲欢，彼此始终坚贞诚挚。斯人虽已去，此情却长存，天上人间，共赏明月婵娟。

　　许鹿希永远忘不了那一天。1986 年 6 月 24 日，邓稼先生日的前一天，《人民日报》《解放军报》在头版头条刊登了"两弹元勋邓稼先"的长篇报道，人间蒸发 28 年，突然空降，举世哗然。然而对于许鹿希，凄苦自知，作为医学教授，她清楚地知道，永别就在眼前。301 医院的病床上，她昼夜陪伴着爱人，疲倦的面容掩不住心底的酸楚。面对解密，面对报纸的大幅报道，两人相顾无言，唯有泪千行。轻轻抱着他，擦虚汗，拭眼泪，20 多年了，她没有这样近距离地照顾他，可叹命运，既相逢，却匆匆，这怎能不让人肝肠寸断？

　　一个月后，带着无尽的眷恋，含泪留下一句"苦了你了"，年仅 62 岁的邓稼先因癌症晚期全身大出血逝世。怀抱爱人，紧紧抓着他慢慢变凉的双手，在绝望的哭泣声中，许鹿希一遍遍地问："20 多年的等候，就是这样吗？"她怎么也不相信，让东方产生巨响的丈夫就这样倒下了，相聚竟然像梦幻一般倏然而逝，怎能不令人心碎！

遥想当年，他们曾经是那样令人羡慕。父母均为北大教授，相同的家世造就了同样的特质，在北大校园里，一对年轻人心有所属，爱情的种子开始萌芽。1953 年，赴美留学归来的青年才俊和温婉聪慧的女大学生喜结连理，时年，邓稼先 29 岁，许鹿希 25 岁。

"那是 5 年真正快乐的日子"，性格开朗又多才多艺的邓稼先爱好广泛，游泳、滑冰、抖空竹、打乒乓球样样拿手，闲暇喜欢唱歌、听戏、爬山、观花。在他的影响和带动下，好静的许鹿希也爱上了这一切，她听他用德、英、俄三种语言唱《欢乐颂》，从剧院出来，看他惟妙惟肖地扮青衣唱《苏三起解》，更富雅趣的，是考他《牛津词典》，夫妇情深，堪比李赵。

"邓稼先总能有意无意地为家人创造这种幸福感"，婚后 5 年，他们恩爱浪漫如胶似漆，厂甸、颐和园、北海公园留下了甜蜜的身影，万寿山上、如钩月下，一对碧人携手相行。

"很正直、很正派、很踏实"，正是受这些高贵品质的感召，在许鹿希眼里，邓稼先就是那种"可以托付一辈子"的人。

快乐的日子总是稍纵即逝。1958 年盛夏的一天，这个彻底改变邓稼先人生轨迹的日子不期而至。那晚，天上的月亮又圆又亮，换作平时，他们一定会月下散步，你侬我侬，然而今天，邓稼先一反常态早早上床。心事重重的两个人翻来覆去难以入眠。看着月光在床前一点点地移动，许鹿希忍不住问："你今天是怎么了？"邓稼先握起她的手，凝视着窗外的月亮，面色凝重地说："我要调动工作。"

"调哪儿去？"

"这不能说。"

"做什么工作？"

"这也不能说。"

"你给我一个信箱的号码，我跟你通信。"

"这不行。"

痛苦和担心伴随许鹿希度过了一个不眠之夜。窗外，圆月天心孤照，别有深情一万重。

爱情，是合一的，也是独立的，邓稼先是橡树，许鹿希就是他近旁的那株木棉，爱他伟岸的身躯，也爱他坚持的位置。为了那句"做好这件事，我的一生就活得很有价值，就是为它死了也值得"，她给出的回答是：我支持你。

为这四个字，许鹿希奉献了一生。

刚刚接受任务的日子里，邓稼先白天失踪，直到很晚才神秘地回来，突然加重的担子让他常常焦虑不安。许鹿希就静静地站在他身后，陪他一起听《命运交响曲》。"假使我什么都没有创作就离开这世界，这是不可想象的"，音乐家的声音穿越时空而来，妻子的柔情更让他陡然增加了勇气和力量。以身报国，这不是自己一直梦寐以求的吗？

"家里事情我都管不了了，一切都托给你了。"留下四个老人、两个少不更事的孩子、刚刚30岁的爱人，一年后，邓稼先与许鹿希匆匆作别，从亲友视线中彻底消失了。从此，"一宵光景潜相忆，两地阴晴远不知"，没有归期没有承诺，许鹿希开始了漫长的等待。

然而，难言的苦衷不可避免地到来了。旁人不怀好意的猜测、不明真相的朋友的误解，更难以面对的，是一双小儿女"我爸爸呢？"的询问，和父母想问又不能问的欲言又止。坚强的许鹿希默默地承受着这一切，直到6年后的那一天，戈壁滩上升起了震惊世界的蘑菇云！

所有的疑虑变成了现实，可是，所有人都在为这一壮举喜形于色的时候，许鹿希没有欣喜，只有更深的担忧。学医出身的她比谁都明白，研究核武器对身体的危害有多大。一切都是保密的，邓稼先没有泄漏过任何一点"天机"，她也只能信守最初的承诺：支持。

一年又一年，有的科研人员的家庭出现了危机，因为妻子受不了孤独。许鹿希告诉自己的是："他在坚持，我也要坚持下去！"

28年间，邓稼先隐姓埋名，慷慨献身赴大漠，即使偶尔回家，也是匆匆复匆匆，许鹿希的心始终都提在嗓子眼上，这样长期的残酷折磨，不是常人能体会得到的。"独立怆茫谁可语，梧桐秋叶落纷纷"，她承受的，是心灵无法承受之重。

而更难以承受的，在许鹿希的担心中不可避免地到来了。1985年，邓稼先回来了，这一次，他不走了。离别时意气风发，相聚时两鬓如霜。金风玉露一相逢，本应胜却人间无数，然而造化弄人，由于长期工作在核试验的第一线，放射物已经深入骨髓，他已经来日无多了。

为研究核武器的人员颁奖那天，邓稼先没有去，他要回自己的家，要陪陪自己的爱人，这也许，就是最后一次了。桌上，是精心准备的饭菜，但是，两个人感到的只有无言的哀伤。饭后，在八一湖边，邓稼先与许鹿希安静对坐，深情对望，在他眼里，她仍然是那样迷人，他们仿佛又回到结婚初期的甜蜜时光。远处，有歌声清晰地传来："我要去那里，那里没有战争。我要去那里，那里有开满菊花的芬芳。我要去那里，那里有我的好姑娘……"

这一刻，虽是刹那芳华，却如永恒之星，照亮生命。

"爱情的最高境界是互相理解、互相支持，只有这样，才可以在困难的时候，有种力量，什么坎儿都能过去！"许鹿希用至死不渝的爱诠释了这一点。

然而，邓稼先的事迹刊登后，有一些声音却让许鹿希痛心不已，不少大学生看了邓稼先的经历后说："这是个傻子，太傻了！要是留在国外，不知能挣多少大钱，也不会这么早死了！"很多人也都在质疑"他这样值得吗？"

留下太多的遗憾、太多的迷惑，邓稼先匆匆地走了。这28年，他都在哪儿，做了些什么？因为纪律非常严格，他没有写过一封信，没有带回片纸只字。许鹿希决定，她要把这一切搞清楚，把邓稼先该留下而没有留下的东西写出来，她要让世人了解他！

她爱他，也爱他执着追求的事业，为了那份未尽的情感和思念，她迫不及待地想知道他毕生为之奋斗的领域是多么神秘。从医学到物理学，有着难以跨越的鸿沟，是爱，支撑着她，一切从零开始。从相关的物理知识，到原子弹氢弹，为了搞懂那些生涩的专业术语，许鹿希的探询之路走得步步用心。

为了让邓稼先的风骨和人格留传于世，于老迈之年，许鹿希踏上了艰难的采访之路。第一个 6 年，她独立完成了传记《两弹元勋邓稼先》，共 8 万 7 千字，第二个 6 年，她带领两个孩子出版了 17 万字的《邓稼先传》，紧接着《邓稼先图片传略》《邓稼先文集》相继问世，邓稼先就这样一步步呈现在公众面前。而那时，许鹿希已经是 75 岁的老人了。

"我理解他需要什么，他对得起我，我对得起他。"没有豪言壮语，却字字动人心魄。

岁月荏苒，沧桑巨变，唯一不变的，是那份永恒的爱情。她知道，他没有走，他就在她的身旁，"一头沉"办公桌前，他在伏案；老式的蒙布沙发上，他在谈笑；他用过的电话、笔筒，读过的书籍都在眼前，不离不弃，甚至只要一抬眼，就能看到将要远行的他在梦中送来的嘱托："你们要保重啊!"

只要有人记得你，你就是不朽的。

邓稼先：1924 年—1986 年，科学家，"两弹一星"元勋。

鲁藜与刘颖西

——我只要一滴水，你却给了我整个海洋

1958 年，中国大戏院。戏开演了，一个身形瘦削、穿着破旧棉大衣的"老农民"蜷缩在椅子上，帽檐被压得很低很低，连眉毛都盖住了，他一动不动，脸上的大口罩遮住了内心的波澜起伏。

是啊，谁能想到呢，昔日的中国大戏院首任经理，短短几年，便被命运掐着脖子俯向了尘埃，当年那个激情洋溢的"泥土诗人"，如今只是个被劳改的"右派"，一个受尽责难、瘦骨嶙峋的农民。

他把头深埋在胸前，生怕被人认出来。偏偏这时，坐在后排的一位姑娘挪到前面左看右看，好眼熟啊！

戏快演完了，趁着黑暗，他起身快步向外走去，他要赶在灯光亮起之前离开。

"鲁藜?!"身后传来一个女子带着疑惑的呼唤。他没有停留，反而加快了脚步。

"你是鲁藜吧?"那个声音却追上来了，他的衣襟被扯住，面前站着的，是一个年轻女子——他不认识。

"我是刘颖西呀!"

"换开关的小女孩？"昔日的小友已出落成亭亭玉立的大姑娘，重逢之下，鲁藜惊喜交集，长久以来暗淡的目光在瞬间恢复了诗人特有的清亮。

望着被折磨得苍老憔悴的鲁藜，刘颖西百感交集，日日都在盼望的一天突然降临，她怎能不喜出望外？

往事一幕幕浮现在眼前。那时，她才 12 岁，家里开着一个小小的电料行，就在天津文联对面。从小懂事的她，放学后总是帮家里做些修理的小电工活，那天父亲差她去文联换一个开关，为她开门的，正是文联主席鲁藜。

那是 1950 年，鲁藜 36 岁。早在 1938 年，他便在胡风主编的《七月》杂志上发表《延安散歌》并一炮打响，后来，一首《泥土》更让他饮誉诗坛。他身材颀长，眼睛又大又亮，正用手中的笔激情满怀地为新中国的诞生放声歌唱，整个人看上去气质非凡。

第一次面对一个"大人物"，刘颖西脸红了，有些慌乱，在 12 岁孩子的眼里，他无疑是个完美的男人，尤其是看到屋里那么多书，她更加崇拜起他来。他很随和，给她倒水，问她几岁了。听到她的回答，他笑着说："比我女儿大一岁。"

开关换完了，他问她有什么困难，12 岁的孩子忧虑地说："考初中，怕分到离家远的学校，放了学没法帮家里干活。"他点了点头，记在心里，这个贫苦人家的孩子让他想到了自己悲惨的少年时代。

临走，他借给她几本安徒生童话，他叫她"孩子"，她称他"老师"。

不久，在鲁藜帮助下，刘颖西上了离家近的女一中，由崇拜而感激，只要看到报纸上有他的作品，她就会精心收集，并开始热爱诗歌。"忘年交"的友谊渐渐建立起来，鲁藜送给她一张照片以作纪念。

谁能想到呢？仿佛一夜之间，灾难说来说来。因为一直在胡风办的刊物上发表作品，又在胡风帮助下出版过两本诗集，1955 年，随着一场批判"胡风反革命集团"的政治风暴，鲁藜被定性为"胡风弟子""胡风集团骨干分子"，银铛入狱。尽管，他与胡风仅仅一面之缘。

一个反革命分子，人人避之唯恐不及。在狱中，鲁藜收到妻子王曼恬的离婚通知，战火纷飞没有摧毁他们的浪漫爱情，一场政治运动却足以使它土崩瓦解，昔日的志同道合像写在黑板上的字，那么轻易地便被擦去了。父母早已亡故，一双儿女选择了划清界限，从此没有人关心他、在意他，鲁藜的心陷入了深深的孤独。

他不会想到，此时此刻，那个叫刘颖西的小姑娘正在焦急地寻找他。因为收集鲁藜的诗作、保存他的照片，还是个中学生的她受到了牵连，被派出所叫去审查，他们反复问她，"你同他是怎么认识的？""他对你说过什么，做过什么？"小黑屋中，她开始一遍遍地回忆，玉树临风的身姿、清澈的眼神、温和的面容，给她讲安徒生，还有对她的关心。从派出所出来时，她惊讶地发现，鲁藜的形象更加清晰生动，她的心里，暗生了别样的情愫。

刘颖西迫切地想见到鲁藜，每天都到文联打听他的下落，有个画家看她可怜，对她说："别再问，鲁藜回不来了！"

三年匆匆而过，她没想到，他们竟然会这样意外相见。得知刘颖西已在一家诊所当了医生时，鲁藜欣慰地说："好，好啊，长大了！好孩子！"

虽然他还是叫她"孩子"，刘颖西却心潮起伏。这个柔弱的诗人，他以要命的坦诚拒不承认自己有罪，他坚持真理的赤子之心深深感动着她，她不管他只是暂时放出来，随时都可能再被抓进去，她只是觉得，即使爱他是劫难，她也无惧沉沦。

她决心向他表白，约他再来相见。几天后，一个风雨交加的夜里，他来了，是来辞行的，他要去农场接受劳动教养，接下来的命运会怎样，谁也不知道。窗外，雨声潺潺；屋内，泪水涟涟。

一个诗人就这样消失了，天津南郊的农场里，多了一个农民。而刘颖西，也被"上山下乡"的浪潮裹挟，身不由己。此后22年，他们走在两条平行线上，再未见面。

"文革"开始，鲁藜被送进军粮城农场劳动改造，刚强正直的他写了两万多字的《我的自白》寄给中央，没料到，申诉书落到江青的手里，"鲁藜怎么还没死呀？"一句话，鲁藜再次被打入十八层地狱，受尽了非人的折磨。

那时的刘颖西，也正经历着磨难，一次到支部书记办公室时，因忘记敲门，看到了不该看到的事情，随后便被以莫须有的罪名关起来，轮番批斗之下，眼睛失明了。她的身边，多了一个一直默默关心她的男青年，她被打被骂，他伸出胳膊护着她；她伤心痛苦时，他的肩膀就是她的依靠。在最恐惧无助的时候，他给了她最需要的温暖。

幸好刘颖西自己是医生，眼睛慢慢治好了，男青年说："结婚吧。"

然而，感情这杯浓茶，是时间无法稀释的。"你老师发表作品了！"1980年，丈夫带回的一份《天津日报》让刘颖西沉寂已久的心再次掀起波澜。

"他还活着！"眼泪一下子涌了出来，她颤抖着双手拿起报纸，除了"鲁藜"两个字，什么也看不清。

"你去看看他……20多年了，不易呀！"丈夫还是那样善解人意，有些事，他知道她永远无法忘记。

多方打听、寻找，见到鲁藜，已是一年以后，经受了炼狱般的考验，面前的他，腰弯背驼，身形不复挺拔，头发斑白稀疏，66岁，却俨然是个古稀老头了。

一双筷子、一个碗、一个黑乎乎的锅、一张小行军床，屋里简单得让人酸楚，刘颖西的泪又来了。回到家，她写了一首诗："他被人抛弃了／你为他痛苦落泪／他再也没有人爱了／他白发苍苍／你悄悄找到他／他年老多病／你舍弃了一切／伴随着他……"

她哭着对丈夫说："我12岁，他给我讲故事时，我就崇拜他。1958年我们邂逅，我就爱他爱得七颠八倒了，现在，命运又把他送到我面前……"那个善良的男人，最终选择了成全，"我和你一同生活了好多年了，这段生活，对我来说，十分幸福。我所能给你的，一定给你，你回到他身边去吧！"

1981年11月，刘颖西和鲁藜结婚了，只有一对碗筷，两床被褥。他一无所有，平反后分的房子、补发的工资，悉数给了儿女，对儿女，他觉得亏欠。而她只要他，对她来说，他就是全世界。

爱是自然界的第二个太阳，有了刘颖西的照顾，日子不再独孤冷清，鲁藜的目光重新清澈透亮，他思路敏捷，笑容又重回到脸上，"一个能永远微笑的生命／是一个最难被打倒的生命"。中断了20多年的创作又上高峰，《天青集》《鹅毛集》相继出版，长篇哲理诗在新诗界自成一格，那些深沉而美丽的诗篇穿透黑暗，再一次绽放在诗歌大地上。

"没有什么遗憾的，世界没有亏待我，该得到的，得到了，想得到的，也有了！每天早上我醒来，就想：活着真好，去了也没有什么不好。"历经磨难，遭受了 26 年不公正待遇，他流浪的人生、漂泊的命运就是一首悲壮的诗，幸而，在命运苍凉的底色中，还有点点温暖的玫瑰色，是她的爱，使他在痛苦的深渊里，仍能"浮出彩霞的光彩"。

是她，让他在晚年发出最欢愉的声音："我只要一滴水／我就可以尽情歌唱／唱得天地间／只有阳光、花朵与诗歌。"

他只要一滴水，她却给了他整个海洋，由真心出发的爱情，都是世上最可宝贵的经典。

鲁藜：1914 年—1999 年，"泥土诗人"，名作《泥土》影响过几代人。革命烈士张志新和公仆楷模孔繁森都将它奉为座右铭。

高士其与金爱娣

——愿得一心人，白首不相离

1961 年，在董必武和夫人何莲芝介绍下，30 岁的金爱娣来到高士其的面前，那时，她是年轻与美貌兼具的上海姑娘，酷爱声乐，曾在名家门下学习过正统的意大利发声法，参加过《黄河大合唱》，最擅长的是用英语演唱《蓝色的多瑙河》。

而此时的高士其呢，已过知天命之年，全身瘫痪、生活不能自理，脖颈僵硬歪斜、言语含混不清，甚至一激动，眼珠子就会往上翻，需要别人帮忙按摩才能够下来。难怪很多人猜测、质疑：他们之间能有什么爱情？

也许没有轰轰烈烈，只不过是白色宣纸上的梅香竹韵，只不过是淡雅自在地在岁月中浸润出最怡人的清香罢了。

"我一看他，就觉得他像个圣僧，很圣洁，很善良，像个修行者似的……"初见高士其，金爱娣没有被吓倒，而是留下这样美好的印象。高士其就更不用提了，面对这样温柔美丽的姑娘，他激动得手和脚不停地颤抖，目光柔和、灵动，像年轻人那样纯真、热烈而灿烂，多情的眼神传递出典型的一见钟情。这一幕，惹得秘书在一旁不断提醒："镇静一点，镇静一点！"

高士其怎么能够镇静得了呢？上帝赐予他的苦难实在太多太多了。1927

年在美国芝加哥大学攻读细菌学时，一次在研究脑炎病毒的过程中，瓶子破裂，他也不幸被病毒感染，从此"被一个极其凶顽的恶魔"缠上，落下终生不治的残疾，医生预言，他活不过5年。

带着病残的身体，高士其坚持读完医学研究院的博士课程，又在残酷的战争年代毅然回国，兵荒马乱中颠沛流离，受尽了苦难。

回国后，高士其目睹旧医院的腐败黑暗，愤而改行，以翻译、写作为生，并开始撰写科学小品，走上了科普创作的道路。那时，他写字的手已开始发抖，一个字要一笔一画地写半天。抗战爆发后，他奔赴延安参加抗日救亡斗争，病痛与患难，战乱与亡命，让高士其与照顾他的护士由相怜到相爱到结成伴侣。然而，温暖幸福的日子还没有来得及留下些更美好的回忆，不幸就再次降临——在日军的狂轰滥炸下，妻子不顾危险为他出门寻药，突发心脏病身亡。

抗战胜利后，高士其的病情日日加重，在秘书的照顾下生活、工作。可是，生性幽默、乐观活泼、热爱生活的他内心像沸水一样热烈，他多么期待有朝一日"愿得一心人，白首不相离"啊。

命运果然青睐，金爱娣来了。从此，茫茫黑夜有了天光，如枯木逢春，他的生命重新升腾起来。

1961年11月，他们结婚了。婚后，她照顾他的饮食起居，无微不至。他的身体重度残疾，脖颈僵硬失去了咀嚼功能，吃饭喝水都是她一勺一勺喂到嘴里。"吃饭不知饥饱，妻不给盛，自是饱了；穿衣不知冷暖，妻不让添，必是暖了"，一幅琴瑟和谐鸾凤和鸣的温馨美图。几十年疾病的折磨让高士其的手指早已变形，无法握笔，只要在电视、报纸上看到什么好词好句，他会唤她"快抄快抄！"半夜想起一句什么话，她也会立刻起身为他记下。

花正好，月正圆，在金爱娣的陪伴下，高士其心情大好，饭前，他给她讲笑话，和她一起唱《快乐的家庭》《一路平安》。这期间，创作欲望不断被激发，由他口述，她和秘书整理，短短几年时间发表了几十万字的科学小品和科普论文。他的文章生动、有趣，妙喻如珠。"代表科普"，周恩来总理对他的定论掷地有声。

1966 年，风暴来袭。很不幸，高士其也没躲过这场厄运。身边人都被调走了，只有金爱娣和他相依为命。严冬，屋里没有暖气，他得了严重的气管炎，她一次一次背着他上医院。他渐渐好了，她却倒下了，长期积劳成疾导致"肠坏死"，一连动了三次大手术。坐在她身边，他流着眼泪说："我病了你照顾我，你病了我却照顾不了你……"情到深处，令人动容。

虽然几十年"被病魔囚禁在椅子上"无法行动，但高士其一生都在用心血著述，以生命创作。她就是他的阳光，让他看到人性的美好，从而更加乐观地面对生活。

为了搜集科普素材，金爱娣推着他，到鞍钢、到大庆、到三门峡水电站、到五指山苗寨、到呼伦贝尔草原、到西双版纳丛林，南北奔波中，她日日夜夜做着平凡、琐碎而又细致的护理工作。吃饭时，她细心地剔去鱼骨、肉骨，捣细、煮烂，再慢慢喂到高士其的嘴里。陪伴他的这些年，她深深体会到他蓬勃的生命意识和坚强的毅力，体会到他熊熊燃烧着的智慧之火，为了他，她无怨无悔。

爱，需要什么理由呢？所有的理由都已升华到无形，只可意会，不能言传。

在金爱娣的精心照料下，高士其的身体出现了奇迹，40 年没有用来书写的手，竟然在纸上写出了字！从每天写十几个到几十个再到几百个，在人们的祝贺声中，他深有感慨地写下："今天我能握笔写作，要感谢妻子所做的牺牲。"

她流下了欣慰的泪水，所有的付出，他懂，这就够了。

1984 年，超负荷的创作让高士其的病情更加恶化了，连续 3 个月高烧、昏迷，北京医院的一间高干病房成了他们的家。患有心脏病的金爱娣三个月顾不上洗澡，日夜厮守在床前，洗脸、擦身、吸痰、翻身，内心承受着比身体更大的痛苦。他的气管被切开，发不出任何声音，她靠观察他的眼神来领会意思，她把自己完全融入他的生命中。终于，他清醒了，但同时，她也被确诊为"乳癌"。

一个人的意志可以无比坚强，但身体却更加知晓自己的底线，金爱娣豁出命来仍是没有留住高士其，83 岁高龄，他走了。此时，距医生的死刑结论整整过去了 55 年。

因为有她，他不仅创造了令人难以置信的生命奇迹，还以病残之躯撰写了约 75 万字的科学小品和科普论文，2800 余行科学诗，著书 18 本，总计500 多万字。这样瞩目的成绩背后，是她一日日地枯萎、凋谢……

"今生成永诀，来世再结缘。"高士其的葬礼上，金爱娣望着自己亲手题写的挽联，不禁喃喃自语："他去了，我也差不多了……"空荡荡的家里，陪伴她的是几页纸，上面，是他的手迹：

"爱娣妻：你老是拿心脏病吓唬我，自己又不肯去找医生。光说没有空，没有时间，舍不得抛开这一个烂摊子，真是要做一辈子奴隶，一辈子牛马，这还了得？"

"爱娣妻：照顾我 23 年如一日，食不成顿，夜不成寐，似春蚕到死丝不尽。"

"爱娣老伴：风雨同舟，朝夕相处，患难与共，形影不离。"

每一个字条下面都有一个颤抖的签名。

因了她的陪伴，他才成为"将科学和文明遍撒人间"、为国家做出杰出贡献的科普作家；而她，也被他称作是"自己伟大母亲、妻子、姐妹、朋友"的完美女性。

"茫茫碧落，天上人间情一诺"，从嫁给他的那天起，她就做好了牺牲自己的准备，这样的忠贞不渝，这样的无私奉献，成就了爱情的制高点，那就是：许多年后，抬头遥望，"高士其星"仍旧含情脉脉，闪烁苍穹。

高士其：1905 年—1988 年，著名科学家，科普作家。

柏杨与张香华

——来生，请预购两张单程票

谁说爱情只是年轻人的专利呢？"每天都在热恋，包你得心脏病"，台湾美女作家张香华如是说。她与柏杨，历经岁月的磨砺，平淡中别有一番韵味，"和我亲爱的老婆在一起"，就是柏杨最大的快乐。

他们相识在一个教授安排的饭局上，说白了，就是相亲。那时，因著名的"大力水手漫画"事件被国民党判刑的柏杨刚刚刑满释放，妻子倪明华早在他入狱后就离开了他。出狱后，孤家寡人，一无所有，当朋友给他介绍张香华时，他立刻欣然应允。张香华的名字他并不陌生，几年前在某报副刊读到"可以听到地下种子抽芽的声音"的诗句时，他就赞叹过这美丽女诗人的才情。

可是这一见面，对张香华来说，就有点犹豫不决，虽然柏杨鼎鼎大名，在建国学校执教的她在给学生讲课时，也曾多次介绍过他的泼辣文章，可是，这个刚刚因为"文字狱"坐了9年牢的"政治犯"会不会是个愤世嫉俗的糟老头子？再说，"他那么伶牙俐齿我可说不过他"。柏杨的文章尖锐、犀利，由文及人，难怪张香华会犹豫。

这当儿，旁边一位学生说："又不是一定要你嫁给他，人家说不定还看不上你呢。"

一想也是，那么就去吧。

没想到，印象却是出奇地好，饭桌上，柏杨气质沉静、温文尔雅、机智幽默，整个人看上去充满热情，完全没有想象中的刚出狱的人的那种软弱和颓废。这顿饭，宾主尽欢。

第二天一早，张香华一走进办公室就看到桌上赫然躺着一封信，没有邮票。她想，也许是哪个家长写的吧，随手打开却结结实实吓了一大跳，第一句话就是："感谢上帝让我认识了你……"信是柏杨的亲笔，显然，那是他专门派人送来的。

张香华"完全被他搞糊涂了"，认识才不过几个小时呀。可是柏杨不管，他就此展开了爱情攻势，张香华一下班就看到他等在学校门口，两腿交叉，抱着胳膊。那样子，在她眼里，居然有点帅。

可是张香华是清醒的，近20年的年龄差距，柏杨又经历过几次失败的婚姻，吃了那么多苦，她不确定自己是否能与他共度一生。她小心地对他说："我不见得适合你，你才从牢狱里出来，不能再受任何打击……"不等她说完，柏杨马上接口："我从不怕任何打击！"

一句话，张香华就被镇住了，一个经历过那么多磨难的人，却还是这样勇敢无畏，这是怎样的人格魅力啊！

就这样开始交往，半年后，一个冬天的黄昏，两人在咖啡馆相对而坐，没有任何铺垫，柏杨突然说："成个家好不好？"求婚一点都不浪漫，可是张香华还是决定了，嫁！尽管他身无分文，吃穿用全靠朋友们的接济。

听闻他们准备结婚，亲人反对，朋友不解，更要命的是，"当局"不干了！她被调查，被威胁，调查局还用特务手段破坏他们。这无耻的举动激起了张香华的愤怒，她当众宣告："对一个'老''丑''穷'俱全，而又绝对没有什么前程的政治犯，我完全接纳！"

1978年2月4日，39岁的张香华和58岁的柏杨携手走上了红地毯。他没有地位，被台湾当局约法三章：不准提往事，不许旧调重弹，不许暴露社会的黑暗，这才准许他为《中国时报》写专栏；他没有积蓄，没有房子，她就随他住在经过改装的破旧汽车里。

有人断言，他们的婚姻不会超过三年。

"我这人到结婚还是那么糊涂，我那时完全不晓得他后来会怎么样，大概无知就会特别勇敢吧。"对这份勇敢得来的爱，张香华非常珍惜，她为他写过很多浪漫深情的诗歌。为了纪念柏杨被囚禁在火烧岛上的遭遇，张香华写下了令国际诗坛瞩目的《我爱的人在火烧岛上》，结尾处，她动情地写道："我们用臂弯成一个避风港 / 我们用温暖的眼色点燃火苗的希望 / 我们将合唱壮丽的诗章。"

尽管柏杨名气很大，但张香华绝不做他的影子。结婚后，在事业上，柏杨积极鼓励张香华，"你该把对诗的感情和知音交流。"于是，第一部诗集《不眠的青青草》问世了，张香华在诗坛迈出了可喜的一步。

然而，做了柏杨太太，张香华才发现，那个说自己在狱中能缝补衣服、能捡烟头做香烟、能借着阳光钻木取火的能干男人，其实除了写东西之外，简直就是个"大白痴"，什么都不会，让他帮个忙，他只会越帮越忙。最夸张的是，他会穿着不同颜色的袜子出门；用钥匙去开别人家的门；甚至，对一份声明不付稿酬出版他作品的合同，居然看都不看一眼就大笔一挥。

"生活在高楼大厦的旁边，小房子也没办法。"已经是著名女诗人、电视节目主持人、杂志主编、翻译家的张香华，毅然放弃了自己的生活，甘愿褪去全部的光环躲在他身后，因为，"他需要一个帮手。"

做了"经纪人"，要应付很多事情，可是，张香华根本就淡泊名利，不擅交际，对数字尤其恐惧。硬着头皮，张香华逼迫自己四处走动，学着跟出版商打交道，为了出版一部作品，曾经有一次连续 30 个小时没有合眼；她随身总带着一个记事本，上边密密麻麻写满了各种时间、数据。《丑陋的中国人》出版了，柏杨版《资治通鉴》完成了，在他的身后，她努力打理着那些琐碎与幸福。

他当然也宠她，甜蜜地叫她"猫"，"如果你不是一个很强壮的灵魂，会被他毁掉。因为他很会宠人，宠他的女人，没有原则"。柏杨的情意令她深深感动。有时，她也会问："我怎么会嫁给你了呢?"他总是毫不客气地用一句话概括："你有智慧，但很傻。"

就这样傻傻地陪伴着他，哪怕得知他在大陆还有两任妻子、两个女儿，第一反应也是心疼他的苦难，而不是责怪他的隐瞒。她知道，那是历史的错。

正如两人在结婚誓言中所说："耐心追求，永不沮丧，永不停止。"在他们合著的散文集《我们的和弦》里，柏杨一改撰写《丑陋的中国人》时的金刚怒目，对妻子，一片深情。他说，"我和香华不但是夫妻，而且是朋友，我们相互勉励、警惕、责难、规劝。"她则说，"和柏杨在一起，让我觉得安全、温暖、笃定和可靠。"

爱，可以填平一切鸿沟。30年的陪伴，给了当初那些质疑的声音一个有力的回击。

2008年4月29日，89岁的柏杨告别人世，他拉着张香华的手，走得相当平静安详。

不久后的一天，张香华因服用过量的安眠药被友人送到医院，醒来后，她什么都没有解释，也许，答案就在她新婚时为他写的那首《单程票》里：

如果能为来生订座

请预购两张单程票

早早携我飞越三江五湖

纵横七海

到碧天的高处

到黄泉的幽冥

请不要遗漏我……

柏杨：1920年—2008年，台湾著名作家、学者。

艾青与高瑛

——你是柏我是藤，缠绵一生

阳春三月，浙江永嘉，油菜花妖娆绽放，清香扑鼻。在这一大片一大片的热闹掩映下，楠溪江畔的耕读小院却自有另一番风景，环境清幽，新绿拥簇，置身于阳光与梦幻之间，诗意涌上高瑛的心头。她铺开一张白纸，满怀深情地写下：艾青，我要告诉你 / 院中的玉兰树又开花了 / 这是你最喜欢的花 / 因你，我更加爱护她 / 我无法留住你 / 却守住了玉兰花……

她又在思念艾青了。此刻，那双动情的双眼，仿佛就在眼前，最是那惊鸿一瞥，却已把三生注定。

那时，她是多么年轻啊，22 岁的年纪，莲花般娇羞，向日葵般热烈，生活本该如诗如画，如梦如幻，可是恰恰相反，她正在一场被欺骗的婚姻里，独自挣扎。是啊，太年轻，18 岁就稀里糊涂地嫁给谭谊，怎知道，他在乡下，还另有妻儿！

是的，孰不可忍。虽然已经是两个孩子的母亲了，可高瑛还是提出了离婚，缺乏真诚的婚姻注定难以长久，她与谭谊，同家不同居。可是谭谊不同意离婚，而他们又刚刚调到北京，事情就这么搁着。

同在中国作协工作，但高瑛总是一个人，从不与谭谊同进同出。那天上午，她照例和同事们在作协院里做工间操。因为当过舞蹈演员，高瑛身段柔美，动作标准，做到"前屈后仰"一节时，就这那一仰间，她注意到一双盯着她的眼睛，就在二楼的窗户上！第二天的工间操，那双眼睛又出现了；第三天，心中疑惑的高瑛特意换了位置，然而，那双眼睛也随着她移动了。

他是谁？想干什么？高瑛不知所措。但她隐隐约约感到，自己"被看上了"。

那双眼睛的主人，正是大名鼎鼎的诗人艾青，那时，他与第二任妻子韦嫈打了五年之久的离婚官司终于在韦嫈"我要叫你不得安宁"的诅咒声中画上了句号。在做工间操的人群里，看着那个爱穿米白色连衣裙的姑娘，爱情的火焰再次被点燃了。虽然两离其婚，心力交瘁，但诗人独有的激情是难以遏制的，即使爱情曾经给他带来悲哀，但他依然相信爱情，渴望爱情。看到高瑛，只是一个转身，一个回眸，他的内心，便如鼓满风帆的船，比任何时候都渴望驶入爱情的港湾。

他借故请她看电影，见缝插针地找一切可能的机会与她说话聊天，还请妹妹当起挡箭牌，约高瑛一起去逛颐和园。高瑛是真诚坦率的，在与艾青妹妹的聊天中，她把自己的婚姻状况和盘托出，艾青听了，心事重重，一边抽烟一边在林间踱来踱去。

高瑛却是轻松了。在她眼里，艾青是个"庞然大物"，是她少女时代便浮想联翩的偶像，年龄又是父辈级的，她对他，完全没有任何想法，只有尊敬和崇拜。这下，他总该死心了吧？

然而，二楼窗户的那双眼睛非但没有消失，相反，艾青有了更进一步的举动——趁高瑛吃饭时，他递过去一张纸条，上面写的是："明天上午9时，我在崇文门内春明食品店等你，你一定要来。"

那晚，高瑛彻夜难眠，设想了艾青的种种坏处，她不相信一个"大诗人"会爱上她这样一个"小干部"，害怕自己还没有"从失败婚姻的坑里爬出来"，马上就"掉进另一个坑"。她不知道，艾青这厢，也是矛盾着的，妹妹虽然对高瑛评价不错，说她"是个很可爱的姑娘，人很直爽，性格开朗，长得也叫人喜欢"，但是同时也劝他，"不要再接触，她还没有离婚会有麻烦"。

可是陷入爱情的人，哪里管得了这许多？

感谢勇气吧，这一会面的结果是，他说："在你不知道的时候，我爱上了你，在你知道了的时候，我了解你。如果开始我知道你结婚了，我就不会有非分之想了，我会接受我妹妹的忠告。如果你的婚姻美满幸福，我也不会夺人所爱。"这透明的性格和灵魂，这坦诚的表白打动了高瑛，她的答复是："如果我加你，等于苦海，我们都不要往下跳了；如果你加我，等于难逢的幸福，那么我们就得耐心等待。"

然而，爱情是无法隐瞒的，那甜蜜的幸福，连傻瓜都看得出来，何况，谭谊一点也不傻。他跑到单位告状，说艾青勾引有夫之妇，破坏了他的家庭。在20世纪50年代，这无疑是一条爆炸性新闻。

高瑛被隔离审查，突然调离。组织也找艾青谈话，不少人主张开除他的党籍。那段时间，艾青倍受煎熬，既不知道高瑛去了哪里，也不知道他们的命运会怎样。短短几天，他的精神都快垮掉了。

一个偶然的机会，艾青从《人民文学》编辑谈家芳那儿知道了高瑛的去向，他托谈家芳给高瑛捎话："我爱你，无论事情发展到哪一步，我都会负责到底。"一个大诗人，抛开名誉不顾地位，这飞蛾扑火的壮烈，这掷地有声的担当坚定了高瑛的心。但她不敢写信，怕给艾青"罪加一等"，聪明的她想到一个办法，翻开托尔斯泰的小说《家庭幸福》，在这些句子下面，她画上了红色的波浪线：

"她会真爱他，所以愿意做他的妻子，相信他的生活会重新开始。"

"纵然令我面对全人类的讥笑，我要亲口对他们说：'我爱他'。"

"我在思念中，便愈和你接近……"

还是通过谈家芳，书又回到艾青的手里。看到那些特殊的"情书"，艾青的心终于落下来了，两人的感情越来越炽热。而此时，等待他们的，却是法院的传票——谭谊告上了法庭。最后，高瑛被判劳教半年，监外执行。但同时，她也拿到了离婚判决书，她与艾青，百感交集，相拥而泣。

"轰轰烈烈爱一场，哪怕短点没关系。没有爱的婚姻就是一场慢性病。"1956年3月27日，在艾青46岁生日这天，23岁的高瑛与他终成眷属。

爱情容易，难的是相守，考验一个人，用爱情最恐怖也最真实。因为说了几句公道话，艾青成了"大右派"，成了"反党集团"的一分子，写检查、批斗、各种迫害，在大庭广众面前，被原先的"朋友"痛斥"生活腐败"，《中国青年》杂志还特意发表了一篇《新时代里的寄生虫》，质疑他和高瑛结合的动机。随后，他被开除出党，撤销一切职务。

艾青精神崩溃，疯了。他半夜从床上蹦起来，用头撞墙，大喊大叫："你说我反党吗？你说我反党吗？"坐在三轮车上，他神志恍惚，伸手就打车夫的屁股，一边大喊："你说我反党吗？你说我反党吗？"清醒的时候，他就抱着高瑛哭："高瑛呵，做人太难了，我真想去做鬼！"每次，他问她："高瑛啊，你嫁给我后不后悔？"她总是说："我无怨无悔，嫁你嫁对了。"

是啊，一个敢于说真话、实话，有着一身正气的性情中人，难道不值得去爱、去嫁吗？

那些日子，高瑛以女性特有的细腻和温柔呵护着艾青，为了不让艾青再受刺激，她每天去门口等报纸，然后仔细检查一遍，只要看到"反党""右派"这些字眼，就赶紧扔进垃圾箱。单位开大会，让她检举揭发，她镇定地说："我没法和艾青划清界限，更不能和艾青离婚，为了纯洁团的组织，我自动提出退团。"跑回家中，情绪终于失控，她抱着艾青大声痛哭："你上刀山下火海，我都跟着你。要死，咱们死到一块。"

雪上加霜的是，发誓要让艾青"不得安宁"的韦嫈也在这时候落井下石。她告上法院，控诉艾青和高瑛虐待前妻的孩子，要求抚养四个孩子，并提出高额的抚养费。艾青不堪其扰，高瑛劝他："你要尽量满足她的要求，我们现在只求过平静的日子。"

可是韦嫈不肯罢休，他们到了新疆，她的信就跟到新疆，攻击、谩骂、逼迫再加上劳动改造，艾青形容枯槁，疲惫不堪。是高瑛这个小女子，拿起笔来，写了长达13页的信，一式两份，分别寄给韦嫈的丈夫和他们所在的单位。生活终于平静了许多，艾青重又燃起创作的激情，完成了长篇报告文学《苏长福的故事》和长篇小说《沙漠在退却》的初稿。

理解和体贴的别名，应该就叫爱情吧，可是爱情的考验，远远没有完。

"文革"开始，他们被押送到号称"小西伯利亚"的农场，住的是地窝子，身材高大的艾青连腰都直不起来；在戈壁滩特有的严寒里，他每天挥动丁字镐，把厕所坑里的冰块捣碎，再一块一块清除出来。长期住在阴冷潮湿的地窝子，加上营养不良，艾青的右眼失明了，是高瑛紧紧相牵的手，一直温暖着他。他有感而发，在诗中写道："朝着光走的时候，不要忘记后面有影子。"

她，就是他的影子。她把自己站成一堵墙，为他遮风挡雨，与他生死相随。21 年漫漫长夜，"咬着牙跺着脚活过来了"，天终于亮了。

1978 年，艾青以诗歌《红旗》《鱼化石》重返诗坛，得到平反后，正式调回北京。那时，他已经是个满身病痛的古稀老人了。和艾青一起探访故居时，看到院内的柏树和缠绕在柏树上的藤萝时，高瑛睹物思情，脱口而出："数你最多情 / 爱上了谁 / 就和谁缠绵一生。"艾青连声叫好，说："我们就这样永远拥抱着吧。"

重获尊严和自由，艾青终于可以好好地爱妻子了，他给高瑛写诗，画速写，拍美美的照片，去巴黎参加研讨会时，因为外币不够，这个有名的"大烟枪"宁愿忍着烟瘾，也要卖掉从国内带去的烟给高瑛买手表。在高瑛眼里，他是个"爱人爱得很具体的人"。

因为爱，高瑛也没少和艾青"斗智斗勇"。艾青浑身是病，但他拒绝吃药，高瑛就去牛奶厂订制了一种稠酸奶，把药片捣碎混在酸奶里，"他不知道里面有埋伏，咕咚一声就吞下去了"；为了让艾青戒烟，高瑛想尽了办法。艾青曾经向她宣告：如果全球发布戒烟令，那个最后戒烟的人，他就是你的丈夫——我。可是满身的病症已经不允许他这么任性了，高瑛先是和医生结成攻守同盟，狠狠地吓唬艾青，等艾青同意后，她立刻在家里请客、在报纸上发表《艾青戒烟了》，以此昭告天下。"哪个家庭没有矛盾，关键是看这个矛盾点是什么，只要是出于爱，对家庭负责，怎样都有办法。"

唯有爱，能给婚姻注入一缕灵动的魂。

"我三生有幸，找到了你这个好老婆。我这辈子无法报答你，等我下辈子给你当牛马吧！"1996 年 5 月 5 日，艾青走了，带着他们死生契阔的爱情。

　　高瑛开始写诗，每逢艾青生日、忌日，她用诗歌寄托哀思："在玉兰花开的三月／你踏着月光回家吧／看看不尽思念的我／也看看盛开的玉兰花。"

　　窗外，玉兰花不语，只是，开得更热烈了。

　　艾青：1910 年—1996 年，中国现代诗人。

关山月与李秋璜

——爱如烛光长明

爱，是无法预见的吧。

1934 年，广州的冬天细雨仍旧缠绵，小学老师关泽霈正在煤油灯下批改作业，一篇日记让他顿生怜惜："父亲病倒了，没钱请医生，也许我要被迫退学……"翻到封面，学生姓名是：李小平。

这个 16 岁的姑娘是他班上年龄最大、成绩最好的学生，曾经同样穷困的关泽霈顿时起了恻隐之心。他出钱为她父亲看病，为她申请到免费的三餐，可命运还是不可逆转，不久，李小平的父亲便去世了。

"屋漏偏逢连夜雨"，债主找上门来，逼迫李小平："没钱就拿人抵债！"走投无路，李小平奔向珠江边准备一死了之，是学校的杂工救了她。从此，她住在学校，课余，兼做杂工。关泽霈带着弟弟也住在学校，李小平便常常帮他洗衣打扫，时间一长，彼此印象颇好。第二年秋天，在老师们的撮合下，24 岁的关泽霈和 17 岁的李小平结婚了。

婚后，李小平承担了所有家务，帮丈夫照顾起年幼的弟弟，时间充裕后，关泽霈终于有机会拾起了自己最挚爱的画笔。

一个人的工资养活三个人，日子捉襟见肘，为了让哥俩吃好，李小平悄悄勒紧了自己的裤带。一个傍晚，关泽霈看完画展回到家里，见桌上放了三碗米饭，他端起一碗便吃，不料刚扒拉了两口就呆住了——浅浅的一层米饭下赫然反扣着一个小碟！再一看，这是妻子常坐的位置，难怪她吃饭时经常装作干活，一个人躲到厨房去吃！

关泽霈的心被浸湿了。

1936年，关泽霈被岭南画派领袖高剑父收为入室弟子，改名为关山月。广州沦陷后，炮火硝烟中，他与妻子失散，无奈之下，追随老师栖身澳门普济寺。因身无长物，每餐只能买一个面包充饥，寺里的和尚劝他："不如出家吧，好歹有口饭吃。"想到国内战火连天，妻子和弟弟生死不明，关山月叹息着说："我妻子从小失去父母，无依无靠；跟我这几年，也没过上一天好日子，现在虽然失散了，我无论如何也要找到她。"

一边在异乡的庙堂满怀悲愤地作画，一边连连给李小平写信，可是，寻妻信如石沉大海。几经周折，终于打听到妻子所在的妇女连。突然接到丈夫的来信，李小平双泪长流。

有感于身世飘零、国家动荡，关山月用满腔悲情绘就了《从城市撤退》《中山难民》等宣传抗日的作品。"抗日画展"在澳门、香港展出后，引起了文化界高度重视，媒体称其为"岭南画界升起的一颗新星"。

一举成名天下知，关山月告别恩师回到国内。分别三年后，在韶关，夫妻终于团聚。当天晚上，关山月刻了一枚印章作为纪念，上书："关山无恙明月重圆。"

患难夫妻情更坚。关山月执着于名山大川，李小平便伴随他走遍大江南北。没有收入，生活困顿，写生路上，全靠李小平悄悄变卖衣物首饰来维持。画完桂林山水，又到贵州花溪，再沿岷江入川，漫漫旅途中，他们执手相携，共闻花香。

缓慢的爱，才更易长久，时间已经让彼此成为对方生命中不可分割的一部分。为了画下黄果树瀑布的全貌，关山月不顾别人劝说，坚决爬上危岩，李小平随后也一步一步爬上去，悄悄站在他的身后，防止他摔下去。他画完了，她松一口气，这才发现，因为紧张和害怕，自己的全身已经湿透了。入川后，李小平得了肺水肿，关山月衣不解带，全心全意照顾她，"你原来对我那么好，现在该我对你好了"。

爱，是彼此精神上的共同成长。尽管多年苦行僧一样流浪，但她从未抱怨过，反而受他影响，也爱上了画画。

1943 年，关山月决定进军敦煌。在敦煌石窟，他着魔一样地临摹，有时趴在佛龛里，有时半跪在供桌上。他临摹到哪里，她就举着蜡烛跟到哪里，除了递上纸笔颜料，还全神贯注地注视着他，头顶有蛛网，悄悄替他拨开，他一舔嘴唇，赶紧递上水壶，可是，自己的嘴唇干裂，她却丝毫没有察觉。在他的影响下，她也迷上了那些菩萨、飞天，理解和默契极大地鼓舞了关山月，临摹速度也加快了。80 幅壁画，每一幅都是在她高举的烛光下完成的。

从敦煌归来，关山月举办了《西北纪游画展》，各界为之轰动。徐悲鸿惊呼"画风大变，造诣益高"，郭沫若则称他是"中国国画的曙光"，朱光潜参观后称赞："先生之画法，备中西之长，兼具雄奇幽美之胜，竿头日进，必能独树一帜……"甚至，有人出重金要全部收购，被关山月断然拒绝。

敦煌壁画，是他和她爱情的结晶。此后，她取"煌"的谐音，改名为李秋璜。璜，是指弧形的玉器。

1959 年，关山月和著名山水画家傅抱石一起创作巨幅国画《江山如此多娇》，就悬挂在人民大会堂大厅的墙上，艺术成就蜚声中外。

告别了居无定所，衣食无着，却迎来了"文化大革命"，关山月被剃了阴阳头关进牛棚。因为眉心有痣容易被认出，经常遭受红卫兵的拳打脚踢，李秋璜胆战心惊。她用胶布把关山月的痣盖住，给他做了厚厚的棉背心以防被打伤内脏，后来，全家又都被赶到猪圈居住，有人劝李秋璜离婚，她面色凛然："我们早就是一个人了，要死也要死在一块儿。"

噩梦般的日子终于烟消云散，关山月重新拿起了画笔，此时，李秋璜也有了一定的国画造诣，她陪他到西沙群岛，到尼亚加拉大瀑布，去美国讲学，到日本开画展，夫妇情深似海。关山月的名片上始终印着两个人的名字：关山月、李秋璜。是深沉的爱，让他们彼此活成了对方的样子。

1993 年，李秋璜因脑溢血去世，关山月忆起夫人为他秉烛临摹敦煌壁画的往事，心潮起伏，含泪作挽幅："敦煌烛光长明。"

斯人虽已去，爱，却如烛光长明，照亮世界。

关山月：1912年—2000年，中国现代著名国画艺术家、教育家。

李可染与邹佩珠

——倾尽一生，执子之手

1925 年，徐州。一个京剧票房活动正在进行，演出的是京剧《南天门》，扮演曹小姐的女子，年方十六，"身长玉立，齿白唇红"；台上，拉胡琴的青年眼神专注，琴艺精湛，他们的演出珠联璧合，深受观众欢迎。

她叫苏娥，是当时非常活跃的戏曲家苏少卿的长女；他叫李可染，是徐州"民众俱乐部京剧研究班"的骨干。一个拉琴，一个吊嗓，正是情窦初开的年纪，萌动的情感油然而生。苏娥不仅擅长唱青衣，还涉猎中、西画，这让从小就酷爱画画，幼年就曾拜师学画山水的李可染"见到她就感到兴奋"。两情相悦，美好的情愫在时光里摇曳生姿。

然而，在讲究"门当户对"的年代，交往不可避免地受到阻拦。她是大家闺秀，而他出身贫苦，所幸，共同的志趣成为"月下老人"，把他们紧紧地联结在一起。1929 年，李可染考入西湖国立艺术院，师从林风眠，专攻素描和油画，同时自修国画，他的诚实厚道、用情之专和对艺术的执着终于打动了她的父母。1931 年，这对有情人终成眷属。

既是夫妻，又是知音，琴瑟和谐，鸾凤和鸣，家庭生活温馨浪漫、幸福愉悦。从杭州回来后，李可染在徐州举办了第一次个人画展，作品开始受到注意。上海一·二八事变后，抗日呼声一天天高涨，李可染利用在徐州民众教育馆当美术干事的便利条件，以画笔做武器，创作了很多抗日宣传画和漫画。

李可染的热情感染了苏娥，因为结婚、生子，她曾中断了在上海新华艺专的学习，尽管已经是三个孩子的母亲了，可她还是决定前往上海继续学业。

正是 1937 年，中国上方的天空阴云密布，战争一触即发，李可染胸怀悲愤，他决心去大后方投入抗日宣传工作。临行，他去上海看望苏娥，那时，她已经再次有孕在身。不久，七七事变爆发，李可染毅然泪别爱妻幼子，融入抗日的洪流。

谁也没有料到，这一面，竟成永诀。

带着四妹李畹，李可染辗转到达武汉，加入国共第二次合作成立的政治部第三厅文化工作队，和左翼文化人士一起以画笔为枪，积极抗日。武汉失守后，又开始撤退至长沙、衡阳，他走到哪就画到哪，就地取材，墙壁上、布上，一路上共创作了二百多幅宣传画，粗犷强劲的风格把内心的激愤表达得淋漓尽致。1938 年，他随着工作队到达陪都重庆。

与此同时，上海沦陷，人民水深火热。生活困难，丈夫又关山远隔音讯全无，长期的忧患和思念导致苏娥得了重病，生下第四个孩子后，仅仅 3 个月，她就离开了人世，年仅 29 岁。

这个消息，李可染一年后才从徐州老乡处得知，震惊之余，悲恸的泪水夺眶而出，从此患上了严重的失眠和高血压，终身不愈。国仇家恨，义愤填膺，怀着无比悲壮的心情，他完成了宣传画"是谁破坏了你的快乐的家园"，激起了民众强烈的爱国热情。

忍受着失去妻子的痛苦，李可染夜夜不能成眠，听着屋外水牛吃草和喘气的声音，想着鲁迅"俯首甘为孺子牛"的诗句，他觉得人也应该像牛那样默默奋斗，从此，开始喜欢画牛。

1943 年春末的一天，阳光格外好，重庆国立艺专学生邹佩珠正在离学校不远的路边写生。这时，一位又高又瘦"看起来病恹恹"的男子摇摇晃晃地走过来向她打听："请问国立艺专怎么走？你认识李畹吗？"

　　碰巧，邹佩珠与李畹同住一个宿舍，就在她的下铺。就这样，在李畹介绍下，她认识了受邀到国立艺专教授美术的李可染。

　　虽然是第一次见面，邹佩珠却像认识了很久，她曾多次听到李畹用崇拜的口吻描述她的二哥。从李畹口中，她知道他从小爱画画，因为家贫，就用破碗片在地上画戏剧人物，常常惹得邻人围观；知道他曾是西湖艺术院的学生，校长林风眠特别喜欢他；知道他在郭沫若主持的文化三厅工作，画了很多抗日的宣传画。对这个"李老师"，邹佩珠熟悉又亲切，看着他瘦弱的身体，知道他失去妻子、被失眠症折磨时，怜惜之余，她联想到了自己的经历。

　　邹佩珠是杭州人，本来家境不错，可是战争改变了一切。日本人打杭州的前一天，她和父母一路逃难，从上海到江西，再到长沙，炮弹在身边爆炸，路上不断有人倒下。离开长沙不久，母亲就因在漂满死尸的河里洗衣服而染上了病毒，第二天就去世了。守孝49天后，她辗转到了重庆姐姐家，进入国立艺专学习雕塑。

　　战争把他们拉到一起，失去亲人的痛苦也让彼此同病相怜。在学校，李畹常邀邹佩珠去李可染的小茅屋谈论艺术、请教画画。有一天，李可染在拉胡琴，听得陶醉的邹佩珠脱口而出："你拉的是京戏曲牌《柳青娘》！"

　　她居然懂京剧！李可染既吃惊又激动，从这个清秀又才情出众的江南姑娘身上，他看到了去世的发妻苏娥的影子。令他惊喜的是，邹佩珠不仅喜爱京剧，还能唱整折的老生戏，作为学生会主席，她常常上台演出。在李可染给学生们排演的《奇冤报》里，邹佩珠饰演刘世昌一角，她的表演赢得了师生们的热烈掌声。

　　共同的志趣让他们越走越近。"他拉胡琴时，我就在旁边唱戏"，美妙的乐声、清亮的嗓音就这样回荡在简陋的小茅屋里。

　　两人自然而然地相恋了，小茅屋的地上冒出青翠的竹子时，李可染心有所感，他想起晋人"不可一日无此君"的诗句，称小屋为"有君堂"，又取"佩珠"的谐音，将这丛绿竹取名"陪竹"，爱恋之情不言而喻。

　　一天天相处下来，在战争中见惯了生死的两个人非常珍惜对方。1944

年，在林风眠先生主持下，他们结婚了，就这样，生日在农历"七夕"的邹佩珠迎来了她生命中的"画牛郎"。那年，他 37 岁，是 4 个孩子的父亲，而她仅仅 24 岁，风华正茂。

新婚之夜，望着"瘦得只有一层皮，肋骨看得清清楚楚"的他，她心痛难忍，"你放心，我一定要把你的身体调理好。"像"织女"一样善良能干的邹佩珠开始养羊养鸡，一心扑在李可染身上。

爱是引领，不是纵容。有一次，李可染出去办事，遇到好听的戏居然连听三天，全然忘记了家中焦急等待的妻子和出生不久的孩子。回家后，从不发脾气的邹佩珠气得责问他："李可染，你要是这样只迷戏，你的画还能成吗？"当头一棒打醒了李可染，从此他心无旁骛，一心钻研画画，这也是她一生中唯一一次对他发火。

"我把终身托付给他，既是看中了他的忠厚善良，人品好，更重要的是他有才，画好，能成为民族、国家需要的人。如果他一天到晚泡在戏园子里，丢了自己的画，那么我的期望和人生还有什么意义？"在她的支持和鼓励下，李可染的画作受到徐悲鸿青睐，并经他引荐，幸运地成为齐白石晚年最得意的弟子。齐白石欣赏他的才华，曾如此称赞："昔司马相如文章横行天下，今可染弟之书画可横行矣。"

新中国成立后，李可染当选中国美术家协会理事，针对当时有人认为国画是封建文人画，他产生了革新山水画的想法。

要想"精读大自然"，出去写生成为必须，而这也是邹佩珠最为担心和害怕的。李可染的脚是畸形，脚底突出一块，一走路就痛，他的鞋子都是她特殊加工过的，每一双鞋，她都得在鞋底挖一个洞，刚好合他的脚形，然后再加上一层鞋底，而这样一双脚要去跋山涉水，她怎么能够放心呢？

然而他决心已定，她唯有支持。"这辈子我做了多少双这样的鞋真记不清了，鞋坏了之后的路程对可染来说异常痛苦，但他还是会坚持走完。"几年时间里，李可染走遍大江南北，风餐露宿，为了写生，付出了艰苦的代价。回报同样是可喜的，他为中国画发展开辟出一条充满生机的新路，两次"写生画展"的举办，确立了他在山水画坛的地位。

"军功章"有她的一半。他出去写生，少则两个月，多则半年以上，最久的一次长达八个月，行程两万多里。尽管老老小小一大家人，但交给她，他是放心的。

为了让他全身心地投入到创作中，曾在建国时参加过人民英雄纪念碑浮雕创作的邹佩珠放弃了自己钟爱的雕塑，承担起家庭的重担。几个孩子要抚养，老母亲要赡养，他的哥哥妹妹有困难也需要帮助，支撑一家人的吃穿，她一刻都不能停。白天，去好几个学校兼课；晚上，批改作业直到深夜。一天只能睡四个小时。

因为爱情，责任变得甘之如饴。"我很庆幸自己能咬牙熬过来，更庆幸可染在这个过程中取得了他的突破。"为了他心中的艺术理想，她无怨无悔。

"文革"开始，李可染被剥夺了画画的权利，作为"反动学术权威"上台接受批斗，因为头发多，戴不上高帽子，红卫兵就把一盆糨糊全倒在他头上，连番屈辱之下，他一度罹患失语症。好友老舍先生自杀的消息传来，邹佩珠极端害怕，她日日夜夜守在他身边，给他讲开心的事。听说要抄家，她整夜不眠，把家里所有的书都拿出来一页一页检查，生怕有什么对他不利的东西。

终于，风雨尘埃落定。"文革"结束后，李可染重新焕发出了艺术生命，他的山水画以浓郁的生活气息和清新的笔墨意境独树一帜，声誉远达海内外。

好的爱情，是互相成就。他们一起定下目标，共同努力，她创作的雕塑作品《彭雪枫烈士纪念碑雕像》《抗日战争群雕》成为他们共同的艺术结晶。在他的影响下，她的书法和丹青也有了很深的造诣，书法作品充满古韵而又不失现代气息，画作《雨后的苏州洞庭东山农舍小景》受到美术界人士的好评，她创作的《虾》，被他由衷地称赞比他本人画得还好。

山水看遍后，晚年的李可染艺术创作进入更理想的境界，"胸中丘壑，笔底烟霞"，每一幅画都不是简单的风景，而是凝聚着他对祖国的深情。艺术创作又上高峰之后，他对自己提出了更高的要求，然而上苍没有给他更多的时间。1989 年冬天，因心脏病突发，一代大师猝然离世。

初相识时，他只是一个一无所有浑身是病的穷教书匠，是她几十年的精心陪伴，才让他有了如此辉煌的艺术生命。他走了，爱还在继续，她把"李可染书画展"带到台湾的历史博物馆，以八九十岁高龄不知疲倦地主持出版了几十种李可染画集和书刊，她举办大型展览，筹建艺术基金会，并把属于自己的 200 多件李可染作品捐赠给国家，而那些作品，价值不可估量。

作为伴侣和知音，她继续的，是他"东方既白"的遗愿，是他们奋斗一生的目标。

他去世后的 26 年间，她依然住在他们的旧屋里，嘴里仍旧"可染、可染"地喊着，仿佛一切都没有改变。一声声呼唤中，爱，就这样走向完满，走向温暖的春天。

2015 年 5 月 4 日，邹佩珠去世，倾尽一生的执子之手，让爱开出了人世间最美的花朵，如锦般绚烂。

李可染，1907 年—1989 年，近代杰出画家，诗人。

人生路上，

风雨雷电、

寒霜冰雪

也许会同时

向你的头上倾倒下来。

然而，

只要爱人之间的感情在，

坎坷和艰辛都会

化作一种温暖的慰藉。

第五章

愿作屏山将尔护

霍金与简·怀尔德

——我爱过你，我尽力了

"在我 21 岁时，我的期望值变成了零，自那以后，一切都变成了额外津贴。"1963 年，在剑桥大学攻读博士的斯蒂芬·霍金无论如何都不会想到，上一秒，他还是划艇上那个振臂高呼的舵手，下一秒，却被医生无情地宣判"死缓"。而他更想不到的是，命运给予的"额外津贴"竟是如此丰富，除了生命的长度，还有常人难以企及的科学贡献，以及，三个很棒的孩子。

让他把生命活上千百次的，是简·怀尔德。

相识是在朋友家的新年舞会上，在一群沉闷的理科生中，简看到一个头发乱糟糟、穿着黑色天鹅绒夹克、戴着古怪的红色蝴蝶结的年轻人站在角落里，他正在给身边的朋友绘声绘色地讲自己在牛津大学读书时的趣事，那些自嘲的笑话让他笑得直打嗝，几乎喘不过气来。隔着人群，简带着好奇心饶有兴趣地望着他，他的幽默感、他的微笑还有那双狡黠、智慧的灰色眼睛一下子吸引了她。

恍惚间，他向她走过来了。他显然也注意到了她，这个有着淡蓝色眼睛的美丽女孩，看上去羞涩又温柔。他的风趣令交谈非常愉快，学法语和西班牙语的简甚至觉得，枯燥的恒星、宇宙、物理，从他口中讲出来居然那么有趣。舞会结束的时候，她留下了自己的电话号码，并记住了他的名字：斯蒂芬·霍金，正在剑桥大学读研究生。

那一天，成为霍金整个假期里最高兴的一天。从他发现自己经常摔跤、连绑鞋带都变得非常困难时，不安就时刻伴随着他。他想瞒着朋友和家人，直到一次和母亲滑冰时，摔倒在冰上再也爬不起来。

仿佛只是为了惩罚他的懒散和逃避用功，命运就这样和他开了个玩笑，两周的煎熬后，他被确诊为"肌肉萎缩性侧面硬化病"，他会慢慢地失去行走、写字、吞咽，甚至呼吸的能力。医生的结论是："这是无法治愈而且是致命的病，你只能再活两年。"

现实难以接受，颓废的霍金在德国作曲家瓦格纳的歌剧中寻找慰藉，至于医生建议的继续学业，他不置可否，他怀疑自己根本就活不到获得博士学位的那一天。

从朋友那儿得知霍金的病情时，简难过极了，他的不幸让她震惊，她无法相信这深重的灾难会降临在有才华、有魅力的霍金身上。只一次交谈，她已经无法忘记他。几天里，她沉默寡言，信仰基督的她只能默默地为他祈祷。

缘分是如此神奇，纵使没有约定，也终会不期而遇。几天后，他们相遇在牛津火车站，他去剑桥，而她去伦敦上学。见到她，他非常高兴，像平时一样风趣，并正式向她发出邀请，请她在剑桥大学的舞会上做他的舞伴。

尽管他约她跳舞、看歌剧，但很显然，对前景的无望使他并不打算建立长期稳定的关系，迅速衰退的身体也让自尊更加强烈。他掩饰着悲观和失落，拒绝谈论他的病情，她在西班牙度过的那个学期，写给他的信，他一封都没有回。

然而，简没有被他生病的残酷现实吓倒，几次约会下来，她已经无法自拔，"他总能看到事物有趣的一面，他的幽默感十分吸引我"，她希望能帮他"找到十分短暂的幸福"，也渴望有人能分担她的感受，而那个人，就是霍金。她宁愿与他共度有限的生命，也不愿一个人面对孤独。

她完全理解他，不顾他的态度，坚持利用假期去剑桥看望他。她的陪伴和鼓励让霍金重拾起对宇宙学的研究，在一次旅行中，他给简寄去一张明信片，上面写着："我在威尼斯等着你的到来。"

终于，一个秋雨淅淅沥沥的晚上，她等来了他吞吞吐吐的求婚。

年轻、乐观的简，不顾质疑，不管障碍，她没有听从父亲"大学毕业后再结婚"的条件，愉快地答应了霍金的求婚，"我非常爱斯蒂芬，任何东西都不能阻止我和他结婚，我愿意为他做饭、洗衣、购物和收拾家务，放弃我自己以前的远大志向，因为与我面前的挑战相比，那种抱负现在微不足道了"。对于家人、朋友提醒的他的病情，她说："我看起来不像是一个非常坚强的人，但是我爱他，他也爱我，我要和他一起与疾病战斗。"

再多的寒潮和风雪，她都将与他一起分担。

长夜过去，黎明到来，霍金的生活重又有了目标，"恋爱和结婚是我需要的拼劲，如果要结婚就要有份工作，要工作就要完成博士学位，我开始了这辈子的第一次努力工作，令人惊奇的是，我喜欢这样"。

受爱情鼓舞，霍金恢复了活力，他埋头于研究，克服了早期宇宙学里的重大问题，对大霹雳和宇宙起源的发现让博士论文成果丰硕。获得博士学位后，他又成功地申请到剑桥的一份研究奖学金，而这意味着，他可以和简结婚了。

1965 年 7 月 15 日，剑桥的小教堂里挤满了亲友，一对新人接受大家的祝福。那时，霍金已经需要借助拐杖来行走了。虽然行动越来越困难，但他的脸上，却写满骄傲与自信。他的身旁，简披着白纱，笑得甜蜜而幸福，对于新生活，她只有憧憬。

可是没多久，简就感到了无助。霍金的手逐渐不听使唤，很快就失去了吃饭、穿衣的能力。喂水喂饭时，她得时刻关注他，因为他随时可能因为噎着而窒息。尤其是发病时，满屋子都是他刺耳的咳嗽声，站在颤抖着的房间里，简惊慌而又不知所措，恐惧中，她只能抱着像孩子一样的他，等风暴平息，任他在怀中安静地睡去。

这样的生死时刻，一次次地考验着简。

"我一直都知道他是个天才，他会在科学领域取得成功。"靠着这样的信念，简无微不至地照顾着霍金，一边继续着自己的学业。5 年过去了，他不但平安无事，还亲手迎接了两个孩子的诞生。

有了孩子，简更加忙碌了，即使这样，大学毕业后，她也没有放弃自己对西班牙语诗歌的研究，把孩子们送到托儿所以后，她就会坐到图书馆里，哪怕只有五分钟，也要查阅资料，记下笔记，"因为我很早就意识到，在剑桥这个社会里，如果没有一两项过硬的学术资质傍身，只是个在家带孩子的主妇，是会被瞧不起的"。

完整的家庭让霍金充满激情，有着知识分子傲慢的他从不认为自己的家庭是不正常的，他拒绝接受别人"怜悯的帮助"，就连坐轮椅，也是在简无数次的央求下才答应的。长年累月，简的顺从让他忽视了她时刻紧绷的神经。

十年辛劳终于有了回报，1974 年，黑洞蒸发理论的诞生让霍金以 32 岁的年龄成为英国皇家学会会员。答谢会上，简满怀期待地坐在台下，她渴望他能肯定她的付出。然而，谈到自己十年来走过的不同寻常的道路时，霍金感谢了导师和朋友，却始终没有提到简，没有提到家庭，甚至没有给角落里的她和孩子们一个眼神、一个微笑。

讲话结束时，简悄悄地拭去了失望的眼泪。也许霍金忘记了，当他的思绪漫游在宇宙外层空间时，简的事业已经萎缩在了窄小的房间里。智力上，他是巨人，毫不掩饰地以自我为中心；而身体上，却无能无力，非但给不了她一个有力的拥抱，而且禁锢在轮椅上，逐渐退化成初生的婴儿。她给他喂饭、洗澡、穿衣服、梳头和刷牙，承担起他生活的所有方面，渐渐地变为母亲，而非爱人。

简被吞没在婚姻的"黑洞"里，长期的紧张状态消耗掉了她的乐观，"只因想到了孩子们，我才没有去跳河……"

在母亲建议下，简参加了教堂的唱诗班，靠信仰获取精神上的慰藉、满足和希望。在那儿，她结识了丧妻一年的唱诗班指挥、音乐家乔纳森·琼斯，相同的信仰和对古典音乐的共同爱好让他走近了她。与之相反的是，霍金的无神论越来越激进，他公开说"在我的宇宙里没有给上帝安排职位"，他时常嘲笑简的宗教信仰，不愿承认是信仰的力量让简有了直面艰难生活的勇气。他没有意识到，简太需要一种平等的感情交流了。

乔纳森就这样进入霍金的家，他教孩子们弹钢琴，帮简照顾霍金。他和简有说不完的话。他丧妻的痛苦、他的音乐抱负，简能够理解；同时，他也倾听她对霍金和孩子们的担心、对竭尽全力仍感到无望的生活的绝望。他强烈的信仰和积极的态度照亮了她生活的地平线，把她从崩溃边缘拉了回来。

尽管如此，他们的相处始终保持距离，简从未想过要离开霍金，"我不能离开斯蒂芬，就像不能抛弃孩子一样。我不能拆毁自己用乐观的热情建立起来的家庭，毁坏我的家庭等于毁坏了我一生的成就和自己的生活"。无私的乔纳森也同样，他细致地照顾霍金，随时对他的微笑、眼神做出反应。

令人欣喜的是，在乔纳森的影响下，霍金收起最初的敌视，变得温和、平静、善解人意，他更加全力以赴地进行科学研究，不仅获得"爱因斯坦奖"，还当选为卢卡斯数学教授。一直排斥外界帮助的他终于对简说："只要你继续爱我，我不反对有人帮助。"

简对他的爱从未改变，他的自律和进取让她钦佩。她也同样努力，照顾家庭之余，用 13 年时间完成了自己的博士论文。让人难以置信的是，1979年，他们还迎来了第三个孩子。

随着名望的提升，霍金经常受邀参加讲学，在一次去瑞士的旅行中，他不幸感染病毒性肺炎陷入昏迷，医生表示无能为力，建议关闭维持生命的呼吸机。征求简的意见时，她断然拒绝："关闭呼吸机太荒唐了，斯蒂芬该活下来！"

霍金活下来了，代价是气管切开手术让他彻底失去了说话的能力。在一个基金会的帮助下，护士进入霍金的家庭，24 小时轮番监护。从此，家庭没有隐私可言，其中一位叫伊莱恩·梅森的，还强势取代了简的位置。她称霍金是"完美病人"，霍金也越来越享受她的赞美和照顾。

靠着语音合成器，霍金又可以交流和研究了，1988 年，《时间简史》的出版让他成为世界的焦点。走在街上，人们向他鼓掌；回到家中，又不分昼夜地接待来访者。霍金享受着这一切，他成了世界的宠儿，蜂拥而来的媒体却让简不堪重负，"我在家就像一只彬彬有礼的马戏动物，通过表演把令人欣慰的个人琐事提供给新闻界，以满足他们的需要"。

"生活从这时候开始混乱了"，一个周末，当简和小儿子滑雪回来时，霍金已经和伊莱恩搬走了，没有留下任何的解释。

1995 年，分居 5 年后，霍金与伊莱恩结婚。9 个月后，简嫁给了一直等着她的乔纳森。11 年后，霍金的第二次婚姻失败，至于原因，他对外界保持了沉默。

岁月轮转，光阴向暖。霍金离婚后，简重新和他保持着家人般的联系，她定期去陪伴他，每次他去医院，她都会第一个去看望他。在写回忆录《飞向无限》时，和他在一起的 25 年像电影一样重现，"在他想着无限进发的征程上，我能够陪伴着他走过中间一段短暂的旅程，是多么的一种幸运"。

"我的一生很幸运，除了患运动神经元疾病以外。"霍金以他一贯的幽默总结了自己的人生，而他的幸运，是因为有她。青春和爱情，她全部奉献给了他，以至于他们的故事被搬上银幕时，看到扮演霍金的"小雀斑"埃迪·雷德梅恩的造型时，她瞬间就流泪了。那正是他第一次走向她时的样子。

"我爱过你，我尽力了。"结局固然遗憾，但这场爱，不是悲剧，而是——不可复制的传奇。

斯蒂芬·霍金：1942 年—   ，ALS 患者，英国著名物理学家、宇宙学家。

约翰·纳什与艾丽西亚
——有解的爱情方程式

他是数学天才，21 岁时便获得美国普林斯顿高等研究院博士学位，论文《非合作博弈》推翻了 150 年来牢不可破的经济学理论；他是疯子，罹患妄想型精神分裂症 30 年，一度变成一个废人。

然而，他最终从疯癫中苏醒，并站在了诺贝尔领奖台上，而这一切，都因为他的背后有个她。2002 年，根据他们的真实故事改编的电影《美丽心灵》荣获四项奥斯卡大奖，约翰·纳什和妻子艾丽西亚·拉尔德就这样走进了大众的视野。

1952 年，获得博士学位的纳什来到麻省理工学院担任教师，那时，他仅仅 24 岁，被学生们称作"孩子教授"。1.85 米的身高，英国贵族一样的英俊脸庞，"他就像是数学系的黄金单身汉，年轻有为，前途无限，而且非常帅"，他的才华和魅力令他的学生艾丽西亚深深迷恋。

作为麻省理工学院物理系仅有的两名女生之一，来自萨尔瓦多的艾丽西亚美丽优雅，在学生中非常惹人注目，她希望成为居里夫人第二，渴望和一个优秀的人结婚，共同续写居里夫妇的传奇。年轻英俊、才气逼人的纳什无疑能满足她对未来的所有想象，尽管这个"孤独的天才"孤僻怪异，傲慢自负又极难相处，但在一个仰慕他的学生眼里，有才华就够了，"他非常英俊、聪明，这感情有点儿像英雄崇拜"。

在纳什主讲的微积分课上，艾丽西亚总是痴迷地盯着他，但纳什心无旁骛，他只想一心一意地研究他的数学。课程结束后，为了接近他，她悄悄观察他。他喜欢去图书馆，她就在图书馆找一份工作；他爱下国际象棋、看科幻小说，她就每天学棋、经常坐在科幻小说堆里。终于，同样魅力出众的她成功赢得了他的倾心，他们开始频频约会。

1957年2月，纳什和艾丽西亚举行了一个小型的私人婚礼，结婚照上，一对璧人羡煞旁人，她头上披着白纱，幸福地微笑着。

婚后，才华横溢的两个人相爱相惜，纳什依旧专注于数学的思考，解决了一系列重大课题，突破性的论证在数学界光彩夺目，他不仅获得麻省理工学院的终身职位，还被美国《财富》杂志评为数学界最闪耀的明星之一。然而这些都不能令纳什满意，他一直在争取数学界的最高荣誉"菲尔德奖"，因为一些研究结果还没有来得及发表，这一奖项最终与他擦肩而过。

"那时我有了一些名气，取得一些成就，但还没有到达顶端，没有得到最高级别的认可。"一向自恃甚高的纳什无法容忍自己的失败，他非常痛苦。多年的埋头研究已使他的精神和身体精疲力竭，糟糕的是，他已经30岁了，他害怕自己的黄金时期已经过去，高傲的外表下，隐藏着的是焦虑和自我怀疑。就在这时，没有心理准备的他发现艾丽西亚怀孕了。

种种压力之下，纳什的行为更加古怪了，他说话前言不搭后语，讲课时会突然语无伦次。他常常低着头在大楼里走来走去，甚至光着脚走进餐厅。在新年化装舞会上，他打扮成一个婴儿，戴着围兜，吸吮着手指，整个晚上都靠在艾丽西亚的腿上，而她，则像个母亲一样，一直轻抚着他的背。几周后，更坏的情况发生了，纳什冲进麻省理工的教师休息室，声称来自外太空的国家在《纽约时报》上给他发送了密码信息。

确定他已精神失常，他的教学职务被免除了。比纳什更痛苦的是艾丽西亚，眼看着他一步步走向精神分裂却无能为力，这样的打击，足以令人崩溃。

纳什被诊断为妄想型精神分裂症，数学天才被强制住院。病房内，他接受残忍的电击治疗，汗水打湿了头发，额头上青筋暴起。窗外，看到这一幕的她心疼地痛哭起来。她恳求同事们去探望他，希望他们的支持可以帮助他痊愈。就在纳什住院期间，她生下了他们的儿子。

纳什痛恨医院，害怕病房，稍有好转后，在律师帮助下出院。他希望自己能战胜妄想的念头，但病情总是时好时坏。几天后，他取走所有的退休金，宣布要去欧洲。

把新生儿留给母亲，艾丽西亚坚持要和他一起去，她痛苦，也矛盾，但是爱，无坚不摧。从巴黎到卢森堡又到日内瓦，整整九个月，她跟着他游荡了大半个欧洲，受幻听幻觉折磨，他精神紧张、目光呆滞，蓄起的胡子如丛生的杂草，常常蓬头垢面、光着脚丫在大街上晃悠。当他宣布要放弃美国国籍时，无助的艾丽西亚不得不求助于美国大使馆。

在大使馆帮助下，他们被遣返回国。为了帮助纳什恢复，艾丽西亚把家搬到纳什的母校普林斯顿大学附近，她坚持认为，普林斯顿宽容的数学圈子于他的健康有益，"在别的地方，如果你行为古怪，人们可能把你看作疯子，但在普林斯顿，如果你行为古怪，人们会想，你可能是一个天才"。

他没有收入，她找了一份工作，承担起养家糊口的任务；她说服普林斯顿大学为他提供一个无须承担什么责任的工作，只希望他能回归社会，但他幻想有人会对他不利，拒绝填报个人报税表。她的努力白费了。

病魔依旧控制着他，她不得不再次把他送进医院，看着他被注射胰岛素，昏迷、抽搐，像个被残忍虐待的动物，痛苦同样蚕食着她，"我有时觉得这是一种义务，会为了想离开他而内疚，有时会对上帝和约翰感到愤怒，但当我注视着他，把他想成心目中的白马王子时。渐渐地，他就变成我所深爱的人，而我也会变为深爱他的人"。

爱他，明知会失去自由，但她甘愿如此。

半年后，纳什出院，在同事帮助下开始一些研究工作，并发表了患病 4 年来的第一篇论文。然而情况并没有好转，他抱怨艾丽西亚把他送进医院，因为害怕药物会损坏大脑，他拒绝吃药，他对她越来越冷漠，还威胁说要伤害她，甚至有一次差点把儿子溺死在浴缸里。当痴迷于"庇护所"的他再次前往欧洲时，心力交瘁的艾丽西亚提出离婚申请。在申诉书中，她酸楚地说，"他厌恶了我的照料，弃我于不顾……"

然而，爱情不讲规则法律，她的心，仍然牵挂他，放不下他。"我觉得对他来说，最好是过正常的生活"，意识到这一点，她重新把到处流浪的他接回家中，并发誓再也不会把他送进医院。

不久，普林斯顿的学生发现了校园里的奇怪现象，不是黑板上用很小的字体密密麻麻写满了方程式和密码，就是办公室门口有一大堆写满数字的草稿。他们把那个经常穿着红色帆布鞋游荡的神秘人称作"普林斯顿的幽灵"。学生们也注意到，他的身后，总有一个人在跟踪他、保护他。

日复一日，年复一年，除了艾丽西亚，纳什已被全世界遗忘，校园的小道上，他等她来接的身影已经成为普林斯顿大学的一道风景，凄凉又动人。没有人相信他能回到常人的世界，只有她，始终像一杯温开水，不随外界变幻而更改，不因岁月迁徙而转移，给予他的，是永恒的温暖。

漫长的岁月里，爱他、呵护他、包容他成了她的习惯，在和谐宁静的家庭气氛中，纳什的情绪逐渐稳定。奇迹终于出现，在和精神疾病斗争了30年之后，他的理性回归了，不只变得谦恭有礼和蔼可亲，还能做数学题了，会用电脑了，可以和同事们一起讨论学术了。看着他给学生认真讲题，昔日的神采重新焕发，站在教室门口，艾丽西亚的眼泪忍不住夺眶而出。

与此同时，纳什的名字开始经常出现在一流经济学杂志的论文标题里——他21岁时的论文最终引发一场革命，以"纳什平衡"为中心的博弈论成为现代经济的基石之一。

"纳什还活着"，随着他康复的消息传开，学术界沸腾了。人们纷纷猜测他一定是服用了什么最新药物，事实上，从1970年开始，唯一的药，就是来自艾丽西亚的爱。

她的不懈努力终于让命运妥协，更大的惊喜来了。1994年10月11日清晨，纳什接到了来自斯德哥尔摩的电话，因为在博弈论方面的奠基性工作，他被通知获得了诺贝尔经济学奖。在这之前，精神状况导致他错过了好几项荣誉奖项，包括曾与他失之交臂的"菲尔德奖"。

两个月后，站在领奖台上，他的眼睛搜寻着她，开始发表演讲："我的探索从形而下到形而上，最后到了妄想症，就这样来回走了一趟。在事业上我有了更重大的突破，只有在这神秘的爱情方程式中，才能找到逻辑或缘由来，今晚我能站在这里，全是你的功劳，你是我成功的因素，也是唯一的因素。谢谢你！"

台上，他在哽咽；台下，她热泪盈眶。他能康复并获诺贝尔奖殊荣，她付出的艰辛不足为外人道，正如纳什的传记作者西尔维娅·娜萨所说："婚姻毫无疑问是人类关系中最神秘莫测的一种，表面看来肤浅的情感，可以变得惊人的深挚绵长，纳什和艾利西亚的关系就是这样。"

2015 年 5 月 24 日，因乘坐的出租车失控，纳什与艾丽西亚双双遇难。另一个世界，她仍然陪着他一同前往。纳什的一生，仿佛只为解开那个神秘的爱情方程式而来，他成功了，爱情有解，艾丽西亚早已给出了答案。

约翰·纳什：1928 年—2015 年，美国普林斯顿大学数学系教授，1994 年诺贝尔经济学奖获得者。

聂华苓与保罗·安格尔
——三生三世，生生世世

所有的偶遇，如果不是上天的安排，那一定是有心人的等待。

1963 年春天的聂华苓，经历种种变故，正处于人生的低谷。相依为命的母亲不久前亡故；丈夫去美国 6 年，对流亡在台湾的她和孩子不闻不问，婚姻已是癌症晚期无可救药；供职的《自由中国》因为登载过多批评时政的文章而被查禁，社长和同仁被抓，她也时刻面临危险，只能靠微薄的稿费和兼职教书来维持生计，"活着只是为了两个孩子"。一个活在失落和恐惧中的女人，哪有什么心情参加美国文化参赞举办的酒会呢？

冥冥中注定要见到保罗·安格尔。酒会六点散场，犹豫半天后，鬼使神差地，一身素装的她在五点半出了家门，赶到酒会时，正看到一个高大英俊的美国人和几个诗人谈笑风生，他神情爽朗，机智幽默的话语逗得他们哈哈大笑。

她站在他身后，等着主人介绍，可是他越说越得意，旁若无人。等他好半天回过头来，只见一个身材娇小的美丽女子瞪着他说："我站了半天，你也没理我，没礼貌！"她毕业于金陵大学外文系，英文流畅，不过声音听上去冷而尖锐。他瞪着刺猬一样的她，毫不客气地回敬："你来得这么晚，我根本不知道你在这儿，你才没礼貌！"

话是假装狠狠地说的，口气像个斗嘴的孩子。但很快，他就被"她挺立的娇美身子闪烁的张力"怔住了，在诗人眼里，那是最美丽的个性。主人介绍她的时候，像猎狗一样能"嗅得出才气"的他惊讶地发现，这个身上有着磁力的小女子就是他欣赏的短篇小说集《翡翠猫》的作者。

"啊，我要和你谈谈，麦卡迪在华盛顿谈过你。"麦卡迪曾任台湾"美国新闻处"处长，他向保罗推荐过聂华苓的小说。此次台湾之行，保罗就是为他主持的"爱荷华大学作家创作坊"寻访有才华的青年作家去爱荷华学习和创作的。

在《自由中国》供职 11 年，受社长雷震影响，聂华苓有男人般的侠肝义胆、古道热肠，"头脑性感，身子聪明"的她就这样一点点地吸引了保罗。晚宴上，他坐在她旁边，他的眼睛已经情不自禁地跟随她。

为了吸引她注意，鸽蛋烩鲍鱼上桌后，只见他戴上眼镜，用筷子夹起一个柔滑嫩白的鸽蛋，玩魔术似的给每个人看了一圈，这才颤颤悠悠喂进大张着的嘴里，这一幕，把她逗得拊掌大笑。虽然这是他"这辈子最愚蠢的样子"，但能博她一笑，他从此对鸽子都充满感激，只是，"在那以后再没吃过鸽蛋，一个就够了"。

早已是美国著名现代派诗人的保罗有着天生的魅力，能吸引满座的注意力，被人生重担压得喘不过气来的聂华苓，在谈笑中暂时忘记了现实的不堪，她注视着他，那不断变幻的灰蓝眼睛像一道曙光，"温暖，深情，幽默，犀利，渴望，讽刺，调皮，咄咄逼人"，他的侧影，"线条分明，细致而生动"。她突然有一个感觉，这是一个可以放心依靠的男人。

第二天，保罗取消了和别人的午饭约会，他想单独和她在一起。他听她讲她的生活、创作、翻译，怜惜她一个人养孩子的辛苦，她灵巧的双手、智慧的眼神令他痴迷，"她像只精致的小手表，每个细小的零件都反应灵敏"。饭后，她微笑着告别，听着她的脚步声渐渐远去，他的脑海中突然闪过一个让自己都吃惊的念头——这一辈子都可听那脚步声该多好！

保罗婚姻不幸，结婚时，妻子玛丽隐瞒了精神病史，在痛苦和不和谐中，他度过了糟糕的 30 年。遇见聂华苓，他心中突然升起一团无法扑灭的烈火，他开始渴望生命的完整。

在台湾三天，每天的宴会，聂华苓都作为客人被邀参加，可是每次当他问"爱荷华？"她的回答总是三个字：不可能！

临行前一天的晚宴后，他坚持送她回家，车到家门口，他却不许司机停车，"不能停！和你一起三分钟就完了吗？"就这样兜兜转转，只要和她在一起，去哪儿都行，"台北并不是个美丽的城市，没有什么可看的。但是因为身边有华苓，散发着奇妙的魅力和狡黠的幽默，看她就够了"。

车子终于停下了，保罗陪聂华苓走在寂静的小巷，对着满天的星星，他许了一个愿，"我的愿望是再见你，再见你，再见你……"

在飞机上，保罗用手提的打字机给聂华苓写了第一封信，紧接着，第二封、第三封，连续三个星期，无论在日本还是菲律宾，每天一封，所有的信件都表达着同一个意思：世界是两半的，有她的那一半，都是欢喜、希望和光明；没有她的那一半，全是苦闷和黑暗。

出于对文学梦想的追求和摆脱险恶形势的需要，1964 年秋天，爱荷华河边的红叶如火如荼的时候，聂华苓如期抵达，在保罗推荐下，到爱荷华大学执教。第二年，她结束了名存实亡的婚姻，把两个女儿接到美国，在机场，看到泪流不止的她，保罗贴在她耳边温柔地说："看到你们母女终于在一起了，我很感动。"

保罗的蓝眼睛里，是天空一般的纯净，从那一刻起，聂华苓知道，余生的岁月，她与他，不可分割。

受过伤害的人，更懂得爱人。保罗在纽约扭伤脚，回爱荷华休养时，聂华苓就在他身旁悉心照顾，她的玲珑剔透、满怀柔情，每一个细节都让他觉得有情有趣。他远行欧洲，一进旅馆，她的信已经等在那儿，孤身在外两个月，等信、看信成了他最幸福的事，再热闹的场合，"因为没有你，就觉得萧瑟冷清"。于是，繁忙的工作之余，她每天都给他写信，再步行到邮局寄信、寄照片，陪他一起奔波在旅程，而她的照片，就在他的钱包里，随时都会拿出来看一看。

"你真是一心一意地对我好，好得我担心你得到的不够，我要娶你，要享受和你相聚的快乐，所担心的仍是老问题——年岁。10 年以后，我这一头稀发，不白也秃了，你还有什么乐趣？那对你是不公平的。"她的爱，使他像怀春少年一样常常患得患失，收不到她的"可爱的信"就"心情很坏"，既想永远守着她，又怕年龄的差别成为障碍，他甚至想，"倘若你有一个和你年龄相近的人，为你着想，我会要你和他结婚，而牺牲我和你共同生活的幸福"。

他比她大 17 岁，然而，对她来说，年龄根本不是问题，遇见他，她才释放了自己，她更在意的是"妙不可言的心灵相通"，爱情如果是一株玫瑰，它迟早会开花的。

在世外桃源一样安详宁静的爱荷华，聂华苓和保罗一起主持写作工作坊。1967 年，望着波光粼粼的爱荷华河，泛舟河上的聂华苓突发奇想，为什么不在原有的工作坊之外再创办一个"国际写作计划"呢？这个建议让保罗的眼神充满赞叹："你是个了不起的女人！"他是一位既热爱美国也拥抱世界的国际主义者，他庆幸她和他一样，拥护正义，向往美好。

就这样，一个为世界文学的交流和发展做出过不可磨灭的贡献的计划诞生了！保罗和聂华苓每年都会邀请一批各国著名作家到爱荷华写作、研讨，这是文学的"奥林匹克"，也是他们爱情的结晶。然而，保罗的婚姻仍在，他们的爱，只能发乎情止乎礼。

1971 年，结束了不幸婚姻的保罗终于为聂华苓戴上了结婚戒指，那年，她 46 岁，他 63 岁。爱荷华河边小山上的一幢胭脂红楼成了他们的家，红楼的四角吊着四个大风铃，风吹过，叮叮咚咚，此起彼落。屋前，他种了她喜欢的柳树，屋后的树林里，是叽叽喳喳的鸟雀、信步其中的鹿和憨态可掬的浣熊，他们常常并排坐在窗前，她看鹿看鸟，而他只看她，盯着她的侧脸由衷地说："我真喜欢我们的生活。"

有了她，生命苏醒，林中散步交谈、壁炉前喝酒聊天，对他来说，都是享受。他构思了一首长诗念给她听，她惊喜地说："好极了！写！写！"他眼里闪着感动的泪花，"别人不懂的，你懂！你和我是这般默契"。他在楼上书房打字，突然停下来喊："华苓——"听到她回答，打字机的声音才重又响起来；有时他不喊，走下楼来，将手搭到她肩上："我只想知道，你在这儿。"暮年的他，活力依旧，喜欢随时抓起她照相，"我们要留住共同生活的每一刻！"他的声音和眼神里，是深深的依恋和寻觅。

"我要踩着华苓的脚走过的每一寸土地。"跟随聂华苓回到阔别30年的中国时，保罗既新奇又亲切，这块养育她的美丽土地赋予他灵感，不管是在火车上、飞机上，还是颠簸着的汽车上，他都抓紧时间创作，他把对她和她的祖国的爱，都写在这本《中国印象》里。在《致聂华苓》一诗中，他满怀敬意地说："你教我从水中取木，你把一切神奇的爱的真相指点给我……在长江与黄河之间，你把中国的心指给了我。"他感谢中国"在那迷蒙和苦恼的时刻，你把我的美丽妻子给了我"，从没有一个西方诗人能在短时间内写出这么多关于中国的诗，80多首，都因爱她而写。

在他们的共同推进下，"国际写作计划"成为具有崇高国际声誉的庞大的文化机构，24个国家曾联合推荐聂华苓夫妇为诺贝尔和平奖候选人，称他们是"实现国际合作梦想的一个独特的文学组织的建筑师"。中美建交后，萧乾、艾青、丁玲等中国作家也陆续走进这个文学大家庭，在餐桌旁，保罗只要抓住一个人就会不厌其烦地讲述他和聂华苓的罗曼史，对她的爱，他要告诉全世界。

"我只愿生生世世守着你"，1990年除夕，红楼里，炉火正旺，保罗为聂华苓斟了酒，说："华苓，祝我们俩健康快活！我要再重复一遍——和你一起的生活，真是好，没有多少人有我这样的生活。"

相守27年，"每一刻都很满足"，"有谈不完的话，有共同做不完的事"，谁也没有料到，意外来得那么突然。1991年3月，他们满怀喜悦地去欧洲，准备领取波兰政府授予的国际文化贡献奖，在芝加哥机场转机时，去买《新闻周刊》的他心脏病突发，永远地离开了她。

没有挥手，没有告别，只留下一首未完成的诗《当我死的时候》。事实上，早在多年前的一次手术时，他就留下了最后的话："你要知道我多爱你，华苓，假若我出了什么事，你应该过一个很好的生活……"

红楼依旧，小鹿闲闲地散步，柳枝在风中摇曳，书房的日历永远停留在那一天。书柜里，摆着一张保罗坐在石头上的照片，是一个典型的美国绅士，那正是她认识他时的样子。

12年之后，"死里求生挣扎过来"的聂华苓写出了传记《三生三世》，在书中，她深情回忆了这一段"红楼情事"，故事只讲到1991年，因为，"没有了保罗的日子，回想起来，只是一片空白，不写也罢"。

"那份情缘完不了"，只有爱，能解开不死之谜，保罗那黑色的大理石墓碑上，早已刻好了两个人的名字：

保罗·安格尔和聂华苓。

聂华苓：1925年—　，著名华人作家，"世界文学组织之母"。

丁玲与陈明
——遇见你，我是幸运的

　　她的一生，备受争议，从作品到人品。先是受新思想的影响勇敢地解除了外婆包办的婚姻，继而又同时爱上两个男人，并大胆地提出与他们共同生活，再后来，一次不谨慎的情缘又让她在之后几十年深受其苦。个性鲜明的她，崇尚浪漫的自由主义，作品中同样有着"直抒胸臆的风格，长风破浪的豪放"，代表作虽然被译成多种文字在国内外影响巨大，却屡受质疑和争议；一篇渗透着浓浓女性情怀的文章更因观点的尖锐而引起轰动，同时也被当成"大毒草"数次批判，她也因此成为众矢之的，命运急转而下。

　　幸而，她的人生遇到了他，他接纳她的全部，妇唱夫随，与她结伴面对悲惨人生，相爱相守的半个世纪，爱情的滋味百味丛生，无以言表。

　　相遇总是美好的。1937 年 6 月，延安，一场大型文艺晚会正在进行。其时，台上正上演根据高尔基的《母亲》改编的话剧，演伯惠尔的小伙子浓眉大眼、高鼻梁，扮相英俊，表演娴熟，一首《伯惠尔之歌》唱得抑扬顿挫。曲罢，掌声如潮。观众席上，一双聪慧的大眼睛紧紧盯着他，不时闪现出欣喜的光芒。从"伯惠尔"身上，她看到了惨遭国民党杀害的亡夫胡也频的影子，这个叫陈明的小伙子就这样定格在她的心中。

演出结束后，她还沉浸在剧情里，回味着台上的一幕幕，情不自禁地在内心轻轻呼唤："伯夏！伯夏！"

伯夏，是剧中伯惠尔的爱称，而这双大眼睛的主人，正是第一个进军延安的著名作家、时任中国文艺协会主任的丁玲。

那年，丁玲33岁，是两个孩子的母亲。而陈明，风华正茂，只有20岁。

不幸的爱情经历曾令丁玲心灰意懒，陈明的出现让她潜在的情感爆发了。同在西战团工作，一起行军一起演出，浑身透着机灵和活力的宣传股长陈明越来越吸引着她的目光，荒芜的心渐渐生出了绿意。

一次去西安时，上火车前，陈明急性胃病发作，就在大家慌着找担架的时候，丁玲情急之下，一下子把陈明背起来，踏上火车直奔卧铺车厢。到西安后，她又为他做了一条棉裤，特意加长了裤腰，多絮了棉花，只为能给他暖胃。这条棉裤让陈明领悟到丁玲对他的那种超过一般同志的感情。四目相对，暖流在心中荡漾开来，爱情的种子悄悄萌芽了。

渐渐地，看不到陈明，丁玲怅然若失；没有丁玲的陪伴，陈明度日如年。两个同样有着反封建思想的相爱的人是义无反顾的，他们听从内心的指引，让爱自由流淌，不回避不掩饰，丁玲的真诚、热情、直率、才华深深吸引着陈明，让他无法抵抗，不能自拔。

压力很快来了。"你就不怕别人笑话你是个'小丈夫'？""如果你们结婚，能白头偕老吗？"种种议论加上成就、地位、阅历等现实的差距让陈明痛苦不堪，他自责自己爱上一个不该爱的人。为了"让这些日子快点过去"，他选择了逃避，将她火热的洪流拒之门外，闪电般地与一位女演员结婚了。

年轻的陈明很快意识到自己犯了一个愚蠢的错误，他不仅没有从困扰中解脱出来，相反，对丁玲的思念更加不可遏制，而丁玲内心的悲痛，他一样感知着。虽然他努力去爱妻子，但还是无法欺骗自己的感情。他终于懂得，真正的爱情不是他人眼中的完美匹配，而是相爱的人彼此心灵的相互契合。

一年后，陈明与妻子和平分手，结束了这段短暂的婚姻，这也成了他一生最内疚的事。像一艘在风雨中飘摇的小船，这一次，他终于找准了爱情的航线。

1942 年 2 月，在人们的挖苦和讽刺声中，25 岁的陈明与 38 岁的丁玲正式结婚了。没有婚礼，没有请客，没有祝福，两人手牵着手走在延安的街头，将绵绵情丝挂之于山林树梢。从此，他成了她的"伯夏"，她做了他的"小菡"（丁玲作品《过年》中的主人公），他们彼此，是生命中的唯一。

新婚是甜蜜的，因为工作的关系，两人时有短暂的离别。一次过中秋节，陈明不在身边，丁玲在日记里写道："伯夏，你现在在做什么，我知道，你的心是不能为月饼弄甜的，你会想着我，痛苦地想着我！"陈明也同样倾诉着对她的思念："小菡是带病走的，今天好了没有呢？旅程是艰苦的，让我祝福她一路平安吧！""菡走了一个星期了，为什么还接不到她的来信呢？她的身体是否因为旅途的劳顿颠簸而迄未复原呢？""我不会谈情说爱，然而我却是爱菡的！"彼此恩爱可见一斑，这份爱，不仅温润着他们自己，同时也温润着那些世俗的心。

婚后，陈明一切以丁玲为中心，对她的关心和照顾坚实又笃定。

1946 年，土改运动轰轰烈烈地开展，他们辗转在晋察冀边区，一起投身运动，一起捕捉人物形象，收集创作素材。坐在陈明特制的椅子上，在他亲手堆砌的炉火前，丁玲完成了享誉世界的长篇小说《太阳照在桑干河上》。手稿上，陈明的手迹随处可见。这本书，同样凝结了他的智慧和付出，他被她戏称为"改家"。丁玲在赠送给陈明的书上题词："留给陈明，因为你给我许多帮助，使我这本书写得比较少一些错误和缺点，而且当我写作的时候，不至为外界所影响我的情绪，我是应该感谢你的。"

爱情是一株有生命的玫瑰树，要想长久吐露芬芳，就要承受那些含泪的刺痛。

1955 年，政治风暴突如其来，丁玲再次迎来人生的劫难，接下来的运动无一幸免。受历史问题的牵扯，她被定性为"反党小集团"、右派分子，屡受批判。每次会上，陈明都自始至终陪在她身边，看着她被羞辱作践，欲哭无泪，他的心也如刺进尖刀利刃一般。1958 年，《三八节有感》遭遇"再批判"，陈明因为不肯与丁玲划清界限，夫妇俩同被开除党籍，下放荒凉寒冷的北大荒。那一年，丁玲已经 54 岁了。

"不管到哪里去都不害怕，只要我们两个人在一起。"颠沛的命运里，是他给了她活下去的信念。

在北大荒的艰苦岁月里，陈明不离不弃守护着丁玲，每次外出时，他都给她备好粮食，挑足水，烧热炕，在精神上安慰她、开导她、鼓励她，只要看到陈明，丁玲满脑子的乌云就散了。1961年，陈明被通知：右派帽子摘掉了！陈明没有丝毫欣喜，问的第一句话是："老丁的帽子摘了么？如果没有，那我也不摘！"险恶的风浪，他要陪她一起挺过。随后的"文革"灾难中，在只有7平方米的阴暗逼仄的牛棚，丁玲忍受着"文革"青年擀面杖、皮带的摧残，扑挡上去的陈明身上也留下道道血痕。他紧握着她的双手传递着一个信息："不要难过，有我在你的身边。"

12年的苦难没有到头，更严峻的考验到来了。

1970年春天，他们双双被关进北京秦城监狱。在狱中，丁玲靠背古诗词来防止语言和思维能力下降，为了活动腰腿，就用破毛巾、卫生纸扎成球往墙上投，精神和肉体的摧残虽然使她衰老，但她内心，一直记着和他在牛棚的约定："一不能死，二不能疯。"她一定要活着见到她的伯夏！而监狱那头的他，担心着她的腰病，担心着她的精神状态，每每唱起《伯惠尔之歌》就会忍不住潸然泪下，他们的相识、相知、相爱，就是从这支歌开始的。

5年梦魇般的日子终于过去了，1975年，历经沧桑的两人在长治劫后重逢，悲喜交加。

"满头银发胜少年，药不离口心常甜。泰山压顶步履健，葵花向阳色更鲜。"在陈明的鼓励下，古稀之年的丁玲开始继续创作，1978年，摘掉右派帽子的丁玲复登文坛，《人民文学》第一时间发表了散文《杜晚香》。此后的7年，她又以多病之身写出包括回忆录《魍魉世界》和《风雪人间》在内的100多万字的作品。往昔就像陈年佳酿，从创作之杯中散发出浓郁芳香，杯中倒映的，是历经磨难之后的超拔与清澈。

"如果没有你，我是不可能活到今天的；如果没有你，我即使能活到今天，也是不可能继续写出作品来的。"如果说丁玲是一个神话，那么，让这个神话永生的，则是陈明。几十年受株连、遭蒙冤，他始终无怨无悔，他的一生，只为爱她而来。

可是，她就要先走了，最放心不下的，就是他。在生命的最后时刻，看着相伴一生的爱人，她眼神里流露出无限的眷恋，勉力发出最后的声音："你再亲亲我，我是爱你的！"

那一刻，他强忍泪水，肝肠寸断。

1986 年 3 月，北京的初春乍暖还寒，她走了。遗体告别仪式上，他送了花圈，绸带上写着："你慢慢地走，从容地走……"不远的天空中，两只相爱的鸟儿，在风雨中奋力拍打着翅膀，相互依偎着，朝同一个方向飞去……

丁玲：1904 年—1986 年，现代女作家。

赵元任与杨步伟

——爱情蜜蜜甜

罗素有句名言："爱情只有当它是自由自在时，才会叶茂花繁。"谁说不是呢？

她小时候离经叛道，祖父疼爱她，允许她穿男装，不缠脚，像男孩一样养。7 岁上私塾，老师讲："孔子曰：割不正不食。"她立刻批评："他只吃方块肉，那谁吃他剩下的零零碎碎的边边呢？"这样一个敢说敢想敢干的女子，退掉一桩指腹的婚姻，那简直是小事一桩。

他 14 岁时，家中长辈未经他同意，为他订了一桩婚事，在日记里，他极其郁闷地写："婚姻不自由，至为伤心。"于是时刻想着退婚。4 年后，终于以"女方大两岁"为由成功说服家人。

最终，他却爱上了大他三岁的她，可见，爱情是没有理由的，不爱，却各有各的理由。

起先，她是打算独身的。在日本获得医学博士学位后，她和好友在北京开了医院，准备干一番轰轰烈烈的事业，那时，他常来医院做客，被她的好友看上了，她也乐得成人之美，经常制造机会让二人独处。他一看她会错了意，急得不行，终于在一个清晨约她出来，鼓起勇气开口表白："就那么算了吗? ——我是说咱们?"

原来他每次去医院,为的只是她!而折服他的,竟然是她的"大丈夫"气质。就这样,他的一句话,把她从野心勃勃的女强人变成了相夫教子的贤内助,人生从此"华丽"转身。

结婚是两个人说了算,意见高度统一,于他,是要"破除近年来新旧界中俗陋的虚文和无为的繁费的习气",而她更是豪气干云:"结婚这个事只两个人的关系最大,别人不过加入热闹而已。"于是,亲友们在收到的结婚通知书上看到这样的话:"在这封信未到之先,已经在 1921 年 6 月 1 日下午三点钟,东经百二十度平均太阳标准时,在北京自主结婚。"

胡适看不过去了,说至少要请两个证婚人,贴四毛钱印花,才算合法。于是,他请了同学胡适,她请了同行朱徵,她亲自下厨做了四样美味的小菜,补贴了四角钱印花税票,婚姻大事就此完成。

她重色轻友"横刀夺爱",好友与她决裂,无奈,一段友谊画上了句号。

医院是开不下去了,可一向风风火火的她哪里闲得下来,他在清华当教授,她便联合了几位教授夫人在校门外开了一间小饭馆,无论她想干什么,他都表示支持。生意是异常火爆,可她大大咧咧的性格从不计较钱财得失,时间一久,居然只赔不赚。后来,当他得知 400 元本钱都被赔光了时,也毫不介意,戏谑地送她两句打油诗:"生意茂盛,本钱赔净。"

家庭生活里,他从不与她争吵,凡事唯她马首是瞻,慢慢地,就传出了"惧内"的名声,他也不否认,幽默地回应:"与其说怕,不如说爱;爱有多深,怕就有多深。"她则说:"我在小家庭里有权,可是大事情还是我丈夫决定。"末了,又补充一句:"只不过大事情很少就是了。"夫妇和谐,令人莞尔。

只有一事,生性敦厚、不喜争名夺利的他提出了要求:别逼他做官。几所大学请他担任校长,他一一婉拒,后来教育部长找到她头上,想请她劝说,她毫不客气地给对方吃了闭门羹:"我从来不让他做行政事!"

他喜静,她爱闹,性格迥异,却相互理解,相亲相爱,可见一斑。

他是公认的才子,在语言、音乐、学术方面都非常投入,希望有一个安静的环境做自己喜欢的事，可是战争打破了这一切，对未来的惶惑迫使他做出了去哈佛做讲师的决定。

跟着他到美国定居后，他醉心学问，赚钱的能力实在不敢恭维，但他的幽默却能让日子活色生香。没钱买家具，他说不怕，"只要有褥子就行，摊在哪儿都是一夜"。她也不等不靠不抱怨，先是变卖自己随身带着的贵重饰物，到菜市场捡人家丢弃的水果、菜叶；到后来，干脆挺着大肚子用分期付款买来的缝纫机，轰隆隆地做了一整夜的女工，把从国内带去的衬裙、绣活儿做成手袋，然后拿到美国太太的茶会上去卖，不仅解决了吃饭问题，还由此练就了一手快活儿，颇为得意。

讲起这些，她乐呵呵地总结："嫁了一个教授，都是吃不饱饿不死的。"

她性格直爽、雷厉风行，相夫教子之余，喜欢给自己找乐子。一时兴起，爱好烹饪、有一手好厨艺的她在美国编起了英文版《中国烹调》，单词不知道没关系，他就是一部活字典。书出版了，居然畅销一时。受到鼓励，她又接着写了回忆录《一个女人的自传》《杂记赵家》，令他刮目相看、啧啧赞叹。后来，胡适也看到了，给出的评价是"真有一手"。

不过，她也有"没一手"的时候。到美国30年，英文一直说不好，经常是"那么流利那么错"，文法错误常被他在学术演讲时当作反面教材，"因为她一不留神就说出些中国话的文法的绝好的例子"。公然"丢丑"，她也毫不在意，只哈哈一笑："不要紧，我又不是语言家！"彼此的打趣逗乐，成了爱情里不可或缺的调味剂。

携手几十年，她是他的妻子、医生、外交官，打理他的生活，照料他的健康，为他处理他最不擅长的人际关系，在她的羽翼护佑下，他成为著名的数学家、语言学家、哲学家、翻译家、逻辑学家、音乐家……1973年，夫妇俩回到祖国，受到周恩来总理的接见，他诙谐地向总理介绍："她既是我的内务部长，又是我的外交部部长。"

是啊，他的学问能走上高峰，岂能少得了她的功劳？

他们的爱情那样甜蜜，那样长久，一对神仙眷侣简直羡煞旁人。银婚纪念日时，胡适送上《贺银婚》："蜜蜜甜甜二十年，人人都说好姻缘。新娘欠我香香礼，记得还时要利钱。"到金婚时，胡适已经作古，步胡适诗韵，她自题一诗："吵吵争争五十年，人人反说好姻缘。元任欠我今生业，颠倒阴阳再团圆。"他见状，也即兴和了一首："阴阳颠倒又团圆，犹似当年蜜蜜甜。男女平权新世纪，同偕造福为人间。"

毫无疑问，这样的相得益彰，这样的水乳交融，只一世，哪里爱得够呢?

他是赵元任，中国现代语言学之父，中国现代音乐学先驱；她是杨步伟，终其一生，步入了一场伟大的爱情，而这爱情里的男主角，唯有他。

1981 年，93 岁的杨步伟因心脏病去世，赵元任悲痛万分，"一时精神很乱，不敢说回'家'了"，次年 2 月，对人间已无眷恋的他便紧随她而去。这一生，对爱情最好的诠释，他都留在了那首由他谱曲并流传于世的《叫我如何不想她》里：

天上飘着些微云，

地上吹着些微风

啊! 微风吹动了我头发

教我如何不想她……

赵元任：1892 年—1982 年，中国著名的语言学家、哲学家、作曲家，中国语言科学的创始人。

任鸿隽与陈衡哲
——愿作屏山将尔护

能让一位坚定的独身主义者心甘情愿步入婚姻的殿堂，究其原因，恐怕唯有"爱情"二字吧。

出身书香门第，母亲是画家、书法家，父亲是学者、诗人，陈衡哲注定不同寻常。4 岁时，习诵诗书，"咏絮之才"初现；7 岁时，她同中国女人传统的枷锁——缠足小战一场，获得全胜佳绩；十一二岁的时候，梁启超、谭嗣同成了她的偶像；13 岁，不顾母亲劝阻，走上孤独的求学路；17 岁，与父亲对峙，坚定抗婚，从此立下"我永远不结婚"的誓言；24 岁，顺利通过考试，成为我国十位获奖学金赴美的第一批女留学生之一，"渴望自由，决心在知识界发展"，可以想见，在清末，这样一个大龄"剩女"的宣言该是多么惊世骇俗！

然而，谁能料到呢？命运竟为她安排了任鸿隽，他不仅懂她、理解她，而且对这个"不容易与一般的社会妥协"的女子表示，"希望能做一个屏风，站在你和社会的中间，为中国来供奉和培养一位天才女子"。

是的，他对她一见如故，不过此前，早已心仪已久。他们相识于留美期间，那时，他主编《留美学生季报》。有天，他收到署名"莎菲"的投稿，一时惊为天人，那篇《来因女士传》"文辞斐然，在国内已不数觏，求之国外女同学中尤为难得"。之后，两人开始书信交流，在任鸿隽的邀请下，陈衡哲加入了中国科学社。

一年后，在科学社的首次年会上，任鸿隽终于一睹芳容。眼前的陈衡哲，着浅色旗袍，身材娇小，眉目清秀，虽然不施粉黛，亦无首饰加身，却别有一种迷人的风情，眉宇间的英气更令他怦然心动。留影时，他与她比肩而坐，定格在照片上的拘谨泄露了内心的秘密。

分别之后，任鸿隽作诗称赞："莫向湘沅觅彼偶，似此孤芳岂多有。"且"爱慕之情与日俱深"。然而，他这厢害着相思之苦，却无法向伊人表白，无奈，一腔相思只好对月遥寄："不知近何事，明月殊恼人。安得驾蟾蜍，东西只转轮。"作为局外人，好友胡适看得清楚，戏谑地把此诗改为："不知近何事，见月生烦恼。可惜此时情，那人不知道。"

岂不知，陈衡哲对高大、深沉、儒雅的他，又如何没有感觉呢？半首残诗可见心迹："天上风吹云破，月照我们两个，问你去年时，为何闭门深躲？谁躲，谁躲？那是去年的我。"

就在任鸿隽把爱情的幸福快乐、甜蜜痛苦都栖息在陈衡哲的身上时，竟意外收到陈衡哲寄来的《风》《月》二首，从字面上看，虽然仅是歌咏自然风物，但任鸿隽还是激动不已，自古风月总关情，美丽的恋情像松鼠藏坚果一般，被任鸿隽隐匿在最安妥的树洞里。

"清香合供《来因传》，新月重填百字词"，序幕徐徐拉开，自矜而又卓尔不群的陈衡哲恋爱了！爱情就是这样神奇而不可捉摸，它的力量不是谁能管束得了的，上一刻，她还是个坚定的独身主义者，下一刻，却想把这个骄傲自豪的消息告诉全世界。

在给三姐的家书中，陈衡哲这样说："他对于我们的结婚有两个大愿望。其一是因为他对于旧家庭实在不满意，所以愿自己组织一个小家庭，俾种种梦想可以实现。其二是因为他深信我尚有一点文学的天才，欲为我预备一个清静安闲的小家庭，俾我得一心一意地去发达我的天才。"

四年后，两人双双回国，29 岁的陈衡哲打破了自己不婚的誓言，在蔡元培和胡适的见证下，与 33 岁的任鸿隽订了终身之约。

　　婚后，一对才子佳人倾心相随，任鸿隽致力于科学救国，陈衡哲则一心著书立说，代表作《西洋史》问世后，一时洛阳纸贵，连续再版，当时的青年学子，无不以求得一套《西洋史》为荣。同时，学者教授的爱情也并非常人眼中的呆板无趣，温暖的情味无处不在。在友人家做客时，面对旁人的赞美，她笑意盈盈地和身边温文尔雅的他交换一个眼色，他的嘴角便情不自禁地弯了上去，眼神里，含情脉脉。

　　兼兄长、知己、丈夫、情人于一身，任鸿隽处处宠爱着陈衡哲。有一次，夫妻俩像小儿女一样在家争闹，她瘦小的身躯撑成一个"大"字，两手两脚使劲张开，就那样挡在卧房门口，不让他进去，他连续几个"饿虎扑食"，想从一边攻进去，屡试屡败，她胜利了，得意地、淘气地笑，他输了，却也只呆呆地跟着笑，那神情，可爱又无奈。

　　人生路上，风雨雷电，寒霜雪雨，有时会在同一个时辰向你的头上倾倒下来，然而，只要爱人之间的感情在，坎坷和艰辛都会化作一种温暖的慰藉。

　　任鸿隽在川大任校长时，陈衡哲随他一起赴任，期间，她连续发文抨击四川军阀和官僚的腐败，并对女学生"宁当英雄妾，不做庸人妻"的论调进行了有力的批驳，长篇通讯《川行琐记》更让四川当局又惊又惧，污蔑、谩骂、威胁、恫吓接踵而来，陈衡哲愤而离川，带着一双儿女回了北平。对于妻子的作为，任鸿隽妇唱夫随、鼎力支持，学化学出身、平时做文章不多的他也为四川问题接连写了两篇文章，后来，又不顾胡适等人的力劝，坚持与妻子共进退，毅然辞去了川大校长的职务。

　　在任鸿隽的呵护下，陈衡哲的成就更加卓越，受邀到西南联大作讲座，"盛名引来了大批听众，以致昆中北院那间大教室挤满了听众，座无虚席"，甚至，"清华北大的史学方面的教授，一个也不肯坐下，都站在台角边静听"，就连周恩来总理，接见她的时候都说："我是您的学生，听过您的课，看过您写的书。"

　　他没有食言，始终是一面屏风，为她遮风挡雨；她也没有辜负他的厚望，"一代才女"名扬天下。

1961 年，75 岁的任鸿隽突发脑血栓去世，失去了同甘共苦的知音和伴侣，几近双目失明的陈衡哲悲痛无比。停笔多年的她摸着纸写了数首哀词，其中一首《浪淘沙》催人泪下："何事最难忘，知己无双；'人生事事足参商，愿作屏山将尔护，恣尔翱翔'。山倒觉风强，柔刺刚伤；回黄转绿孰承当？猛忆深衷将护意，热泪盈眶。"次年 7 月，她又闭目写了数千字的悼念文——《任叔永不朽》，对于他一生的"屏风"之举，她这样感慨："这样的深契与成全，又岂是'男子生儿愿为之有室'的那个平凡愿望所能了解的？"

他走后，她过了十几年近乎隐居的生活，1976 年 1 月 7 日，盘踞在心头的那个名字，终于成为她双唇间最后的音乐。

任鸿隽：1886 年—1961 年，化学家、教育家。

闻一多与高孝贞

——恨亦深，爱亦真

对自由爱情的憧憬和追求，古今中外，概莫如是。内心火热的诗人闻一多更是如此，在清华读书时，他便在文中这样写道，"女性是诗人的理想，诗人眼里宇宙间最高洁最醇美的东西便是女性""严格说来，只有男女间恋爱的情感，是最热烈的情感，所以是最高最真的情感"。

遗憾的是，理想中"最高最真的情感"终究无法抵抗现实中的"父母之命，媒妁之言"。

1921年底，即将毕业准备赴美留学的闻一多收到父母的来信，即使不看他也猜得出，又是催他回家结婚的。尽管他曾多次据理力争，可在那样一个父权社会里，显然无济于事。苦恼万分的闻一多只能借诗抒发痛苦："你看！又是一个新年——好可怕的新年！张着牙戟齿巨的大嘴招呼你上前；你退既不能，进又白白地往死嘴里钻！"

就这样，1922年的新年，成了他生命中"最痛苦的一天"。

父命难违，闻一多回乡成亲，但他同时提出"不祭祖、不行跪拜礼、不闹洞房"的条件，以此来消极抵抗。结婚那天，他早早就钻进书房看书，在家里人的生拉硬拽下，勉强理发、洗澡、换衣服，可当花轿到来的时候，他这个新郎又躲到了书房。

新娘叫高孝贞，是闻一多的远房表亲，读过私塾，没有裹脚，这在当时，已经非常难能可贵，然而对包办婚姻恨之入骨的闻一多竟是不肯多看她一眼。蜜月是在极度反感和逃避中度过的，闻一多靠读书和研究诗文排解痛苦，那期间，完成了洋洋两万余字的论文《律诗的研究》。

经历过五四的洗礼，最终却成为封建礼教的牺牲品，绝望之下，闻一多给弟弟写信，痛说自己的不幸，"大家庭之外，我现在又将有了一个小家庭，我一想起，我便为之切齿发指！""家庭是一把铁链，捆着我的手，捆着我的脚，捆着我的喉咙，还捆着我的脑筋；我不把他摆脱了，撞碎了，我将永远没有自由，永远没有生命！"他甚至决绝地说"将以诗为妻，以画为子"，字里行间，内心的愤懑无以复加。

回到清华后，闻一多渐渐冷静下来，婚姻已成事实，他必须对妻子和家庭负起责任来。思考中，他首先想到的是，妻子不应该只是一个恪守妇道的女人，而应该成为一个有学识、有思想的新女性，他决心帮助她。

"我此次归娶，纯以恐为两大人增忧。我自揣此举，诚为一大牺牲。然为我大人牺牲，是我应当并且心愿的。如今我所敢求于两大人者，只此让我妇早归求学一事耳！如两大人必固执俗见，我敢冒不孝之名，谓两大人为麻木不仁也。"在给父母的家信中，一向说话恭敬的闻一多言辞激烈，希望父母早日从娘家接回高孝贞，送她去读书。

在他的坚持下，高孝贞进入武昌女子职业学校。赴美留学后，闻一多经常写信关心她的学习情况，在信中，他以美国著名女诗人为例鼓励她，"女人并不是不能造大学问、大本事，女人并不弱似男人，外国女人是这样，中国女人何尝不是这样呢？"

在与高孝贞的鸿雁传书中，闻一多逐渐产生了同情与共鸣，身在异国的他生出了相思之情，尤其是得知女儿出生的消息后，这种情感越发浓烈，高孝贞的音容笑貌也在脑海里日益清晰起来。

源源不断的爱从心底迸发，仅仅用了5天时间，他便完成了包括42首诗在内的组诗《红豆》，虽然他指出"我们弱者是鱼肉，供在礼教底龛前"，但是诗中也充满了无限深情与思念，"爱人啊！/ 将我作经线 / 你作纬线 / 命运织就了我们的婚姻之锦 / 但是一帧回文锦哦！/ 横看是相思 / 直看是相思，顺看是相思 / 倒看是相思 / 斜看正看都是相思"。

孤身在外，人又热情似火，经常与留学生一起参加活动，感情泛起波澜也是极正常的事，他内心承受的，是东方伦理与西方自由爱情的搏斗，一首诗中可觅踪迹，"分手吧，我们的相逢已成过去 / 任心灵忍受多大的饥渴和懊悔 / 你友情的微笑对我已属梦想的非分 / 更不敢祈求你展示一点爱的春晖。"受传统思想浸润的闻一多，一想到家中的妻女，就不待感情萌芽，毅然把它掐死在了摇篮里。

1925 年夏天，闻一多提前两年结束了留学生涯，回到北平国立艺专任教，他把高孝贞和女儿接到北平，开始了真正的小家庭生活。脱离了礼教的约束，高孝贞也变得热情主动，家务之余，她与闻一多一起读诗看书，逗弄女儿，这迟来的"恋爱的情感"让闻一多变成了一个热爱家庭的人，他对好友说："世上最美好的音乐和享受，莫过于午夜间醒来，静听妻室儿女在自己身旁之轻轻的、均匀的鼾息声。"言语间，无不透出幸福的味道。

随着几个孩子相继出生，闻一多的家里充满天伦之乐，家庭再也不是"一把铁链"了，相反，变成了他温馨的港湾。

好景不长，卢沟桥的枪声打破了生活的宁静。1937 年 6 月，高孝贞带着两个大儿子回湖北探亲，闻一多与三个小儿女留在北平，炮声中，家庭被迫分隔两地。危难时刻，他更加想念妻子，只能在信中倾吐思念，"这时他们都出去了，我一个人在屋里，静极了，我在想你，我亲爱的妻。我不晓得我是这样无用的人，你一去了，我就如同落了魂一样，我什么也不能做。亲爱的，我不怕死，只要我俩死在一起"。"今天早晨起来拔了半天草，心里想到等你回来看着高兴，荷花也放了苞，大概也要等你回来开，一切都是为你。"

经过兵荒马乱，在妻子的催促声中，闻一多带着三个孩子回到武昌。西南联大成立后，闻一多打算随校到昆明任教，就在这时，老友顾毓琇邀请他到战时教育问题研究委员会工作，因为不符合自己的兴趣，他拒绝了这个"做官"的差事。高孝贞知道后非常生气，她恳求他留在汉口和她一起照顾家庭，闻一多却心意已决，执意要走。

赌气之下，他离开时她也不理，并且一个月不给他写信，还不许孩子们给他写信。又担心又难过的闻一多途经武汉时写了一封长信给高孝贞，信中说："你不应该勉强一个人做他不愿做也不能做的事""如果你马上就发信到昆明，那样我一到昆明，就可以看到你的信。不然，你就当我已经死了，以后也永远不必写信来。"

徒步一个多月后，刚到昆明的闻一多就接到高孝贞和孩子们写的信，欢喜之下一扫疲惫，他立刻回信，说自己"现在是满面红光，能吃有睡，走起路来，健步如飞"，经过这一小小的波折，他们彼此，更添了理解和尊重。

不久，高孝贞带着孩子们前来团聚。时局越来越紧，供应越来越差，联大教授大多破衣蔽体，食难饱腹，人口多，负担重，闻一多的薪水根本无法养活一大家人，授课之余，他靠"挂牌治印"补贴家用。每到深夜，看着劳累一天的他仍在灯下劳作，她总会悄悄地端上一杯热茶和一块孩子们都舍不得吃的点心。

困苦的环境下，官宦家庭出身的高孝贞学会了开垦荒地，种些时令蔬菜，她还带着孩子们下河打捞小鱼小虾，勉强改善生活。为了躲避空袭，在昆明 8 年，搬家 8 次，其间的担惊受怕、辛苦操劳可想而知。然而，清苦的日子里，一家人亲亲爱爱，这就是最大的幸运与幸福。

"上课黄昏后，楚辞红锡包"，在清华园时，闻一多的吸烟"美名"就流传在外，可是，为了一家人不至于饿肚子，他决定戒烟。高孝贞却坚决不同意，"你一天那么辛苦劳累，别的没有什么可享受的，就是喝口茶、抽根烟这点嗜好，再困难也要把你的烟、茶钱省出来。"

"红锡包"没有了，"大前门"也没有了，看着闻一多被劣质的旱烟呛得咳嗽不止，高孝贞心疼不已。"我来给你做"。她挑选嫩一点的烟叶子，洒上一点酒和糖水，揉匀后，用刀切成细细的丝，再滴几滴香油，耐心地用温火烘焙，制成的烟丝色美味香。从此，闻一多吸上了他那著名的烟斗，他常常美滋滋地向朋友介绍："这是内人亲手为我炮制的，味道相当不错啊！"赞美之情溢于言表。

在闻一多的熏陶、感染下，高孝贞不仅是他生活上的伴侣，还成为他最坚定的支持者。1945 年 10 月，蒋介石发动昆明事变，特务们冲进西南联大殴打、杀害爱国学生，刽子手李宗黄喜好附庸风雅，他久慕闻一多之名，想以丰厚的润资请闻一多为他治印，被闻一多断然拒绝。高孝贞也毫无惧意："饿死也不要这几个臭钱！"他的内心世界，她早已熟知。

作为中国民主同盟会委员兼云南省负责人，闻一多英勇地投身爱国民主运动，在反动派的名单上，他"榜上有名"，特务甚至悬赏 40 万买他的人头，地下组织和朋友劝他离开，美国加州大学以优厚的条件请他去讲学，他一一婉拒，"我不能离开苦难的人民，昆明还有许多工作等着我做"。他的每一项决定，深明大义的高孝贞都坚决支持。

"一个人要善于培植感情，经过曲折的人生培养出来的感情，才是永远回味无穷的。"从"切齿发指"的恨到对家庭由衷的爱，这是闻一多对爱情婚姻的切身体会。

1946 年 7 月 11 日，著名爱国民主人士李公朴遭到暗杀，闻一多不顾发着高烧、不顾时刻逼近自己的危险，在清晨五时赶到医院抚尸恸哭。

明知他就是第二个被暗杀的对象，高孝贞担心到了极点，她含泪劝他不要往外跑了，面对他"事已至此，我不出则诸事停顿，何以对死者"的回答，她又强忍住了劝阻。预料之中，4 天后，在李公朴殉难经过报告会上，特务们的叫嚣让闻一多拍案而起，发表了气壮山河的"最后的讲演"，当天下午，他就倒在了自家的大门外，年仅 47 岁。

她不顾一切地扑向他，身上沾满了他的鲜血，为了孩子们，为了他的仇，她必须坚强地活下去。

在组织和朋友们的帮助下，几经周折，已改名为高真的高孝贞带着孩子们回到北平，她继承了他的遗志，她的家成了中共的秘密联络点，后来，她又冒着生命危险，投身解放区。红烛的光芒，她要接力下去，她知道，这样的她，一定是他更加喜爱的。

从花开到花落，这爱情里也许少了一点浪漫，可是，这丰富的心灵、高尚的品质，这勇敢和牺牲精神的统一，难道不是活泼泼的爱情生命里最生动、最唯美的注脚吗？

闻一多：1899 年—1946 年，著名学者、诗人，民主斗士。

叶圣陶与胡墨林
——走在一起是缘分

　　说起来，缘分真是件奇妙的事，茫茫人海中，总有一个人在未知的地方等着你来，而你来到这个世间也只是为了遇见他（她），与之牵手，并成就一世情缘。

　　等着叶圣陶的那个人，是胡墨林。

　　1912 年 2 月，18 岁的叶圣陶应邀参加同学的婚礼，"秀才人情纸半张"，他和好友顾颉刚各送了一幅字以示祝贺。顾颉刚作了一副长联，爱好诗词的叶圣陶则填了一首《贺新郎》，两幅字就悬于新房醒目位置，其斐然文采如行云流水，引起了客人们的兴趣，其中的一位中年女性更是赞赏不已。看着这两位气宇非凡的青年，她悄悄向叶圣陶的同学王伯祥打听："这两位都有家室了吗？"得知叶圣陶还未成家，她便请王伯祥做红娘，要将侄女胡墨林许配给叶圣陶。其时，胡墨林 19 岁，就读于北京女子师范学校。

　　既是读书女性，又不要任何彩礼，这天大的美事让家庭拮据正为儿子婚事发愁的叶圣陶父母欣喜不已，那边相中了他的人品才华，这头又是值得信任的好友亲自做媒，叶圣陶于是"全凭二老做主"，交换了照片，这桩"包办婚姻"就算定下来了。照片没有刻意修饰，他穿着长衫，头发有些乱蓬蓬的，她则穿着肥大的短褂和裙子，显得有点矮胖，意外的是，两人竟然都毫不在意。

婚姻完全是旧式的，四年时间，没有通信也没有见面，直到1916年8月19日，来自苏州的他和来自杭州的她幸运地结成了"天堂佳偶"。日子是叶圣陶定的，那天，正好是胡墨林生日的第二天，寓意"生命"与"爱情"，第一次见到这位英俊的才子，她脸上的笑，喜悦又羞怯。

尽管没有恋爱基础，是"打彩票似的结婚"，叶圣陶却兴奋地说自己"在无意中中了个头彩"，共同的志趣、爱好、理想使他们越来越理解、支持、信任。随着新学期临近，两地教书的两个人不得不劳燕分飞。送妻子到南通后，住在江边的旅舍里，叶圣陶第一次尝到离别的苦楚，"荒凉的江滨晚景已够叫人怅怅，又况是离别开始的一晚，真觉得百无一可了。"江水声声，却带不走一丝的惆怅与失落。

一个在南通，一个在苏州，他们靠鸿雁传书互诉衷肠，"一来一往的信在半途中碰头，写信与等信成为盘踞心窝的两件大事"，"不必为从未写过情书而抱憾了，汩汩如溪流，一封又一封，真有说不完的话"，心底的琴弦一次次被拨动，迟来的恋爱的甜蜜像荷叶上滚动的露珠，让人喜悦、欢快，深受鼓舞。

三年后，牛郎织女的生活终于结束，胡墨林转到叶圣陶所在的学校任教。江南小镇的青石板上，一对年轻的伴侣并肩而行，夕阳下的身影绘成一幅恬淡的水墨画。

朋友们很快发现，叶圣陶非常恋家，他很少出门，常常带一架老式的照相机追着胡墨林和儿子捕捉美好的瞬间，在一张取名为《伊和他》的照片上，她抱着调皮的儿子，脸上是圣母般的微笑。多年后，叶圣陶在同题小说里描述了那个画面，"温和慈爱的灯光照在伊丰满浑圆的脸上，伊的灵活有光的眼直注在小孩的身上""这是何等的爱，何等的自然，何等的无思虑，何等的妙美难言"，对她的眷恋和热爱，自笔下倾泻而出。

而她不在身边，则是另一番心绪，"墨不在家，便觉异样""墨不在家，余则寂然无聊"，他越来越感到，有她在，他的生命才堪称完整和完美。

　　她无时无刻不在他的心上，赴北大教学的途中，因思念难耐，写就小诗《想》和《津浦车中的晚上》；到福建协和大学任教时，临别写下散文《将离》，望着码头上送行的她，他更深地体会到"离别的滋味假若是酸的，这里又掺入一些苦辛的味道了"；讲课之余，他每天翘首以望那"切盼而难得的邮件"。收到她的信，"又把心挤得紧一点"，甚至慨叹"除了与最爱的人同居，人间的趣味在哪里？"

　　她也热切地回应他，她与他共同追求新文化，一起探索教育事业，她给予他和谐稳定的家庭，精神境界与他默契、一致。他们彼此吸引，又各自独立，婚姻生活非但没有令俩人疲惫和厌倦。相反，他感谢"月下老人"的天作之合，结婚 14 年后，仍然充满爱意地说："对方怎样的好是彼此都说不出的，只觉得很合适，更合适的情形不能想象，如是而已。"

　　心中拥有美好爱情的人，总有面对一切困苦的勇气和信心。1939 年 8 月，日军对乐山大轰炸，叶圣陶正在成都讲学，想到在乐山的一家六口生死未卜，当晚赶回的途中，"各种惨象，涌现脑际"，真有"无限的焦急，无穷的忧虑，无尽的煎熬"，直到见到胡墨林领着劫后余生的一家人，悬着的心才放下来。

　　后来，在《乐山被炸》一文中，他记录当时的心情："我很懊悔到了成都去，没有同他们共尝这一份惶恐和辛苦。"

　　爱，总能让人生出智慧。逃生出来，财物尽毁，随着天气转凉，一家人的衣服被褥成了大问题，没做过衣裳的胡墨林出人意料地展现出裁剪的才能，单的夹的长袍短褂，七口人，几十件，都是她琢磨着裁剪，全家动手缝制完成。

　　美满的婚姻令他沉醉，再大的困难也不会压倒他们，缺吃少穿，那就自力更生，"夫妻两个，你提我负，虽然吃力，却又别是一趣""粗陶碗，毛竹筷子，一样可以吃饭；土布衣衫穿在身上，也没有什么不舒服；三间面对田野的矮屋，比以前多了好些阳光和清新空气。轰炸改变了我什么呢？"生命的花朵唯有开在爱情的花园，才能更加坚强、璀璨。

　　41 年伉俪情深，始终如一的爱情令人称颂，然而，离别的日子不期而至。

1957 年春天，担任人民文学出版社校对科长的胡墨林过早地病逝了，叶圣陶悲伤难抑，颤抖着手写下"墨以今日逝世，悲痛之极""永不忘此惨痛之日"。他彻夜不眠，写下悼亡词《扬州慢·略叙偕墨同游踪迹，伤怀曷已》，含泪追忆了几十年的爱情足迹，两天后，又作哀诗一首："同命四十载，此别乃无期。永劫君孤住，余年我独支。出门唯怅怅，入室故迟迟。历历良非梦，犹希梦醒时。"见者动容，所有的怀念、不舍、凄然，都在这和着泪滴的字字句句里。

她走了，他"失所依傍，不免颓唐"，伴他左右的，是她一张张的照片。此后经年，他写了多首追怀的诗。梦中相见，醒来怅然，每逢忌日，他都不忘在日记里写"墨逝世若干年矣"，从未中断。

走在一起，是缘分，一起在走，是幸福。1988 年春天，他也踏上了通往另一个世界的路，那赴约的心情，一定也是欣欣然的。

叶圣陶：1894 年—1988 年，现代著名作家、语文教育家，中国第一位童话作家。

吴大猷与阮冠世

——爱有回音

在最好的年纪遇到最美的爱情，这是人生最大的幸福。即使这爱情遭遇最无情的考验，所有的回忆也将成为温暖前行的动力。

吴大猷和阮冠世的遇见，就是如此幸运。1929 年的春天，一个阳光明媚的日子，他们携手来到北京天坛公园，走到回音壁前，阮冠世让吴大猷把耳朵贴在回音壁的一侧，自己则跑到另外一侧，片刻，他的耳边传来一个甜蜜而清晰的声音："请上帝保佑我们一生一世在一起！"

这声音是那么悦耳动听，如梦似幻，悠悠扬扬。被巨大的幸福笼罩着，吴大猷兴奋地回应她："我会一生一世证明我的爱！"

爱情的花儿开了，回音壁见证了彼此最坚定的爱的承诺。

那时，吴大猷刚刚从南开大学毕业留校任教，阮冠世则是他的学生兼师妹，第一次上课时，他就对这个活泼、聪颖，充满灵气的姑娘格外关注，而她也对这个物理系的高才生早有耳闻，一个纸条，她便欣然赴约，爱的火花就这样点燃了。

可是爱情才刚刚开始，无情的考验就到了——阮冠世被查出了肺病，在那个年代，这几乎是不治之症。女生宿舍是不能随便进出的，无法看望的吴大猷心急如焚，他想起母亲常做的一种滋补品——文火炖牛肉汤，于是每天去菜市场买瘦牛肉，回来后细心地洗净，把肉切成小块，装进酒坛，隔水用文火慢炖，炖好后再托工友送到女生宿舍。关怀是最有力量的，这让阮冠世非常感动，有爱，便无惧未来。

两年后，吴大猷和阮冠世双双获得奖金学赴美留学，不幸的是，在美国，阮冠世病情加重，因为严重的肺结核，不得不立即住院治疗。医药费是一笔很大的开支，奖金学根本无法支撑，吴大猷便拼命打工，在一家单位做工程研究时，白天上课，晚上在实验室连续工作 10 小时，一连三天，几乎没合一下眼，用挣来的 15 美元才解了两人的燃眉之急。

不论怎样困厄，他只要她安然，爱情的力量，足以粉碎一切羁绊。

由于医疗条件的限制，治疗非但没有见效，还让阮冠世留下了后遗症，此后病情时好时坏，不得不常常住在疗养院里。1934 年，吴大猷获得博士学位，这时，恩师饶毓泰邀请他到北京大学任教，他想接阮冠世一起回国，但医生不允许她出院，无奈之下，他只得留下她继续求学和疗养，只身回国。

她为病所苦，他则为思念她所苦。半年后，获得密执安大学物理工程学士学位的阮冠世终于回国了。可是，相聚的甜还没有来得及品尝，病痛就又来折磨。由于长途旅行过度劳累导致了肋膜炎，阮冠世高烧不退，工作之外的时间，吴大猷都花在了医院里。

出乎所有人意料，在她的病榻前，他向她求婚。亲友师长担心他的前途，都劝他三思而行，他的答复是："我爱她不是一朝一夕了，我所憧憬的未来都是和她在一起的未来。生活里如果没有她，我就不会幸福，结婚是我今生能够照顾她的唯一方式。"她不愿拖累才华出众的他，含泪提出分手，得到的是他诚挚的表白，"我的生活中如果没有你，再大的功名也没有意义！希望你给我照顾你一生的机会，否则我这辈子就单身！"

真诚的爱感动了所有人，包括早年守寡、只有吴大猷这一个独生子的母亲，她欣然接纳了因肺病而无法生育的阮冠世。8 年苦恋，有情人终成眷属。

爱能融化冰雪，在温馨的家庭氛围里，阮冠世的身体渐渐好转，除了教学，吴大猷同时从事研究工作，在国内外发表了多篇论文，声名渐起。

　　七七事变后，清华、北大、南开在长沙成立了临时大学，吴大猷把母亲和妻子安顿在天津的亲戚家，他则随着师生转移。他离开后，她不肯一个人留下，不管病体，不顾家人劝说，坚决要南下寻夫。乱世中独自上路后，终于在青岛追上了因晕船而提前下来的吴大猷，茫茫人海中奇迹般相聚，两人不禁相拥而泣。

　　先辗转长沙，后又到昆明，因为爱情，他们从不消沉。照顾她，他亦是快乐的，并未像师友们担心的那样影响事业，《多原子之结构及其振动光谱》出版后，在国内外反响巨大。

　　他们彼此相依，无可替代。1943 年，吴大猷在搭乘一辆马车去上课时，不幸摔下来，摔成了脑震荡，他躺在床上，换她来照料他，一个月后，他身体好转，她却因为惊吓、担忧和劳累，再次病倒了。

　　吴大猷一边上课搞研究，一边精心照顾她，他每天提着菜篮进课堂，下课后直奔菜市场，买不起牛肉，就捡些牛骨头为她熬汤。她浑身出虚汗，他就一刻不停地为她擦汗、换衣服；她一度晕迷，他就伏在耳边轻轻呼唤她；她脉搏微弱，靠注射葡萄糖和盐水维持生命，他"心里有说不出的忧急害怕，那时最希望的是有个人来，可让我离开她片刻镇定一下自己"。

　　也许是爱感动了上苍，就在大家都劝他准备后事的时候，她却奇迹般地从死亡边缘回来了。冥冥中，爱的灯塔指引着她，回音壁前的誓言，她一直都记得，他也因此被朋友们称为"标准丈夫"。

　　抗战胜利后，吴大猷带着阮冠世到气候适宜的加拿大任职，不能生育一直让阮冠世觉得非常歉疚，吴大猷为了让她有所寄托，便过继了堂弟的孩子。

　　孩子的到来让阮冠世重新焕发出生命的光彩，她把全部的母爱都倾注在孩子身上，享受着幸福的天伦之乐，她的身体也逐渐康复。性格刚强的她不肯屈服于命运，她要补起因身体原因而落下的学位，儿子大学毕业后，她和儿子一起攻读了硕士、博士学位，晚年时又无师自通地画起素描和水彩，作品多次参展获奖。

　　爱情的力量不可想象，从少女时代就缠绵病榻、林妹妹一样的她居然活过了古稀之年，而且取得了骄人的成就，这一切，都因了爱神的呵护。1979

年，她永远地去了，他悲恸地说："她的离去，使我失去了73年生命中52年的伴侣。"

她去世后，他靠埋头做学问来"逃避"痛苦，完成了《量子力学》《物理学的发展史及哲学》两部专著。1992年，在学生李政道的陪同下，吴大猷回到阔别46年的故土，在天坛公园回音壁，他把耳朵贴在壁上，少女阮冠世的声音又隐隐传来，他激动地说："听到了！听到了！"

"一生一世在一起"，无论沧海桑田岁月变迁，她一直都在。

2000年3月4日，著名物理学家吴大猷病逝，临终遗言是："我一生没留下遗憾。"他不仅创造了中国知识分子的奇迹，而且创造了爱的奇迹，他践行了自己的诺言，用一生一世证明了对她的爱。

吴大猷：1907年—2000年，著名物理学家，教育家。